NO VUELVAS SI NO VENCES

JAVIER GÓMEZ CALVO

NO VUELVAS
SI NO VENCES

PERPETRADORES Y VÍCTIMAS
EN LA ESPAÑA DEL ODIO

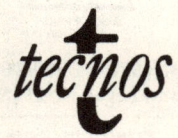

Diseño de cubierta:
Anaí Miguel

Fotografía de cubierta:
Requetés de diversas generaciones en 1936.
Fotografía de contracubierta:
Voluntarios carlistas marchando al frente.
FUENTE: *Recuerdos de Laguardia.*
Imágenes de un pueblo, Encarna Martínez (1994).

FUENTE de las fotografías que aparecen a lo largo de la obra:
Encarna Martínez, Archivo de Álava-Photoaraba y Familia Puelles.

   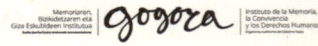

© JAVIER GÓMEZ CALVO, 2024
© EDITORIAL TECNOS (GRUPO ANAYA, S. A.), 2024
Valentín Beato, 21 - 28037 Madrid

PAPEL DE FIBRA
CERTIFICADA

ISBN: 978-84-309-9026-9
Depósito Legal: M-11.292-2024

Printed in Spain

ÍNDICE

PRÓLOGO

VECINOS, BANDERIZOS Y PERPETRADORES

Uno de los personajes más implicados en la comunidad de violencia que describe Javier Gómez Calvo en este libro, el párroco Jenaro Quincoces, no dudaba en destacar una sucesión de pugnas históricas que habrían dividido su pueblo en dos bandos irreconciliables: primero carlistas y liberales, luego carlistas y republicanos, y, en ese instante de la guerra civil de 1936, carlistas y rojos. Los carlistas siempre eran los mismos y solo evolucionaba el peligro que enfrentaban: un cambio liberal, otro democrático y, finalmente, uno marcadamente social. De haberse remontado, como sí hace nuestro autor, podía haberse ido hasta la *francesada* de principios del siglo XIX que envolvió otra guerra civil entre patriotas liberales y serviles, y a la que siguieron las otras contiendas internas de esa centuria (las luego conocidas como carlistas). Ha sido una manera de simplificar las cosas e incluso otra paralela de identificar oponentes muy cara al tradicionalismo de antaño y al ultranacionalismo vasco de nuestros días. Una confrontación entre dos cosmovisiones, reaccionaria y liberal, enseguida traducida falsamente *de aquí* y *de allá*, se habría mantenido vigorosa en el tiempo, imbricando a gusto del intérprete la centralidad del choque universal entre el mundo tradicional y el emergente moderno con el particular que mantuvieron y mantienen los reacios a incorporarse plenamente al Estado nacional que les había tocado en suerte (el español).

Una lectura fácil y presentista, cierto, pero de indudable realidad según podemos comprobar de nuevo en este estudio que acerca la lupa al extremo para conocer cómo se produjo en el tiempo una violencia afectada por razones tanto endógenas como exógenas, y manifestada a través de toda la secuencia posible de repertorios. La puntillosidad microhistórica con que se analiza siglo y medio de historia de una pequeña capital de comarca como era (y es) Laguardia, en la Rioja Alavesa, permite apreciar lo que tienen de cierto esas continuidades y lo que puedan exagerar estudiosos y publicistas.

La política moderna desarrollada a partir de ideologías precisas y de una civilización del combate de ideas no surgió de la noche a la mañana. Igual que la historia de la creación de los partidos políticos es larga y tortuosa, la de la política moderna conoció una prehistoria donde los enfrentamientos tradicionales entre familias y grupos locales, típicamente banderizos, se tomaron su tiempo hasta dar lugar a formaciones políticas al uso. Eran bandos, estructuras de familia ancha, de linajes y apellidos, a veces identificados con un interés material confrontado o en disputa, a veces revestidos de identidades religiosas, otras dueños de experiencias, historias y relatos propios en lucha. Por influjo progresivo de la extensión de esa política moderna, normalmente de las ciudades al agro, aunque sin exagerar, la abstracción de las ideas y de las facciones tomó para sí tanto de significación política como de vínculo religioso o de otro tipo. Así se explica que en 1936 el alcalde carlista de Laguardia, Dámaso Jiménez, se dirija a sus vecinos con una soflama más religiosa que política, nutrida de esquemas interpretativos típicamente contrarreformistas, providencialistas y dicotómicos: bien/mal, España/antiEspaña, Dios/sindiós, generosidad/pillaje, sacrificio/crimen…, no exentos del necesario chivo expiatorio: las hordas masónicas laicistas que hieren brutalmente a la Patria y merodean aún «por selvas y montes a donde hay que darles caza». En esa oración brutal, más que mitin político o declaración administrativa, se inscribe ese despiadado «No vuelvas si no vences», una supuesta frase sacramental española —asegura quien la invoca— que lanzarían las entregadas madres a sus hijos llevados al combate.

En momentos críticos, la parafernalia es apocalíptica y la relación entre vecinos hostiles progresiva y recurrentemente violenta, en gradaciones diversas según el instante y el entorno; en el de la guerra civil llega a ser eliminacionista. La brutalización de la política es una constante que encuentra en la contienda su escenario de plenitud, de ausencia de límites; para el tiempo anterior, la continuidad de la violencia da cuenta de cómo se articulan y operan los diferentes grupos y sus lógicas y reacciones finales, porque el pasado pesa en lo que acaba ocurriendo, por más que no lo explique del todo. En ese contexto, los repertorios violentos se disponen para la estrategia de cada instante. A veces es preciso eliminar, matar, y se hace. En otras toca purgar, y se aparta de los puestos y cargos públicos al identificado como el Otro, el enemigo. Al final suele necesitarse sanar, porque la guerra civil devuelve a perpetradores y víctimas al mismo espacio vital, a su pueblo de siempre, y la tensión no se puede mantener permanentemente, aunque algunos, beneficiados particularmente de ello, lo intenten.

Los poderes públicos que sustituyen a los anteriores, el Nuevo Estado que desplaza por completo al Estado republicano, se aplican sucesivamente a esos repertorios y utilizan para ello diferentes colaboradores civiles, vecinos. Para matar acuden a los que conocen a los enemigos de enfrente, y se intercambian los crímenes con los de las localidades cercanas, para no aparecer como demasiado sanguinarios, para no instalar en exceso el odio futuro, sino sólo el necesario y funcional temor. En este caso concreto de Laguardia había voluntarios suficientes para ejecutar ese papel, a veces dependiendo de las necesidades puntuales de los militares, otras sabedores de que éstos miraban para otro lado, pero también al final chocando con la lógica dispar de quien quiere acabar controlando el caos y quien pretende mantenerlo vivo, por interés o simplemente por odio y venganza sin fin. Tampoco para purgar hizo faltar acudir lejos: las autoridades carlistas eran también aquí suficientes, respetadas en la comunidad y de trayectorias probadas. Sólo se necesitaba ajustar el punto de la purga, porque de nuevo los civiles resultan más entusiastas y menos prácticos que los militares en este asunto de la violencia y de dejar al enemigo sin trabajo, en la celda o en el ostracismo. Finalmente, en la tercera funcionalidad, la de sanar, se siguió el plan iniciado en los años cuarenta y definitivamente instalado tras la derrota de las potencias del Eje en 1945. Con todo, la continuidad de la violencia incontrolada obligó en ocasiones a tomar medidas contra camorristas que pretendían seguir gobernando la localidad desde el miedo privado y no desde la administración de éste por parte del propio régimen, que era de lo que se trataba.

De manera que parte de los vecinos se confunde con los perpetradores conforme a los diferentes niveles de exigencia de los repertorios de violencia y crimen. A veces serán «solo» informadores o identificadores del contrario-enemigo, otras participarán de los rituales de desplazamiento del Otro y en casos más puntuales y extremos formarán parte de las partidas que eliminan a los opositores del pueblo de enfrente, en la confianza de que los suyos de aquel lugar harán lo propio con sus señalados. El poder militar e institucional, se insiste, dejará hacer, instigará directa o indirectamente, y excepcionalmente frenará las acometidas de los de abajo.

La microhistoria local es la metodología apropiada para esta observación. Barre el escenario y recoge todo tipo de testimonios, recuerdos, rumores, documentos y bibliografía particular y general. Una información tan detallada permite recrear lo sucedido y desmontar estereotipos, lugares comunes o brochazos gruesos. Como no se queda en la anécdota —tampoco nuestro autor lo hace—, consigue dar cuenta de cómo tienen lugar aquí los procesos que se han descrito tantas veces en otros lugares. Con las distancias debidas, los ojos analíticos de Jan T. Gross en Jedwabne (Polonia) pueden usarse para mirar en Laguardia (o en otros sitios de situaciones parejas) y ver la colaboración de los lugareños en la violencia, los argumentos justificativos empleados, la actitud de las diversas autoridades, la reacción de las víctimas, la explicación dada y su recuerdo posterior… También nos cuenta lo que de aleatorio tiene la violencia o de cómo el hecho de sufrirla en un tiempo o en un espacio diferente puede suponer un resultado final contradictorio, de vida o de muerte.

Esta última cuestión, la de la colaboración en el crimen de los vecinos (y de los apellidos que dejan en herencia), es delicada. La popularidad de la llamada «memoria histórica» ha contribuido a fetichizar la consideración del conocimiento histórico. Se supone que el que se sepa determinado hecho o se aclare cierta ignorancia o confusión de algo ocurrido en el pasado va a tener un impacto extraordinario en el presente, en la actualidad. No es así, pero se cree que lo es. De manera que el historiador, además de todo lo puntilloso que debe ser en su oficio, cuando desentraña cuestiones de todavía vivos o recientemente muertos que tienen deudos, descubre que su profesión puede ser de cierto riesgo. El cuidado por tratar adecuadamente el pasado, por evitar presentismos y juicios indebidos, nos fuerza todavía con más intensidad si cabe a hacer nuestro trabajo con precisión y exquisitez. El esfuerzo merece la pena porque en pocas ocasiones como en éstas —una comunidad relativamente constante en el tiempo y abordable en su tamaño, con testimonios, documentos y referencias de calidad y abundancia, y todo ello visto y pensado desde la dimensión micro— podemos sacar del estudio de la historia tanto partido para conocer las comunidades humanas y no sólo para descubrir qué hizo aquel personaje del que se sospechaba en el lugar.

El libro de Javier Gómez Calvo que tenemos entre manos insiste en la senda que iniciara hace una década con su *Matar, purgar, sanar: la represión franquista en Álava* (Tecnos) o recientemente con *Esclavos de Orduña (1937-1941)* (Beta). Desentraña con delicadeza la producción de violencia desigual por parte de quienes en un lugar como Álava pudieron imponerse rápidamente y con facilidad a sus oponentes. A partir de ahí, va dando cuenta de la creación de una comunidad de victoria instalada donde antes había un tejido social de combate. A la vez, señala de qué forma la tradición carlista, poderosísima en su localidad, pero desplazada y subalterna en la política nacional, se alza e instituye como un nuevo poder institucional y social en el marco de una dictadura de casi cuarenta años, informando también de algunas de sus evoluciones y cambios finales, cuando a una administración del miedo sustituyó otro tipo de violencia etnonacionalista de signo inverso. Por todo ello este libro es una aportación a ese reciente «giro victimario», la atención puesta ahora en el perpetrador, pero desde la perspectiva empírica, desde el abordaje de una experiencia concreta y localizada, y no tanto desde la reflexión metodológica. Las razones de los verdugos, así, desfilan en el relato: la cosmovisión religioso-política capaz de afirmar «No vuelvas si no vences», el odio secular al Otro banderizo o el interés más prosaico y no menos importante de la lucha por la vida.

ANTONIO RIVERA
Director del Instituto Valentín de Foronda

MICROHISTORIA DE LA VIOLENCIA POLÍTICA

En las últimas dos décadas se han multiplicado los trabajos que, desde una óptica puramente localista, reconstruyen con precisión quirúrgica el período más negro de un pasado no tan lejano: el que comenzó con el golpe de Estado de 1936 y terminó con la derrota militar de la República en 1939. Si se trata de una comarca o localidad atravesada directamente por circunstancias bélicas, no faltará en la obra el detalle más específico de la cotidianeidad en los frentes. Si, por el contrario, el municipio que es objeto de estudio se encontraba situado en una de las retaguardias, nos formaremos idea precisa del último detalle biográfico del vecino perseguido por sus ideas políticas: cuándo se casó, si tuvo descendencia, en qué fecha se afilió a tal o cual partido, etc.

Siendo honestos, conviene aclarar que las páginas que siguen a esta primera no replican el modelo de la crónica erudita, aunque el espacio geográfico esté limitado a una localidad —Laguardia— de poco más de dos mil habitantes, y a pesar también de que sean muchos los protagonistas de este libro. En una entrevista reciente un notario segoviano ya jubilado decía sentirse, en una prolongación de su oficio, «notario del pasado» de Sepúlveda. Sus trabajos no se centraban en un período concreto, sino que abarcaban desde la concesión del Fuero hasta la actualidad, es decir, los casi mil años transcurridos entre 1076 y el tiempo presente. Sería lo más parecido a un mapa del pasado de escala 1:1, pero también lo más semejante a un protocolo notarial: en ambos casos se da fe de hechos incontrovertibles, bien sea la anegación de unas tierras por lluvias torrenciales o una declaración de herederos.

El oficio del historiador, sin embargo, es otro. No es mi voluntad la de resumir lo que notables profesionales han escrito con mayor destreza, pero sí quiero centrarme en una de las grandes diferencias: la de la crítica de las fuentes. Baste un ejemplo ilustrativo y de carácter familiar. Hace años encontré, de manera absolutamente casual, un expediente penitenciario de 1940 que llevaba el nombre y apellidos de una tía abuela a la que había conocido ya anciana. Había estado encarcelada unas semanas por orden del gobernador civil en un período el que la inmensa mayoría de los internos cumplían condena por razones políticas. Si me limitara a dar fe del pasado, estaría obligado a incluir su nombre en alguna interminable lista de represaliados políticos del franquismo. No estaría mintiendo en tanto que, efectivamente, fue encarcelada en plena posguerra. Ante lo escueto del expediente, decidí llevar a cabo una pequeña investigación para averiguar cuáles habían sido las causas de la detención. ¿Habría formado parte de alguna organización política juvenil?, ¿tal vez fue miembro de una red clandestina de solidaridad con los perseguidos por sus ideas políticas? En absoluto: había sido arrestada por tratar de burlar las normas que regulaban la economía de subsistencia en aquella España del racionamiento. Dicho coloquialmente, era una pequeña estraperlista.

Por todo lo antedicho, no sería riguroso incluirla en una relación de víctimas de la violencia política practicada en la dictadura. A nadie se le escapa que cientos de miles de españoles fueron detenidos y procesados por razones políticas entre 1936 y 1975, por lo que una relación completa de todos ellos que prescindiera del contexto y de las causas de cada caso conduciría al lector menos avezado a deducir que tanto Marcos Ana como mi tía lucharon con ahínco contra la dictadura, una falsedad en toda regla. Se podría incluso forzar el pasado para aseverar, sin rubor ni rigor, que fue una presa política en la medida en la que la destrucción y el caos socioeconómico en el que quedó el país le convirtieron en contrabandista. Al fin y al cabo, hubo guerra porque el golpe de Estado perpetrado por los que acabaron ganando aquélla había fracasado en primera instancia. En un ejercicio de historia-ficción, ¿habría delinquido en un contexto menos precario? No hay respuesta posible, pero sería indiferente.

De haberme limitado a dar fe del pasado, hoy tendría un ascendiente antifranquista; feliz relato que aquí me arruino. Cabe recordar, empero, que el golpe de Estado lo organizaron militares y lo apoyaron económicamente grandes financieros, pero la victoria y su perpetuación fueron posibles porque en febrero de 1936 la derecha autodenominada contrarrevolucionaria se hizo con la mitad de los sufragios. Sobre ese sólido cimiento de carácter civil se asentó el edificio de la dictadura. Cuatro décadas más tarde, en 1977, los españoles fueron llamados de nuevo a las urnas para elegir a sus representantes en unas elecciones libres. En ellas la Unión de Centro Democrático, liderada por el que un año antes era secretario general del Movimiento Nacional, se quedó a sólo once escaños de la mayoría absoluta. Mi tía, nacida a cincuenta kilómetros del Cebreros natal de Adolfo Suárez, fue una de sus votantes. En la actualidad, la Historia no es la disciplina preferida de quienes reivindican un pasado antifranquista de sus padres o abuelos. Tampoco las crónicas, porque el relato erudito les mostraría el hecho cierto de que casi ocho millones de españoles votaron a la UCD o, mucho más a la derecha, a Manuel Fraga y su Alianza Popular. Resulta difícil creer que ese electorado hubiera participado en extenuantes carreras huyendo de los temidos grises. Por eso se refugian en la memoria, que ni interpreta como la Historia ni reconstruye el pasado con la exactitud milimétrica del cronista, sino que utiliza el *Ayer* a conveniencia del *Hoy*, algo muy propio del tiempo líquido en el que vivimos.

Se cumplen ahora diez años de la publicación de *Matar, purgar, sanar*[1], libro con el que me adentré por primera vez en el estudio de la represión política en el franquismo. Mucho tiempo después, se dirigió a mí el nieto de una de las tantas personas que aparecían en aquel trabajo. Decía que su abuelo había merecido apenas un párrafo que, además, estaría plagado de mentiras: el padre de su madre, sostenía, no podía haber sido apartado de su profesión «sólo» dos meses, tal y como recogía su expediente profesional. En tono agrio y verbo cada vez más encendido, insistía —contra cualquier evidencia documental—, en que en su familia le habían transmitido que su abuelo sufrió destierro, después exilio y más tarde todo tipo de penurias. Me limité a preguntarle si su madre estaría dispuesta a concederme una entrevista. También si tenía algún tipo de documentación que acreditase sus afirmaciones. La respuesta fue un silencio que continúa a día de hoy.

Es evidente que la memoria no cuestiona las fuentes, menos aún las construidas en el calor del hogar y transmitidas mediante relatos convertidos en dogmas de fe. La detención, la degradación profesional o cualquier otro castigo político conllevaban penas accesorias nunca oficializadas, pero sí visibles, desde la marginación social hasta el exilio interior. Cuando «el hecho biológico» aún no se había llevado a la práctica totalidad de los testigos de 1936, muchos de éstos participaron en entrevistas que dieron buena cuenta de lo sucedido. En el momento actual, sin embargo, el historiador ha de interpretar ese pasado casi exclusivamente a través de documentación contemporánea. Decía Santiago Rusiñol que quien busca la verdad merece el castigo de encontrarla. Hacer Historia, añado aquí, puede ser un castigo para la memoria, siempre voluble y extraordinariamente acomodaticia. Quizás muchos de quienes nos antecedieron no fueran los insobornables republicanos que sus nietos siguen creyendo, como mi tía tampoco fue la antifranquista de la que yo podría haber hecho gala.

---

[1] GÓMEZ CALVO, Javier: *Matar, purgar, sanar. La represión franquista en Álava*, Tecnos, Madrid, 2014.

No es fácil trabajar sobre episodios en los que la violencia política desempeñó un papel determinante. El tiempo aquí abordado está repleto de claroscuros y a ello no escapan los victimarios ni los verdugos, pero tampoco las víctimas. En este sentido, el historiador no puede situarse en el justo medio que separa la nuca de la pistola, pero tampoco ser el cronista que glosa las bondades privadas de quienes padecieron la violencia: el pasado ni se explica ni puede interpretarse alrededor de una colección de amables y descontextualizadas anécdotas. Siendo esto así, menos debe esperarse que a la víctima sólo le asistieran virtudes públicas y que el victimario apenas fuera un psicópata dado al vicio de matar. Si así fuera, el pasado más reciente —de España en general y del País Vasco en particular—, sólo podría entenderse como una cambiante pugna entre asesinos en serie y héroes anónimos que un día cesa porque los primeros resultan aprehendidos y juzgados.

Este libro no oculta información ni endulza el pasado al gusto del consumidor, razón por la cual es posible que no agrade a quienes quieran leer sólo aquello que les reconforta. Muy al contrario, para la elaboración de esta investigación se han utilizado fondos procedentes de archivos militares y civiles, se han empleado fuentes judiciales inéditas y también documentación privada de enorme valor, merced a la gentileza de Antonio Mijangos, Fernando Domínguez y la familia Puelles. En total, decenas de miles de folios que facultarían al cronista para la reconstrucción del pasado en escala 1:1, pero cuyo análisis e interpretación ha permitido reducir el resultado a menos de doscientas páginas. Las notas al pie y la relación de fuentes y bibliografía, tan imprescindibles para el historiador, acreditan que lo aquí narrado aconteció.

En diferentes debates académicos con compañeros del grupo de investigación universitario y de otros centros nacionales y extranjeros partió la idea de escribir un libro distinto, centrado en los años treinta del pasado siglo, pero que trascendiera al enfoque tradicional en los estudios de lo que comúnmente denominamos represión franquista. Las líneas que siguen se adentran en el complejo mundo de los perpetradores, es decir, no sólo en el de aquellos que vaciaron sus pistolas contra republicanos e izquierdistas, sino también en la amplísima red de confidentes, denunciantes o vulgares camorristas que implementaron el miedo y lo extendieron por doquier[2]. Es verdad que la amplia zona gris de la Laguardia

[2] El presente libro se inscribe dentro de los trabajos realizados por el Grupo de Investigación del Sistema Universitario Vasco «Nacionalización, Estado y violencias políticas. Estudios desde la Historia Social» (IT 1531-22, del que es Investigador Principal Antonio Rivera Blanco) y en el de «Microhistoria de la violencia nacionalista» (PID2022-138467NB-I00) del que son investigadores principales Antonio Rivera Blanco y Fernando Molina Aparicio.

azul estuvo repleta de verdugos voluntarios que no se mancharon las manos, pero favorecieron que otros lo hicieran para obtener, unos y otros, rédito perpetuo de la victoria[3]. Por eso, y a modo de prevención, es preciso advertir que los crímenes de los padres, retomando el título homónimo de la novela de Michel del Castillo, no fueron los nuestros, ni tampoco las faltas que podamos cometer serán las de nuestros hijos[4].

En España, lo que Pablo Sánchez León denominó «giro victimario» aún no ha corrido demasiada suerte historiográfica, aunque la figura del perpetrador durante la guerra civil y el franquismo sí ha desempeñado un papel central en productos culturales[5]. Este libro, siendo honestos, tampoco va a contribuir a que aumente esa aún incipiente producción historiográfica, pero sí tiene como uno de sus principales objetivos desentrañar los mecanismos que hicieron posible que la violencia en la retaguardia golpista se cobrara 130.000 víctimas mortales, es decir, el 0,55% de la población en 1936[6]. La perspectiva de análisis de este fenómeno es indudablemente *micro*, entendiendo que desde lo local es posible y plenamente operativo cumplir con otro de los principales propósitos de este libro: conocer cómo operó la violencia en esas pequeñas comunidades en las que, aparentemente, nunca pasó nada. En este punto, es innegable la influencia de los trabajos de Carlos Gil Andrés para la Rioja Alta, o los de Julio Prada para la provincia Orense[7]. Ciertos análisis locales sobre la época de brutalización de las masas han puesto el acento en la violencia política generada en contextos particulares en los que los grandes actores del escenario *macro* ni gestaron ni gestionaron el derroche de sangre, limitándose a ser meros espectadores. Es el caso de lo ocurrido en la aldea polaca de *Jedwabne* durante la Segunda Guerra Mundial, investigado por Jan T. Gross en una obra con la que también contraen deuda las líneas que siguen[8].

[3] GIL ANDRÉS, Carlos: «La zona gris de la España azul. La violencia de los sublevados en la guerra civil», en *Ayer*, 76 (2009), pp. 115-141.

[4] DEL CASTILLO, Michel: *El crimen de los padres*, Ikusager, Vitoria, 2005.

[5] SÁNCHEZ LEÓN, Pablo: «Esa tranquilidad terrible. La identidad del perpetrador en el "giro" victimario», en *Memoria y Narración. Revista de estudios sobre el pasado conflictivo de sociedades y culturas contemporáneas*, 1 (2018), pp. 167-183. El *Journal of Perpetrator Research*, publicación periódica de referencia para trabajos centrados en los perpetradores, apenas comenzó a dar sus primeros pasos en 2017.

[6] Las cifras actualizadas en VIÑAS MARTÍN, Ángel *et al.*: *Castigar a los rojos. Acedo Colunga, el gran arquitecto de la represión franquista*, Crítica, Barcelona, 2022.

[7] GIL ANDRÉS, Carlos: *Lejos del frente. La guerra civil en la Rioja Alta*, Crítica, Barcelona, 2006; PRADA RODRÍGUEZ, Julio: *De la agitación republicana a la represión franquista. Ourense, 1934-1939*, Ariel, Barcelona, 2006.

[8] GROSS, Jan Tomasz: *Vecinos. El exterminio de la comunidad judía de Jedwebne*, Crítica, Barcelona, 2002 [2001].

Igualmente, es preciso señalar que la violencia franquista sigue siendo más un terreno expedito para la propaganda que un período estudiado con profusión, particularmente en el espacio geográfico más inmediato: la Comunidad Autónoma Vasca. Se han abordado las causas principales de ello en otros lugares, por lo que no es necesario volver sobre ellas[9]. Sin embargo, sí vale la pena señalar una, concretamente la que descansa en la asociación que esa literatura de combate suele hacer entre el carlismo y la izquierda *abertzale*. En esta narrativa, ETA se convierte en una organización formada por los hijos y nietos de los tradicionalistas, perdedores de la única guerra en la que habían figurado dentro del bloque vencedor. Para cuadrar el círculo, los responsables de los crímenes en Álava, Navarra y Guipúzcoa dejan de ser carlistas y se convierten en fascistas o en falangistas anónimos que mataban siempre en compañía de guardias civiles, verdaderos responsables[10]. Este mito, que perdura hoy en día, también se refuta empíricamente en este trabajo, en el que se hace hincapié no sólo en la entidad propia del aparato civil golpista, sino también en las propias características internas del mismo.

Era consciente desde un primer momento de las dificultades que había de encontrar. Existe cierta costumbre historiográfica de desaprovechar el formato de ensayo o monografía para trascender el mundo académico del que formamos parte y llegar así a un público mucho más amplio. Las páginas que siguen hacen lo opuesto, optando por un estilo divulgativo y una redacción literaria absolutamente compatible con el rigor que debe acompañar cualquier investigación. La fecha más lejana en este libro es 1808 y la más reciente 1983, lo que evidencia otra elección personal como es la del *longue durée* de Braudel. Así, la estructura de este trabajo se divide en tres grandes capítulos. El primero arranca en los orígenes más remotos de las pugnas banderizas que preceden a la sangre de 1936. En ese verano trágico arranca el segundo, central en esta obra. Por fin, el tercero y último resitúa a víctimas y victimarios no sólo en la inmediata posguerra, sino también en los años de silencio que terminan en una cronología cuanto menos imprecisa[11].

---

[9] ESPINOSA MAESTRE, Francisco: «Sobre la represión franquista en el País Vasco», en *Historia Social*, 63 (2009), pp. 58-76.

[10] Múltiples ejemplos, en EGAÑA SEVILLA, Iñaki: *Los crímenes de Franco en Euskal Herria*, Txalaparta, Tafalla, 2009. Las implicaciones que encierra la consideración del carlismo como antecedente político-cultural de la izquierda *abertzale*, en MIKELARENA PEÑA, Fernando: *Sin piedad. Limpieza política en Navarra, 1936. Responsables, colaboradores y ejecutores*, Pamiela, Pamplona, 2015, pp. 44-46.

[11] Los trabajos canónicos sobre la violencia política practicada por los golpistas tampoco suelen ir más allá cronológicamente, pero tampoco a la hora de abordar otras prácticas de imposición violenta como las purgas o depuraciones profesionales. En oca-

Por no faltar a la sana tradición de los agradecimientos, me quiero remontar en el tiempo para resumir el origen de este libro. Debe fecharse en 2022, año en el que impartí en Labastida una conferencia sobre el papel que desempeñaron los vecinos de la localidad en el intento de exterminar las dos culturas políticas que, a escala local, cuestionaron la hegemonía del carlismo: la libertaria y la republicana. Entre los asistentes se encontraba Juantxu Martínez, hombre de letras y lector inquieto. Días después me preguntó «qué pasó» en Laguardia. No fue una conversación excesivamente larga, pero recuerdo haberla iniciado por el final, respondiendo que «daría para un libro». Así ha sido por Juantxu en primera instancia, pero también por personas con una larga trayectoria en el mundo de la cultura y en el de la divulgación de «lo que pasó», en este caso a la otra orilla del Ebro, en La Rioja. Me refiero, claro, a Jesús Vicente Aguirre, Chuchi Cámara y Carlos Muntión[12]. En cualquier caso, nada de todo aquello habría ido más allá si no hubiera sido por la implicación material y la plena disposición de Raúl García, a la sazón alcalde de la villa.

Son cada vez menos los protagonistas vivos de este período y las dificultades aumentan si además el ámbito geográfico se reduce. A todos los que han aportado su testimonio para la ocasión, gracias infinitas. Dentro del ámbito académico, extiendo mi gratitud al Instituto de Historia Social Valentín de Foronda, institución que patrocina este libro de la manera más amplia posible: contribuyendo a su financiación y ofreciendo inmejorable refugio para los debates académicos más arriba referidos. Siempre se aprende en la compañía de Antonio Rivera, Luis Castells, José Antonio Pérez, Fernando Molina, Erik Zubiaga o Víctor Aparicio. La versión final del texto se ha visto enriquecida con las aportaciones de Germán Ruiz.

---

siones, esto sucede porque la criminalidad fue tan elevada que en sí misma resulta paradigmática (Huelva, Badajoz, Ribera navarra, etc.) o bien porque la propia historiografía, con títulos tan comerciales como *El Holocausto español*, ha contribuido al asentamiento de un poso subconsciente por el cual la consigna primigenia de los generales sublevados (matar) merece siempre mucha más atención que cualquier otra.

[12] El entrecomillado no es más que un juego de palabras para evocar la respuesta literaria (en forma de novela) del mencionado Jesús Vicente Aguirre a la vieja negación por lo cual en La Rioja nunca habría pasado nada en 1936. Vicente Aguirre, Jesús: *Lo que pasó. Historia de una saca del 36*, Pepitas de Calabaza, Logroño, 2019.

CAPÍTULO I

DE LAS GUERRAS BANDERIZAS
A LA BRUTALIZACIÓN DE LA POLÍTICA

I. PROTOHISTORIA DE LAS BANDERÍAS

Terminada la guerra de la Independencia (1808-1814), a Fernando VII le llegaron noticias de que en Laguardia había mucho afrancesado[1]. Para acallar rumores ignominiosos, el alcalde Valentín Fernández de Berrueco abrió una investigación que, lejos de lograr su objetivo, no hizo sino corroborar las sospechas. Resultó así que Juan Ramón Ruiz de Pazuengos, predecesor de Fernández de Berrueco, había colaborado con los franceses, que le nombraron corregidor y superintendente de Logroño y Laguardia, además de caballero de la Real Orden de España. Como represalia, los guerrilleros del marqués de Barrio Lucio le saquearon la casa, acabando por exiliarse en Francia para no volver jamás. La investigación desveló también que el procurador síndico Pedro Larrumbe había participado en el expolio de la plata de las iglesias llevado a cabo por los franceses, que el albañil Francisco Saborido se lucró con los trabajos que aquéllos le encargaron y que Saturnino de Andrés, diputado provincial, jugó a dos bandas según avanzaban los acontecimientos bélicos. Una orden del nuevo Gobierno dispuso el cese de todos aquellos cargos que hubieran colaborado con los franceses, así como la incautación de sus bienes. Este proceso de depuración se saldó con el expolio de las fortunas de once vecinos notables, si bien dos de ellos —Millán Andrés y Juan

---

[1] Este primer apartado se ha elaborado a partir de lo contenido en los libros de actas de plenos de Laguardia, de la consulta de prensa de la época y de tres referencias bibliográficas incluidas en la relación final de fuentes y materiales: el estudio sobre las derechas alavesas de Antonio Rivera y Santiago de Pablo, la erudita compilación de los vaivenes sociopolíticos en el siglo XIX realizada por Emilio Enciso y la tesis de Julio Aróstegui. Sólo se citarán a pie de página aquellas fuentes distintas a las indicadas.

Antonio Martínez de Treviño— fueron rehabilitados posteriormente merced a la influencia de sus familias. No obstante, el «tercer estado» rural (el campesinado más modesto y los jornaleros sin tierras) nunca «sintió simpatía por los invasores; antes al contrario, por su apego a la tradición había permanecido fernandino». La misma actitud cundió entre las «familias más salientes de la Villa», como los Fernández de Berrueco, los García de Almarza, los Martínez Ballesteros, los Sáenz González, los Coca y los Briones.

Pasaron pocos años hasta que la agitación popular acabó llevándose por delante a un vecino. Fue lo que sucedió la noche del 22 de febrero de 1824, fecha en la que, siguiendo al susodicho Saturnino de Andrés, «un populacho feroz, desenfrenado por las personas que debían contenerlo, se arrojó a cometer los crímenes más horrorosos, recorriendo las calles con griterío y disparo de fusiles [...], buscando víctimas a quien devorar, hiriendo a unos e insultando a otros y matando al desgraciado y honrado José Domingo». Lejos de mostrar alguna preocupación por la familia de la víctima, los realistas de Laguardia constituyeron una comisión para apoyar a los responsables del crimen (inmediatamente apresados) y a sus familias. Al frente de la misma se situó de nuevo Valentín Fernández de Berrueco, auxiliado en esta ocasión por Casimiro Sáenz de San Pedro, Fernando Martínez Ballesteros y Manuel Briones, jefe el primero y comandantes los tres últimos de las Milicias Realistas formadas ese mismo 1824. El alcalde, Benito Echevarría, manifestó que el Ayuntamiento no podía significarse públicamente y, menos aún, recaudar dinero para los autores de la muerte de Domingo, pero él mismo se sumó como contribuyente. Por fin, en 1828, la Real Chancillería de Valladolid sentenció a los ocho vecinos realistas considerados culpables a la realización de trabajos forzados y al pago de sanciones económicas. Las multas eran elevadas y el Ayuntamiento no disponía de tantos recursos, pero dio igual: el clero local cedió al municipio los créditos que tenía con la Diputación, sufragando con esos 36.000 reales el valor pecuniario del castigo.

Aquella mayoría social, notablemente clerical y antiliberal, perdió su preeminencia política meses antes del comienzo de la Primera Guerra Carlista (1833-1840). Continuaba de alcalde Rufino García de Almarza (carlista), pero acompañado de una mayoría isabelina entre la que empezaban a despuntar apellidos como Lapasapuente, Solórzano o Zabala. Un año después accedió a la alcaldía Valentín Fernández de Berrueco, pero se repitió la misma situación y estuvo rodeado de isabelinos como Faustino Bernaola, Pedro Uzquiano, Juan García de Viñaspre, Leonardo González y Mariano Víctor Rabanera, quienes tuvieron que afrontar una situación bélica compleja: la guarnición militar era liberal y el Ayuntamiento también, pero el vecindario se mostró completamente hostil a cualquier posicionamiento distinto del carlista. Los isabelinos resolvieron la situación implicando a todo laguardiense en labores policiales. En los años siguientes la tensión no dejó de crecer. El 18 de marzo de 1838 Mariano Víctor Rabanera escribió a Miguel Buesa para transmitirle sus impresiones, que resumió contundentemente: «Este lugar está convertido en un infierno». El fin de la primera contienda carlista no conllevó la pacificación inmediata intramuros ni extramuros. Durante el período bélico los militares isabelinos, fuertes en la localidad, habían realizado sucesivas incursiones de castigo en las poblaciones próximas, todas ellas de mayoría carlista. Fue así como «en la mentalidad práctica popular, Laguardia y sus pueblos eran enemigos». Esta circunstancia acrecentó «antiguos resquemores y antipatías». La primera y más inmediata consecuencia fue la disgregación de la antigua Hermandad, que a partir de 1861 pasó a incluir únicamente al barrio de Laserna. Por su parte, Elciego formó Hermandad con Samaniego, Villabuena, Baños de Ebro, Navaridas, Leza, Páganos y Lapuebla de Labarca, constituyéndose una tercera integrada por Elvillar, Viñaspre, Cripán, Yécora, Moreda y Oyón.

Las décadas pasaban lentas para los moradores más humildes de todas aquellas villas y aldeas. La huella de ese pasado sí se dejó notar más tras la caída de Isabel II en 1869. Se sucedieron entonces pequeñas insurrecciones en feudos carlistas de todo el país. Los vecinos fueron conscientes de que algo estaba a punto de suceder cuando trescientos soldados se acantonaron en sus casas a la espera de acontecimientos. Dos años después, en 1871, la pequeña y mediana aristocracia local de signo liberal (los Buesa, Pérez de Viñaspre, Olano o Abente) se hizo con el poder municipal, perdido meses más tarde a favor de los carlistas entre quienes, además de los Sáenz de San Pedro, comenzaban a destacar los Ugarte o los Mateo. Los problemas comenzaron en el momento de la toma de posesión del nuevo Ayuntamiento, cuando los corporativos tradicionalistas se negaron a jurar adhesión a la Constitución y al nuevo rey, Amadeo de Saboya. No quedaban más que unos meses para que comenzara la última guerra carlista (1872-1876), que en Laguardia comenzó a fraguarse antes incluso de que los tradicionalistas recuperasen el control del Ayuntamiento. Fue así como el militar retirado Ezequiel Careaga se echó al monte con el abogado Andrés Ballesteros. Con ellos marcharon, lenta y discretamente, otros ciento cuarenta y tres vecinos del pueblo. Algunas familias apenas dejaron a un varón adulto en el domicilio, caso de los Pipaón Ogueta, los Arbulu Ibáñez o los Coca Quintana. Aquellos «jóvenes idealistas», como los describió el clérigo Emilio Enciso un siglo después, se estrellaron contra lo que él mismo definía como «realidad adversa y dura»; sin apenas armas ni munición, la inmensa mayoría se entregó pronto para poder acogerse al indulto general del Gobierno. En medio de estas primeras escaramuzas, España había dejado de ser una monarquía para proclamarse República por primera vez en su historia. El nuevo régimen llegó a Laguardia con la demora característica de las sociedades premodernas: el 2 de marzo de 1873, es decir, diecinueve días después de su proclamación en las Cortes. En la provincia, y particularmente en la Rioja Alavesa, liberales y carlistas se disputaban el territorio con desigual fortuna, sucediéndose las fases de avances y retrocesos. En aquel ambiente de inestabilidad se hicieron populares también algunos personajes como Román Ortiz de Izaga «Saltaviñas», un guardia civil del puesto de Labastida que, convertido en guerrillero carlista, concentró las iras de la población civil por su implicación en requisas, incautaciones y embargos.

Terminada la última carlistada con una nueva derrota del bando homónimo, liberales y tradicionalistas comenzaron a sucederse en el poder municipal: Ramón Ángel de Viana (liberal, 1877), Isidoro Sáez de Santamaría (carlista, 1879), Telesforo Rabanera (liberal, 1881), Antero Sáenz de Santamaría (carlista, 1883), etc. Aquel último cuarto del siglo XIX avanzaba ya algunos cambios que se materializarían de lleno en la centuria siguiente: la formación de la primera banda de música municipal, la modernización del «triángulo sanitario» (matadero, lavadero y cementerio), las primeras asociaciones (la Agraria y la Mutua de Cosecheros) y la instalación de la línea telegráfica Laguardia-Peñacerrada, a cargo de la cual quedó el joven Quirico Fernández Fernández. Fue también entonces cuando quienes no tomaban parte en aquel sistema político clasista y censitario comenzaron a cobrar un papel protagonista. Un gravamen sobre consumos establecido por la Diputación y la falta de flexibilidad de esta institución motivó la extensión de la protesta popular en Laguardia y su entorno. El 21 de agosto de 1893 un agente ejecutivo, rápidamente motejado por la población como «El Rata», fue apedreado por una turba que, de forma inmediata, derribaba las casetas de consumos y, con la banda de música incluida, recorría el pueblo gritando contra ese impuesto y a favor de la foralidad. La Diputación, poco consciente de las dimensiones que estaba tomando el motín, envió a un miñón al que la multitud impidió acceder a la villa. Al día siguiente, la población volvió a salir a la calle, pero esta vez ya no para enfrentarse a un miñón solitario, sino a los cuarenta guardias civiles enviados por el gobernador. Nada más llegar a la plaza, los agentes disolvieron a los concentrados; un vecino (Fernando Cano) resultó muerto, nueve laguardienses necesitaron atención médica y un agente de la Guardia Civil terminó herido leve. El Círculo Tradicionalista, inaugurado el 21 de diciembre del año anterior, fue clausurado. También fueron detenidas mujeres, por primera vez durante el tumultuoso siglo xix: la esposa de «El Zaca» y la de «Rondán», consideradas como principales instigadoras de la revuelta. Significativamente, la defensa corrió a cargo de Valentín Fernández de Berrueco, descendiente del alcalde arriba citado. El conde de Casasola, elegido ese mismo año diputado por el distrito de Laguardia, entregó dos mil pesetas a las víctimas[2].

Por todo ello, no sorprende tanto que el 15 de diciembre de 1907 decenas de mujeres de Laguardia se echaran a la calle para reclamar contra la subida de los impuestos que gravaban los consumos, pidiendo que la producción agrícola quedase exenta de tributación. Aquellas mujeres se reunieron de manera pacífica en la Plaza Nueva para dirigirse al edificio del Ayuntamiento, en el que penetraron hasta llegar al salón de plenos. El alcalde, desbordado, suspendió inmediatamente el remate en subasta del horno de pan de cocer que debía celebrarse a la mañana siguiente en la alhóndiga. Horas después, dijo sentirse indispuesto y eludió su obligación de hacer frente al improvisado motín. Esa pasividad no hizo sino crispar aún más los ánimos, pero sin registrarse episodios de violencia. Según un cronista del conservador *Heraldo Alavés*, la ausencia de disturbios significativos tenía una explicación antropológica. Laguardia, sostenía, «es pacífica. Su vecindario poco bullanguero. Es acaso uno de los treinta pueblos del partido judicial de su nombre que menos trabajo da a la Justicia». Lo relatado en los párrafos anteriores, se resumiría en una sucesión «arranques viriles y enérgicos» propios de la época. Fuera como fuere, aquellas vecinas que salieron a la calle en 1907 se rebelaron también contra el estado de las finanzas locales («exhaustas», dijeron) y contra la desidia de las autoridades locales, que lejos de enfrentar el problema se limitaron, en un período de fuerte militarización de la vida pública, a recurrir a la Guardia Civil. Las protestas, que duraron cinco

---

[2] Ostentaba el título nobiliario Gonzalo de Aguilera Gamboa, carlista de la cuna (1858) a la tumba (1929). Su nombre y primer apellido, no obstante, evocan más a un pariente algo posterior a él: Gonzalo Aguilera Munro, conde de Alba de Yeltes y capitán del Ejército durante la guerra de 1936-1939. Aguilera Munro es el autor de unas conocidas declaraciones al periodista de la CBS John Whitaker (a quien luego amenazó de muerte) en las que aseguraba que sería necesario «matar a todos los rojos para extirpar el virus bolchevique y librar a España de ratas y piojos. Al fin y al cabo, ratas y piojos son los portadores de la Peste. Ahora espero que comprenda usted qué es lo que entendemos por regeneración de España. Nuestro programa consiste en exterminar a un tercio de la población masculina en España; con eso se limpiaría el país y nos desharíamos del proletariado. Además es conveniente desde el punto de vista económico; no volverá a haber desempleo en España, ¿se da cuenta?». Su carácter violento, en PRESTON, Paul (2011), pp. 215 y 676-678. Una biografía edulcorada, en ARIAS GONZÁLEZ, Luis: *Gonzalo de Aguilera Munro. XI Conde de Alba de Yetes (1886-1965). Vidas y radicalismo de un hidalgo heterodoxo*, Ediciones de la Universidad de Salamanca, Salamanca, 2013.

días e implicaron a ciento cincuenta mujeres de todas las edades y a ado-
lescentes de ambos sexos, cesaron después de que el gobernador civil
pusiera a disposición del alcalde la fuerza que éste considerase necesaria
para garantizar el orden «a todo trance». Unos meses antes, con motivo
de las elecciones a Cortes, conservadores y liberales llegaron a las manos
en Laguardia sin que se movilizara a la Fuerza Pública con el mismo
ímpetu que el alcalde demandó su presencia para sofocar el motín de
diciembre.

No mucho más tarde, en 1909, aún se dejaban sentir las consecuencias de la revuelta y el canalejista Serviliano Etcheverry Antón, farmacéutico de 34 años, accedía a la alcaldía. Nieto de un vascofrancés llegado
a Castrojeriz tres cuartos de siglo antes, Serviliano había abierto botica
en Laguardia en 1905, cuatro años antes de acceder a la alcaldía y cinco
después de haber terminado la carrera de Farmacia. Había llegado allí
con su padre, maestro de indisimuladas simpatías liberales y que antes
había ejercido la docencia en el vecino Elciego. Con el comienzo del
siglo XX algunas de las familias más notables habían reducido sus víncu-
los (comerciales, normalmente) con el pueblo o, si los mantenían, era
desde las clásicas relaciones de patronazgo y protección, como Víctor
Tapia Buesa[3]. En la administración de lo cotidiano tampoco estaban ya,
al menos de forma directa, los Rabanera, apellido que en el tránsito del
siglo se había convertido en referencia tradicionalista allende Laguardia.
Seguían, eso sí, los carlistas (jaimistas, tras el cisma con los mellistas) «de
siempre»: los San Pedro, Orúe, Jiménez…

Con ellos confrontó, en 1910, el alcalde Etcheverry. En franca minoría dentro del Ayuntamiento, el flamante primer edil decidió, de espaldas a la mayoría conservadora, cumplir con las obligaciones fiscales ante
la Diputación alavesa. Era la obligación del municipio, pero, ya se ha
dicho, las arcas pasaban estrecheces y los impuestos que gravaban los
consumos habían echado al pueblo a la calle sólo tres años antes[4]. Unos
meses después Etcheverry dejó la política municipal, aunque siguió repre-
sentando a la minoría liberal (como agente electoral) en las sucesivas

---

[3] Hombre polifacético ligado al mundo de los negocios, Tapia (Laguardia, 1867-Getxo,
1949) comenzó trabajando con su tío José María Tapia Ugarte en una empresa jabonera
de Bilbao, origen de un despegue en el sector que se vio consolidado definitivamente con
la concesión, en 1906, de la patente del Jabón Chimbo. Fundador del Partido Liberal en
Vizcaya en 1910, durante la dictadura de Primo de Rivera se convirtió en diputado de la
Unión Patriótica por aquella provincia. Católico fervoroso y siempre activo en Acción
Católica, entre la amplia labor filantrópica que desempeñó junto a su mujer, Dolores
Sainz Isasi, cabe mencionar la financiación de las escuelas católicas Víctor Tapia de su
localidad natal, como se verá más abajo.

[4] Archivo de Álava, Fondo del Territorio Histórico, DH-6097-12.

convocatorias a Cortes. En cualquier caso, la gestión de lo público siguió transcurriendo como la Restauración hizo costumbre, es decir, con la élite local turnándose en el poder. Y con aquellas viejas élites, los no menos antiguos usos: corrupción, nepotismo, clientelismo, etc. La vieja política y su mala praxis, dijo el general Miguel Primo de Rivera cuando en septiembre de 1923 formó su gobierno (Directorio Militar) con la anuencia de Alfonso XIII. Los viejos partidos tradicionales (el liberal y el conservador) sucumbían ante el empuje de las primeras organizaciones políticas de clase (PSOE, CNT) y los partidos nacionalistas periféricos (la Lliga, el PNV), las democracias liberales daban signos de agotamiento y miles de jóvenes llevaban veinticinco años muriendo (en Ultramar primero, en Marruecos después) por una Patria que les negaba derechos y sólo les reconocía crecientes obligaciones. Así las cosas, y con las calles de Barcelona convertidas en un infierno, las proclamas militaristas de Primo de Rivera gozaron de cierta popularidad y gran aquiescencia, integrando en su seno no sólo a las derechas, sino también a parte del obrerismo. El abanico de apoyos fue igual de amplio en Álava, contando en un primer momento con personalidades tan complejas y heterodoxas como Luis Dorao Merino, director de *La Libertad*. En Laguardia, la dictadura de Primo de Rivera sirvió para postergar las inevitables rupturas socioeconómicas causadas por las deplorables condiciones —de vida y de trabajo— de jornaleros y temporeros de la uva, que ya en 1911 habían ido a la huelga con cierto éxito[5]. Los brazos político y militar de los que se intentó valer la dictadura para institucionalizar el régimen (la Unión Patriótica y el Somatén, respectivamente) consiguieron reclutar a vecinos de todas las ideologías, pero aquello no era más que un trampantojo. Valga como ejemplo de ello lo ocurrido en febrero de 1925 cuando Vicente Enciso, cabo del Somatén del Distrito, decidió dar de baja a cuarenta y un miembros del cuerpo armado reacios a pagar las apenas tres pesetas anuales que costaba suscribirse al Boletín de Somatenes de la Sexta Región Militar[6].

---

[5] Motivado por la exigencia por parte de los trabajadores de Bodegas Palacio de una subida del precio de la uva que redundara en mejoras salariales, el conflicto evidenció la existencia de fracturas sociales entre campesinos sin tierra y grandes propietarios, que habían unido sus intereses a los del liberalismo ya desde la década de 1880, como Cástor Migueloa o el propio Cosme Palacio, ambos máximos contribuyentes en aquella época. La huelga comenzó, de hecho, con los jornaleros cortando el agua de la fuente de la que se surtían las Bodegas Palacio. En la búsqueda de una rápida solución del asunto intervinieron el capitán de Infantería Luis Rabanera Amite-Sarobe y Justino, hijo de Cástor y prohombre de los liberales de toda la comarca riojana.

[6] RUIZ LLANO, Germán: «El Somatén y la Unión Patriótica en Álava (1923-1930)», *Historia Contemporánea*, 68 (2022), pp. 115-137 (p. 124).

II.   LA REPÚBLICA QUE LLEGÓ EN UNA CESTA

En abril de 1931 ya habían pasado casi sesenta años de la proclamación de la Primera República y los sistemas de comunicación tampoco eran los mismos. De hecho, el gran acontecimiento en el breve tiempo de la dictadura primorriverista había sido la instalación del teléfono público que completaba la estación telegráfica Laguardia-Peñacerrada. En esas circunstancias resultaba imposible que volviera a repetirse la situación de entonces, es decir, que las primeras noticias respecto de la proclamación del nuevo régimen se demorasen tres semanas. No obstante, la memoria de los más jóvenes de la época guarda recuerdos poco solemnes en cuanto a la instauración local de la primera experiencia democrática en el siglo xx español. Así lo relataba Concha Díaz de Greñu Martelo:

> Petra Benito la trajo (la República) en una cesta. Nosotros vivíamos en la otra casa y mi madre tenía un Café y mi padre, ya sabes, eran unos ignorantes, le decía: «Encarnación, no sé qué ha traído la Petra Benito en una cesta, ella dice que la República». Vino en taxis [sic] y entró en la plaza levantando un ramo de flores rojas que llevaba escondido en la cesta y acompañada de Mata, de Ignacio «el Repentino», como le llamaban al de Presa, los dos eran republicanos, y entraron en la plaza del brazo y gritando ¡Viva la República! Un día la vi entrar en la plaza con Alcalá Zamora del brazo. Mi madre no me dejó a mí ir a la Plaza Nueva donde daban un paquete de almendras porque decía que eso no, que mi madre era mucho [sic] carlista. Mi padre no, ¿eh?, que en mi casa había división de opiniones[7].

Lo cierto es que la segunda experiencia republicana empezó en Laguardia con tono bronco. En las elecciones municipales del 12 de abril de 1931 los tradicionalistas arrasaron en las urnas, pero lo hicieron merced a una escandalosa compra de votos por parte de Blas Landaluce, último alcalde durante la dictadura de Primo de Rivera. Los liberales, ya abiertamente republicanos, denunciaron los hechos y el Ministerio de Gobernación ordenó repetir las elecciones. Ante ese nuevo escenario, los carlistas decidieron no competir y los republicanos Celestino Irazu García de Jalón y Emilio Puelles Pérez se convirtieron en concejales. El triunfo de los republicanos en las urnas recibió la inmediata contestación callejera de las derechas. El 5 de mayo José Ugarte García «Gollete»[8], Domingo Viñegra

---

[7] Testimonio de Concha Díaz de Greñu Martelo (1-IV-2017). María Pilar Orive Crespo, que contaba con 8 años en aquel momento, recordaba también como «Petra Benito, que era de una familia de posibles, entró en Laguardia trayendo la República dentro de una cesta» (19-IX-2023).

[8] El gollete (o goyete) es la parte más ancha del cuello de una botella, siendo su función la de evitar que la presión del corcho rompa el vidrio. El apodo, fiel reflejo de la

Amurrio «El Paganés» y Félix Coca Rivera, socios del Círculo Carlista, se encontraron al salir de aquel local con el republicano Lucio Castañeda López, comenzando una fuerte discusión que no tardó en derivar en intercambio de puñetazos. Esa misma noche se produjo también la primera pelea con armas blancas, protagonizada en este caso por el tradicionalista Teodoro García Peña y por el izquierdista Lucio Martínez Arandia. La tensión fue en aumento hasta que mes y medio después las calles fueron escenario de un enfrentamiento a tiros sobre el que circularon versiones contrapuestas. El candidato carlista por Álava a las elecciones a Cortes Constituyentes del 28 de junio, José Luis de Oriol, había organizado un mitin que se preveía multitudinario. La expectación fue tal que los autobuses fletados se llenaron no sólo de hombres, mujeres y niños, sino también de sacerdotes que se iban montando a lo largo del camino entre Vitoria y Laguardia. No era para menos: terminado el acto, les esperaba un suculento y opíparo ágape a modo de recompensa. Fue precisamente al término de la comida cuando un miembro de la Casa Social Católica sacó su arma para disparar a otro simpatizante de las derechas. Eso, claro, según *La Libertad*. Para su competidor periodístico, *Heraldo Alavés*, el agresor fue un republicano[9].

Con independencia de lo que realmente ocurriese, el eco de aquellos disparos estuvo presente en los comicios generales de aquellas fechas. Álava, la provincia menos poblada de España en aquel momento, apenas repartía dos actas para las nacientes Cortes. Por ellas compitieron en 1931 otros dos candidatos, además del mencionado Oriol: Félix Susaeta, por parte de la amplísima coalición entre las izquierdas y los republicanos, y Pantaleón Ramírez de Olano, por el Partido Nacionalista Vasco. En estas elecciones, las últimas democráticas sin derecho al sufragio femenino, Álava fue una de las pocas provincias españolas en las que la derecha aguantó ante el tirón y la fortaleza del bloque progresista. La victoria fue para Susaeta, pero Oriol consiguió la segunda de las actas en juego. En la Rioja Alavesa, el candidato republicano se alzó con el triunfo en Lapuebla de Labarca y Oyón, donde triplicó a Oriol. Por su parte, el carlismo logró un estrecho triunfo en Labastida y quedó relegado a la tercera plaza en Elciego, donde Ramírez de Olano, natural de la localidad, arrasó. En Laguardia también ganaron los tradicionalistas aunque,

---

tradición vitivinícola del pueblo y de la propia familia Ugarte, era asumido con normalidad por el propio José, quien no dudaba en referirse a sí mismo por el mote más que por su propio nombre. Cfr. *La Rioja*, 21-XII-1933.

   [9] Puede realizarse una reconstrucción más completa y detallada de todos los incidentes que se relatan en ésta y las siguientes páginas a través de *Heraldo Alavés* (para 1931 y 1932), *Pensamiento Alavés* (a partir de 1933) y *La Libertad* (para el conjunto del período republicano).

como en Labastida, por menos distancia de la que ellos mismos espera-ban[10]. Sentadas las bases políticas de la República, comenzaron a configurarse dos bandos políticos muy pronto irreconciliables y también muy diferentes internamente[11].

Distinto fue el caso de las izquierdas, muy tempranamente divididas. Por una parte, Aurelio Arbulu Amelibia había formado un núcleo del Partido Republicano Radical con Primitivo Abente Meiro y Pablo Pérez Ábalos, quien, con cierta influencia en tanto que presidente de la Cooperativa Vinícola, había «arrastrado» al partido a Pedro Bujanda Sarasúa, Cecilio García de Olano y Teodoro López Casado, todos ellos labradores y cosecheros acomodados[12]. El resto del partido, con más poder efectivo que militancia real, lo componía la familia del propio Arbulu, incluidos sus hijos Valentín y Victorio, presidente este último de la Federación Universitaria Escolar en Vitoria (FUE). En paralelo, en el Partido Republicano Radical Socialista se integraron los concejales Emilio Puelles y Celestino Irazu, pero también casi veinte vecinos más. Los más conocidos, sin embargo, no formaban parte de la Corporación Municipal: Luis Puelles Gredilla, hijo de Emilio y alguacil, Serviliano Etcheverry y, tras su llegada al pueblo algo después, el maestro Julio Martín Fernández de Bobadilla. La transformación del proyecto radical-socialista en Izquierda Republicana logró un amplio respaldo en Laguardia, captando más de cuarenta afiliados de toda condición: jornaleros del campo, pequeños labradores, modestos profesionales o empleados municipales.

[10] La derecha españolista superó en cuarenta votos (272 frente a 232) a la izquierda. Por su parte, el PNV obtuvo el respaldo testimonial de dieciséis vecinos.

[11] En el caso de las derechas, éstas habían hibernado políticamente durante la dictadura de Primo de Rivera, lo que en algunas localidades provocó crisis y rupturas tras el 14 de abril. Fue el caso de Salvatierra, uno de los feudos por excelencia del antiliberalismo en Álava hasta comienzos del siglo xx. En la década que precedió a la proclamación de la Segunda República, el carlismo se atomizó y los hijos y nietos de los tradicionalistas pasaron al nacionalismo vasco, logrando el PNV resultados espectaculares. Rupturas similares acontecieron en Araya, Zuya, Estribaciones del Gorbea o en la comarca de Ayala. En la Rioja Alavesa, en cambio, no manifestaron fisura alguna.

[12] Archivo de Álava, Fondo Histórico Provincial, Asociaciones Políticas, Caja 1.575.

Aurelio Arbulu (imagen superior izquierda) fue, a lo largo del período republicano, el hombre de confianza de Luis Dorao (imagen superior derecha) en la provincia. La construcción del Sanatorio (abajo), ubicado en terreno municipal de Laguardia, no se entiende sin el concurso de ambos.

III.   DE UN SANATORIO Y DE UNAS ESCUELAS

Sin lugar a dudas, uno de los grandes *leitmotivs* de la política provincial alavesa durante la Segunda República fue la construcción de un Sanatorio Antituberculoso con el que atajar los gravísimos problemas causados por esta enfermedad. Se trató de la obra pública más importante de las llevadas a cabo en la provincia durante la República, pero su construcción (1933-1935) se produjo entre fortísimas críticas a quien en aquel momento presidía la Gestora de la Diputación de Álava, Luis Dorao Merino. Ligado al Partido Republicano Radical, Dorao hizo manifestación pública de republicanismo a la vez que Aurelio Arbulu, es decir, poco tiempo después de que España se inundara de banderas tricolores. La estrecha relación política y sentimental entre Dorao y la villa (allí vivía y allí murió su madre poco tiempo después) permite entender que el primer alcalde republicano vendiera terrenos propios a la Diputación. Tampoco es casualidad que el Partido Republicano Radical de Laguardia crease la figura de presidente honorífico para conceder esta distinción al propio Luis Dorao. La gestión provincial de quien seguía siendo director de *La Libertad,* fue puesta en tela de juicio desde su toma de posesión en 1933. La predisposición de Dorao a los manejos caciquiles y su fuerte carácter llevaron al alcalde de Vitoria, Luis Ginés Ostolaza a presentar su dimisión. En lo que hace a la construcción del Sanatorio Antituberculoso (de Leza, aunque los terrenos estuvieran dentro de los límites de Laguardia), los desajustes presupuestarios y las acusaciones de prevaricación se sucedieron.

En un primer momento, el Sanatorio Antituberculoso iba a ser levantado como proyecto público de la Diputación provincial, participado en su financiación por los recursos de ésta y del Estado. Unos meses después, en 1934, Dorao cambió de parecer y cedió los terrenos a una empresa de su amigo Alfredo Rodríguez para que se hiciera cargo del trabajo y de la explotación. Tiempo después, la Gestora contrató a esa misma empresa la atención a los enfermos sin recursos, comprando el Sanatorio a la compañía privada. El arquitecto provincial Julián de Apraiz Arias fue despedido por denunciar la situación y los republicanos de izquierdas convirtieron el Sanatorio en arma de combate contra los radicales, acosados en el conjunto de España por sonados casos de corrupción como el del estraperlo. El azañista Tomás Alfaro Fournier consideraba que Dorao hacía:

> La clásica política del caciquismo, pero llevada a un extremo que nunca lo había visto en esta provincia. Este hombre ha destrozado la hacienda provincial. En el Sanatorio de Leza, asunto que ha costado y costará a la Diputación cantidades

fabulosas, hay una actuación tortuosa que no sé a dónde va a llevar. Por otra parte, la Diputación es un centro de colocaciones. A montones se está enchufando gente en toda clase de cargos existentes o que se inventan. Allí ingresan, a cargo de la Diputación, todos los amigos radicales (del PRR) y todos sus aliados, CEDA, carlistas, etc. Es una vergüenza...[13].

Otra de las cuestiones que atravesó el debate político, social y cultural en la época fue la Enseñanza y su laicización, aunque apenas unos años antes de la proclamación de la República los problemas educativos de Laguardia revistieran otro cariz: no existía siquiera un espacio físico óptimo para el desarrollo de las clases, pues la antigua escuela se había venido abajo. El Ayuntamiento, preso de los problemas económicos que aquejaban a la villa casi de forma endémica, no podía financiar la construcción de un nuevo conjunto escolar. En 1926 el alcalde José Aguillo Puelles solicitó auxilio económico al gobernador civil de Álava, el bilbaíno Ladislao de Amézola. En plena dictadura primorriverista, y al modo y manera de los viejos usos y costumbres que el general pretendía desterrar, Amézola propuso a Aguillo encomendar la empresa al hijo más célebre de Laguardia, el empresario Víctor Tapia. El pleno del Ayuntamiento comisionó al párroco Jenaro Quincoces Aranegui para que viajara a Getxo a pedirle a Tapia, miembro de Acción Católica, el dinero que pudiera aportar. La donación se concretó en cien mil pesetas con una única condición: que durante los siguientes veinte años el Ayuntamiento comprometiera tres mil pesetas en cada uno de ellos a la Beneficencia[14].

Ninguno de los protagonistas imaginaba entonces que, apenas cinco años después, todo el edificio de la Restauración se vendría abajo con el arriesgado asidero que había sido la dictadura de Primo de Rivera. Los artículos 48 y 49 de la nueva Constitución recogían la concepción republicana de la Enseñanza, laica, obligatoria y gratuita durante toda la Primaria. En 1932 la Agrupación Radical-Socialista impulsó la creación de una Asociación Laica de Padres de Familia a la que, rápidamente, se unieron veinte cabezas de familia. La asociación, activa hasta 1936, estuvo presidida por el herrero del pueblo, Luis Calvo Marañón, pero quien inspiró su creación y la articuló fue Julio Martín Fernández de Bobadilla[15]. El Obispado de Vitoria no tardó en reaccionar impulsando, al compás de lo ocurrido en el conjunto de la provincia, una Asociación Católica de Padres

---

[13] RIVERA BLANCO, Antonio: *La utopía futura. Las izquierdas en Álava*, Ikusager, Vitoria, 2008, p. 251.

[14] *Heraldo Alavés* (HA, en adelante), 6-X-1926 y 8-X-1926.

[15] En la provincia sólo se creó otra asociación similar en Salvatierra. Al igual que en Laguardia, allí fue un maestro radical-socialista, Ángel Pinedo, el que la impulsó. GÓMEZ CALVO (2014), pp. 186-199.

de Familia plagada de carlistas de lustre y ascendencia social: Eutimio García Rojo (médico), Julio Briones Zabala (hombre de confianza de Oriol), Gabriel Orúe Viñegra (confitero), etc. Replicando lo ocurrido en torno a la construcción del edificio escolar por parte de Víctor Tapia, los padres católicos se encomendaron de nuevo al empresario y a Jenaro Quincoces, pero esta vez para que sus hijos pisaran una escuela católica y no una sin Dios[16]. Lo que pedían ahora era construir otra escuela, pero religiosa. A Tapia le pareció una idea inmejorable, lo mismo que a los Rabanera, familia que inmediatamente vendió a aquél una de sus propiedades, la denominada «Casa de los Cubos», para su donación a la parroquia de Santa María. Por si no fuera suficiente, Víctor Tapia realizó otra generosa contribución de veinticinco mil pesetas a fondo perdido para el acondicionamiento del edificio. La nueva escuela constaría de dos aulas en la planta baja, una por cada sexo, y las obras se adjudicaron al omnipresente Aurelio Arbulu. La división social en el pueblo era ya manifiesta. Las disposiciones laicas de la Segunda República habían soliviantado a quienes no podían entender que el crucifijo desapareciera de las aulas de la noche a la mañana. De hecho, ya en abril de 1931 y con la República recién proclamada, «ciudadanos que blasonan de republicanismo cuando les conviene» habían sacado a sus hijos de la escuela después de que los maestros retirasen la foto de Alfonso XIII[17].

IV.   GOLPES A GRANEL

Muchos años después de haber terminado el conflicto bélico, dos protagonistas de la guerra civil escribieron memorias personales cuyos títulos aún hoy gozan de cierto respaldo en el imaginario popular. Así, José María Gil Robles, líder de la CEDA durante la época republicana y tempranamente postergado por Franco, se autoexculpó con su *No fue posible la paz*. Por su parte, el socialista Juan Simeón Vidarte sentenció, en aras de la reconciliación, que *Todos fuimos culpables*. Lo cierto es que ningún acontecimiento resulta inevitable y que los habidos, por cruentos que hayan podido ser, tuvieron siempre responsables concretos que jamás pueden ser identificados con una totalidad difícil de concretar. Porque

---

[16] Esta vez, eso sí, algunos actores interpretaron papeles distintos a los de entonces. Fue el caso de Serviliano Etcheverry, que en 1926 se sumó a las «fuerzas vivas» que pidieron apoyo a Tapia y cuyos intereses ahora se contraponían a los del empresario.

[17] Para los avatares de la construcción del complejo escolar Víctor Tapia y lo relacionado con su financiación, cfr. Archivo Histórico Diocesano de Vitoria, Libro de Actas de la Protectora Escolar de Laguardia (Avisos del Archivo Parroquial) y Correspondencia de Jenaro Quincoces (Carpeta Laguardia). La cita, en *La Libertad* (*LAL*), 23-IV-1931.

cuando todo el mundo es culpable, en realidad nadie lo es. Contra las lecturas autocomplacientes del pasado que se derivan de ambos títulos, se ha rebelado una literatura que, impregnada de presentismo, rehúye de cualquier análisis complejo de un tiempo ya cerrado, pero que se resiste a pasar. Abundan así interpretaciones maniqueas y simplistas de la época y en las que, muy habitualmente, se omite el largo recorrido de la historia para centrarse en un tiempo más corto y muy limitado espacialmente. Lo que sucedió en Laguardia en los años que ocupan este libro guarda notables semejanzas con lo que ya sabemos que ocurrió en la Rioja Alta, es decir, con una comarca cercana, pero situada en otra provincia[18]. También es bastante común utilizar categorías poco o nada apropiadas para referirse a los protagonistas de la guerra civil. Por ejemplo, en lo que hace a Álava hablar de falangistas (no digamos de fascistas) resulta harto complicado: en 1936 el número de afiliados al partido de José Antonio era de treinta, la mayoría de ellos en Vitoria, Barambio, Llodio y Amurrio[19].

Por otra parte, en los estudios que tienen por objeto la represión en espacios geográficos concretos, suele desempeñar un papel secundario el análisis de la violencia política en los años que precedieron al golpe de Estado franquista. Este «olvido» suele relacionarse con el miedo a una posible justificación de la violencia en la retaguardia franquista en tanto que «liquidadora» de afrentas pendientes. En cualquiera análisis *micro*, y éste lo es, no sólo es pertinente echar la vista atrás, sino también, y en la medida que la documentación conservada lo permita, atender a cómo se reinterpretó la «alta política» en los espacios en los que ésta quedaba lejos. La República en Laguardia no fue una multitud gozosa entonando el himno de Riego, sino una modesta cesta de la cuñada de Aurelio, el nuevo alcalde. Los republicanos —o una buena parte de ellos— tampoco eran ateos dispuestos a quemar las iglesias que frecuentaban, sino que, muy al contrario, querían que sus hijos estudiaran en escuelas católicas.

El golpe de Estado tampoco se produjo a raíz del asesinato de José Calvo Sotelo, ni hundía sus raíces en los sucesos de octubre de 1934. La derecha, y desde el mismo 14 de abril de 1931 el carlismo, no bajó nunca del monte en el que llevaba un siglo. Entre 1931 y 1936 no arraigó nunca un conservadurismo comprometido con valores liberales y democráticos, fracasando también todos los partidos —y sus figuras políticas— cuyo

---

[18] Gil Andrés (2006). Como se verá más abajo, son mayores las diferencias con localidades que sí formaban parte de la misma provincia y en las que la izquierda gozaba de mayor implantación, caso de Lapuebla de Labarca u Oyón. Se trataba en ambos casos de municipios en los que la violencia política no desempeñó un papel sustancial durante la Segunda República.

[19] Fernández Redondo, Iñaki: *El fascismo vasco y la construcción del régimen franquista*, PUV, Valencia, 2021.

desempeño pudiera calificarse de vacilante o errático en una situación de fuerte polarización política. Laguardia es un buen ejemplo de cómo el rechazo a los matices fue diluyendo los espacios centrales de la política. En las elecciones de febrero de 1936 el enfrentamiento de la izquierda más ortodoxa con los republicanos radicales había alejado tanto a estos últimos de aquellos que Victorio Arbulu Benito, otrora presidente de la republicana Federación Universitaria Escolar (FUE), contactó con los Viana para representar políticamente a la Confederación Española de Derechas Autónomas (CEDA) en dichos comicios[20]. Sólo el PNV, que contaba con *batzoki* en el pueblo, Junta Municipal y una modesta agrupación femenina de *Emakume Abertzale Batza*, se encontraba muy lejos de la dinámica ascendente de brutalización política de la época[21]. Sin embargo, en un momento como aquel de notable ascenso nacionalista en todas las provincias vascas, su porcentaje de voto en Laguardia se quedó por debajo incluso del 5%. Precisamente quienes formaron parte del PNV durante todo el período republicano o del Partido Republicano Radical hasta su práctica desaparición en el otoño de 1935 fueron los únicos que no se vieron envueltos en ninguna de las interminables refriegas y altercados callejeros que se sucedieron en el pueblo desde el «incidente fundacional» del 5 de mayo de 1931 ya referido[22].

El 22 de septiembre el conservador *Heraldo Alavés* titulaba su sección de sucesos con un expresivo «Vivas y mueras y golpes a granel». El día anterior José Manuel Expósito, un transeúnte de Santander, expresó en las calles su fervor republicano y socialista con la mala fortuna de hacerlo muy cerca de donde se encontraban Tomás Torralba Aguado, Benito Presa Alonso y Romualdo Grijalba Espinosa de los Monteros, quienes no dudaron en abalanzarse sobre él, tirarle al suelo y golpearle el rostro, necesitando atención médica. La estancia de Expósito en Laguardia había transcurrido en la Casa de Hospedaje de los transeúntes sin recursos, el mismo lugar en el que un mes después el zamorano

---

[20] Lo hizo junto a su padre, Aurelio, que en aquel momento se había desvinculado de su primigenio republicanismo.

[21] Sobre el concepto de brutalización, MOSSE, George L.: *Soldados caídos. La transformación de la memoria de las guerras mundiales*, Prensas Universitarias de Zaragoza, Zaragoza, 2016 (1990 para la edición original en inglés). Una revisión historiográfica sobre la teoría y sus críticos, en ALCALDE FERNÁNDEZ, Ángel: «La tesis de la brutalización y sus críticos: un debate historiográfico», *Pasado y Memoria*, 15 (2016), pp. 17-42.

[22] Lucio Martínez Arandia, el más grave de todos los contusionados en la refriega, se convirtió a raíz de las heridas en un símbolo de la «brutalidad cavernícola». El 11 de mayo de 1931 Aurelio Arbulu condujo hasta su domicilio a la plana mayor del republicanismo provincial, es decir, a Luis Dorao, a Gabriel Martínez de Aragón Carrión (hijo del gobernador civil homónimo) y a Primitivo Herrero, concejal del PSOE en Vitoria. Este último regresó nueve días después para interesarse por la salud de Martínez Arandia.

Apolinar Vega cargase contra la República y sus dirigentes en presencia del navarro Eduardo Navarrete, quien arañó y golpeó a aquél hasta provocarle una hemorragia.

Aquel año se cerró con la visita, el día 11 de diciembre, de la primera autoridad del Estado, Niceto Alcalá Zamora. La comitiva presidencial llegó cargada de pastas y dulces, además de paquetes de almendras para los niños. La fiesta comenzó con el lanzamiento de cohetes, una comida para ciento cincuenta personas y bailes en el Círculo Republicano hasta bien entrada la madrugada. Todas las fuerzas vivas estuvieron presentes, pero la única arenga política corrió a cargo de Serviliano Etcheverry, «muy aplaudido (y) felicitado» en una villa en la que, a decir de uno de los cronistas que cubrió el evento, «la democracia es la que domina». No obstante, lo que acabó bien no pudo empezar peor. La mayoría tradicionalista «desapareció» del pueblo en señal de protesta y sólo se dejaron ver quienes, afines a la derecha, tuvieron que acudir en razón de su cargo o profesión. Pero no todos podían esfumarse, y menos aún la Guardia Civil. Poco antes de que Alcalá Zamora llegase al pueblo, el alcalde pidió al comandante del puesto que izase la bandera tricolor. Ante la negativa del máximo responsable local de la Benemérita, se hizo precisa la intervención del gobernador civil, a quien sí obedeció.

Los golpes a granel, empero, continuaron pocas semanas después de la visita de Alcalá Zamora. El 28 de enero de 1932 los carlistas Cayo López Uriarte «Tabiques» y Fidel Prieto Madrid se enfrentaron a un grupo de republicanos[23]. Dos meses y medio después, con motivo de los fastos por el primer aniversario de la República, el gobernador civil reforzó la seguridad en previsión de incidentes. La toma de precauciones evitó que los puños volvieran a hacerse presentes, pero no episodios de desacato como el que protagonizaron los hermanos Salvador y Lorenzo Briones Barreiro junto con Juan Bautista Sáez Ruiz «el Listero», amigo de ambos[24]. En plena celebración del 14 de abril, los tres jóvenes dieron gritos a favor de Don Jaime, interviniendo el alguacil Luis Puelles para pedir silencio. Tras hacer caso omiso, se personó también Aurelio Arbulu, recibido con insultos. Tanto Sáez como los Briones fueron inmediatamente detenidos y en

---

[23] Apenas una semana después, el 3 de febrero y con motivo de la festividad de San Blas, se extendió en el pueblo un rumor según el cual los republicanos se vengarían en el sacerdote de Páganos, «un Don José, que luego pasaría a ser párroco de Salvatierra. Este era peneuvista. [...] Se comentó en Laguardia que algunos republicanos saldrían a darle una paliza durante la procesión. ¿Quiénes se convirtieron en guardaespaldas? Los requetés. Ahí había materia religiosa y el Requeté apoyaba al cura, aunque fuera del PNV». Testimonio de Antonio Mijangos (5-VI-2023).

[24] Tenía fama, ya durante la Segunda República, de llevar anotados los nombres de quienes no asistían a los oficios religiosos.

el juicio posterior, celebrado nueve meses después en la Audiencia Provincial de Vitoria, condenados a dos meses y un día de arresto mayor. Otros derechistas del pueblo, más cautos, se conformaron con hacer mofa del régimen colgando en sus balcones serones, sacos y trapos ajados como representación de la República. Por estos hechos Lorenzo Mateo Ruiz de Ozana, Eugenio Casales Velar y Crescencio García Galarreta tuvieron que pagar cien pesetas cada uno en concepto de multa. Las provocaciones de los carlistas tampoco trascendieron más allá de los gritos en otra fecha significada, el 1 de mayo. Ese día Dionisio Martínez Ugarte, en compañía de otros jóvenes carlistas, lanzó proclamas de apoyo al clero y contrarias a la República.

Con el paso del tiempo, la espiral de violencia no hizo sino aumentar. El 11 de mayo de 1933 Dámaso Jiménez Martínez celebró su elección como alcalde apoderándose del espacio público para convertir las calles en una extensión del Círculo Carlista. Desde primera hora de la mañana, los tradicionalistas se apostaron junto a las viviendas de los republicanos más insignes para lanzar cohetes desde allí. La tónica no varió al atardecer ni tampoco con la puesta de sol, al punto que *La Libertad* llegó a reconocer que algunos izquierdistas habían tenido la tentación de sacar sus armas para hacer frente a las provocaciones de la derecha. Los más de doscientos cohetes lanzados durante el día convivieron con un eterno desfile de boinas rojas, gritos contra la República y ruidosa percusión con improvisados instrumentos, cajones de madera incluidos.

Aquellos sucesos fueron el prólogo de un nuevo episodio de violencia física como el acaecido apenas un mes después, el 25 de junio y en plenas fiestas patronales. Ese día Prudencio Uzquiano Castellano, socio del Círculo Republicano, gritó contra el clero y los frailes encontrándose en compañía de algunos amigos. Muy cerca de ellos se encontraban los tradicionalistas más habituales en las broncas y palizas callejeras, como «Tabiques», Teodoro García y Salvador Briones Barreiro. Los tres, acompañados esta vez por Antonio Briones (hermano de Salvador), Julio Martelo Ibarreta «Mingarra» y Domingo «El Paganés», golpearon a Uzquiano hasta dejarle gravemente herido. El gobernador civil optó por tocar el bolsillo de los agresores, pero ninguno de ellos accedió a pagar y no salieron de prisión hasta el 17 de agosto. El encarcelamiento de los Briones y del resto de agresores causó «serios trastornos» a sus familias en plena época de recolección. Así las cosas, se abrió una suscripción popular en favor de sus familias y una comisión creada para la ocasión se encargó de acudir puntualmente hasta la cárcel de partido para hacerles llegar regalos del vecindario. El clero también se colocó del lado de los agresores, organizando misas y rezando rosarios comunitarios para pedir por su liberación. Se repitió así lo ocurrido un siglo atrás, cuando la mayoría del vecindario e incluso el poder político local también se había alineado con la turba realista y había obviado al agredido, que no tuvo tanta suerte como Uzquiano y resultó muerto.

En 1934 y 1935 se produjeron al menos otras cuatro peleas entre republicanos y tradicionalistas, pero sin llegar a los niveles de extrema violencia alcanzados en los años anteriores. La causa principal de este descenso de la conflictividad política se encuentra en el cambio de mayorías, tanto a nivel municipal como en el conjunto del país: cuando los carlistas accedieron al poder sin necesidad de recurrir al fraude —motivo de la repetición de las elecciones de abril de 1931— las calles dejaron de arder. En paralelo, el sectarismo de la izquierda había ido minando las relaciones interpersonales dentro de esa amalgama plural que era el republicanismo. Un vecino de ideas liberales y que prefirió esconderse en el anonimato lo denunció con clarividencia tras la derrota en las municipales de 1933:

> La división entre los republicanos ha aumentado de manera considerable. Las derechas, que no lo habían logrado antes, han copado. Las izquierdas han luchado unas contra otras y así se vive. Lamentable, lamentabilísimo, pero todo ello irá en aumento de no haber un examen de conciencia detenido, muy detenido, para ver si vamos a seguir en la forma en que se marcha[25].

V. EL DÍA DE LA IRA

El 1 de marzo de 1936, la segunda vuelta de las elecciones legislativas deparaba una nueva victoria a José Luis de Oriol, quien lograba el acta de diputado por tercera vez. Por detrás quedaban, por este orden, el Frente Popular, el Partido Nacionalista Vasco y la emergente Confederación Española de Derechas Autónomas (CEDA). En el conjunto de la provincia los incidentes se limitaron a la rotura de una urna, al intento de votar por parte de varias personas sin acreditar debidamente su personalidad y a la detención de dos miembros de la CEDA inmediatamente puestos en libertad. Nada que no hubiera ocurrido en comicios anteriores y que hacía buena una nota del gobernador civil difundida en enero a través de la prensa. En ella se apelaba a los alaveses y a su cultura para mantener la provincia como oasis en medio del enrarecido ambiente del resto del país:

> No se me alegue que en otras provincias se autoriza ese medio violento de propaganda. En otras provincias hay todavía analfabetos y en Álava no los hay. En Álava, por el nivel mental y cultural de sus habitantes, no es necesario emplear

---

[25] *LAL*, 8-V-1933.

determinado lenguaje para hacer comprender a cada uno lo que cada ideología representa[26].

Tampoco en Laguardia se habían producido incidentes significativos, pero sí se respiraba un ambiente enrarecido. En cualquier caso, los electores que acudieron a las urnas lo hicieron en ausencia de gritos, insultos, empujones o golpes. Aquella calma, sin embargo, nunca estuvo exenta de tensión. El 16 de marzo el gobernador civil Ramón Navarro Vives declaró a la prensa haber tomado «ciertas precauciones en el pueblo de Laguardia» por existir rumores de altercados inminentes[27]. En esa fecha, y celebradas ya las que serían últimas elecciones de la República, las izquierdas siguieron su habitual camino de atomización. El Comité local de Izquierda Republicana expulsó, por excesivamente radicales, a Lucio Martínez Arandia y a Teodoro Aguillo Samaniego, quienes inmediatamente después trataron de crear la primera agrupación del PSOE en Laguardia[28].

Sea como fuere, los rumores que habían llegado hasta el Gobierno Civil de Álava eran ciertos y Navarro Vives sólo erró en la fecha. Según las notas oficiales del momento, el 29 de marzo a las 23:30 un numeroso grupo de tradicionalistas salieron del Círculo tarareando, cual era ya costumbre, cánticos contra la República. Como también era habitual, los republicanos que se encontraban a su paso respondieron con vítores al régimen imperante. A partir de ahí, las versiones de quienes fueron testigos de los sucesos difieren. Según José Briones Barreiro y José Aguillo Aguillo, ambos alistados en el Requeté en julio de 1936, todo comenzó cuando unos «comunistas» que trabajaban en las obras de la carretera de Leza se internaron en el centro de la localidad para hacer chanza de la Semana Santa. Sin embargo, ambos afirman que los hechos sucedieron en 1934, dos años antes[29]. ¿Cuáles fueron esos hechos? Atendiendo a la instrucción judicial del caso, sabemos que Manuel Puelles Gredilla, republicano y hermano del alguacil, empuñó una pistola para atentar contra Salvador Briones por la espalda, pero el parecido físico de éste con el vecino José León Cadarso confundió a Puelles, hiriendo de gravedad a León. En paralelo y durante la misma noche, el carlista Santiago Torres Fernández persiguió por el pueblo al izquierdista Ángel Villambiste Castañeda armado con una navaja y exclamando que los republicanos eran

────────────

[26] *LAL*, 23-I-1936.

[27] *Pensamiento Alavés* (*PA*, en adelante), 17-III-1936.

[28] Archivo Intermedio de la Región Militar Noroeste de Ferrol (AIMNO, en adelante), Fondo Álava, Caja 85, Exp. 1.278.

[29] Los testimonios de Briones y de Aguillo, en UGARTE TELLERÍA, Javier: *La Nueva Covadonga insurgente. Orígenes sociales y culturales de la sublevación de 1936 en Navarra y el País Vasco*, Biblioteca Nueva, Madrid, 1998, pp. 124-125.

unos canallas. Las heridas sufridas por Villambiste no curaron hasta tres semanas más tarde mientras que las causadas por Puelles a José León, un joven totalmente ajeno a cuestiones políticas, no fueron lo suficientemente graves para declararle inútil tras el estallido de la guerra, pero sí le mantuvieron alejado de toda tarea militar en los frentes de batalla. Para esclarecer las responsabilidades, se desplazó hasta Laguardia el juez José Ojea González, quien ordenó el procesamiento e ingreso en prisión por desórdenes públicos de los tradicionalistas Juan Cruz Martínez Ugarte, Vicente Arbulu Aguillo, Carmelo Presa Barreiro y, por tercera vez en cinco años, Salvador Briones. También fueron encarcelados por sendos delitos de lesiones Santiago Torres y Manuel Puelles. La derecha local se mostró agraviada: cinco detenidos por sólo un republicano, cuando además éste había estado a punto de matar a un vecino[30].

Pasadas las primeras horas, comenzaron a circular todo tipo de habladurías sobre los disparos, especulándose incluso con la posibilidad de que Manuel Puelles hubiera percibido 500 pesetas por cometer el atentado[31]. También están viciados los relatos de José Aguillo y José Briones, especialmente el de este último. Llamado a declarar por el juez en 1936 por ser testigo de los hechos, Briones podía equivocarse con el año, pero no con el origen de la violenta trifulca ni con los verdaderos protagonistas de la provocación. No obstante, la cronología (tres meses y medio antes del golpe de Estado) y la sucesión de acontecimientos históricos (la victoria bélica de los sublevados) desfiguraron la realidad e hicieron triunfar un relato acomodaticio en el que las culpas se disipaban en la nebulosa. Parte de ese triunfo se reflejó también en la composición de cantares satíricos en los que el adversario político quedaba deshumanizado, adelanto de la tragedia que se avecinaba[32].

La izquierda republicana tampoco supo gestionar convenientemente la quiebra de cualquier norma básica de convivencia social derivada de los sucesos del 29 de marzo. Prueba de ello es que la primera medida gubernativa fuera la clausura de los dos locales tradicionalistas (el Círculo, espacio de recreo, y el Centro, sede política) y la imposición de dos mil pesetas de multa (por cabeza) a Salvador y José Briones Barreiro, Juan Cruz Martínez, Carmelo Presa, Bartolomé Amelibia Baroja «Morlones»,

---

[30] Una narración más exhaustiva puede encontrarse en la prensa local de los días posteriores a los incidentes. La versión más militante de la trifulca, al margen de los testimonios de José Briones y José Aguillo, en *Álava Republicana*. Este semanario, órgano de prensa de las izquierdas alavesas, dedicó su número 47 a los sucesos de Laguardia.

[31] Testimonio de Concha Díaz de Greñu Martelo (1-IV-2017).

[32] En una coplilla compuesta por los tradicionalistas éstos se burlaban del aspecto físico del boticario y especulaban sobre su vida íntima. Testimonio de Concha Díaz de Greñu Martelo (1-IV-2017).

Vicente Arbulu Aguillo, Tomás Mateo Portilla, Julián López Coca y Lorenzo Martínez de Treviño de Marcos, todos ellos carlistas. Quienes no estaban ya en prisión entraron en ese momento por no poder (o no querer, en algunos casos) hacer frente a la sanción, siendo liberados en cuanto llegaron las primeras noticias del golpe de Estado. Nada más salir en libertad, marcharon a sus casas a ponerse «ropa de domingo» (19 de julio) y esperaron a que partiese el autobús que esa misma tarde les llevaría a Vitoria para enrolarse en el Requeté. Quizás ninguno de ellos necesitara mayor motivación para combatir por la Tradición y acabar con el ateísmo, pero no cabe duda de que partieron de la aldea a la capital y de ésta a Somosierra como mártires.

Otra de las medidas adoptadas por el gobernador civil fue el nombramiento, con carácter indefinido, de un delegado gubernativo que sólo obedeciera órdenes de Vitoria. Entre el 1 de abril y el 18 de julio el cargo fue desempeñado por el maestro Julio Martín Fernández de Bobadilla, auxiliado por Serviliano Etcheverry y Calixto Crespo Angulo. Natural de Cenicero, Julio Martín formaba parte del nutrido grupo de maestros provinciales de entera confianza para los republicanos de izquierdas, casi todos ellos afiliados a la Federación de Trabajadores de la Enseñanza (FETE, ligada a la UGT). A todos ellos se encomendó Ramón Navarro Vives cuando los afiliados más jóvenes de la CEDA, los fascistas del entorno de Amurrio y los requetés de toda la vida hicieron causa común para subvertir el orden constitucional entre marzo y julio de 1936, protagonizando la inmensa mayoría de las algaradas callejeras habidas en la capital y en el mundo rural. Maestros y delegados de Orden Público hasta el momento de la sublevación fueron Ángel Pinedo (Salvatierra), Evaristo Martínez de Mendiluce (Berantevilla), Mauricio Rodríguez (Aspárrena), Miguel Gil (Zalduendo) o Bernardino Domingo (San Millán)[33]. Sin embargo, ninguno de los anteriores había confrontado tanto con el carlismo en fechas pretéritas a sus respectivos nombramientos. Como miembro de la Gestora Municipal que rigió Laguardia entre febrero y abril de 1933, Julio Martín hizo ostentación de anticlericalismo en un contexto político en el que confluyeron el ascenso de las derechas y la división de la izquierda, lo que dejó al maestro a merced de unos y de otros. El 30 de abril de 1936, un mes después de tomar posesión del cargo, los dirigentes del Centro y del Círculo Carlista se dirigieron a él para solicitar la reapertura de los locales por entender que había desaparecido cualquier rastro de «peligrosidad social» una vez depuradas las responsabilidades y que en la villa se respiraba un «ambiente de pacificación

---

[33] GÓMEZ CALVO, Javier: «Historia de Galarreta: de la dictadura de Primo de Rivera a la guerra civil (1923-1939)», *Sancho el Sabio*, 27 (2007), pp. 101-129.

espiritual». Dos semanas después, resolvió la petición en sentido negativo emitiendo un informe demoledor:

1.º   El tres de mayo salieron los individuos del café a las once de la noche (hora del cierre decretada por un bando) escandalizando, no obstante la prohibición que en dicho bando se había consignado; lo que motivó las detenciones de once individuos, nueve de los cuales eran carlistas y entre los que figuran dos de los recientemente condenados por el Tribunal de urgencia por desorden público el veintinueve de marzo pasado.

2.º   Que habiendo sido requeridos los dos Párrocos el día de jueves-santo para que se abstubieran [sic] en el púlpito de tratar temas políticos y sociales, así lo habían hecho hasta el día diez de mayo en que el Coadjutor de la Parroquia de San Juan atacó la disminución de las horas de trabajo y aumento de salarios porque solo servían para aumentar los vicios.

3.º   Que el Alcalde desautorizando mi orden de que el guarda Ezequiel Rey no prestara servicio el lunes, ordenó al Jefe de los guardas que prestara servicio dicho lunes, sin tener la delicadeza de entrevistarse con el que suscribe. Desde luego impuse mi autoridad en este sentido y mis medidas preventivas, en las cuales actuó el referido Ezequiel Rey, evitó que se produjeran los incidentes del domingo anterior.

Todos estos hechos y la benevolencia con que han sido juzgados los autores de los sucesos del veintinueve de marzo han soliviantado los elementos tradicionalistas de esta localidad y por ello entiendo que el levantamiento de la clausura de su Círculo habrían de tomarla como un nuevo éxito para ellos, que les induciría a acentuar su hostilidad a esta Delegación a fin de que fuera suprimida[34].

Tras los incidentes de marzo, el pleno municipal siguió convocándose con la periodicidad acostumbrada, pero los concejales hicieron dejación de funciones y forzaron suspensiones por falta de *quorum*, más aún tras la denuncia por parte del delegado gubernativo de un nuevo incidente cuando, con motivo del quinto aniversario de la República, dos músicos carlistas se negaron a interpretar el himno de Riego. Y es que Julio Martín tampoco parecía predispuesto a la conciliación: entre abril y junio no hizo sino presentar numerosas facturas de viajes y dietas al Ayuntamiento, excitando los ya caldeados ánimos de la mayoría tradicionalista. Incapaz de entenderse con alcalde y concejales, el delegado quiso imponer su autoridad obligándoles a levantarse de sus asientos si en medio de un pleno decidía irrumpir, momento en el que además el primer edil debía cederle la presidencia[35]. El informe de Julio Martín revelaba también una tensión permanente con los párrocos y con los socios tradicionalistas de Laguardia, que con-

---

[34]   Archivo de Álava, Fondo Histórico Provincial, Asociaciones Políticas, Caja 1.575.

[35]   Archivo Municipal de Laguardia (AML, en adelante), Actas de plenos del Ayuntamiento.

sideraron la orden de cierre de locales (y la negativa a su reapertura) como una afrenta imperdonable. Por fin, el 16 de junio el maestro riojano accedió a que los espacios de sociabilidad tradicionalista reabrieran con motivo de las fiestas de San Juan y San Pedro. Fue su único gesto de distensión con aquéllos y con el alcalde, Dámaso Jiménez. El sacerdote nacionalista Julio Ugarte Vicuña, testigo del ambiente irrespirable que se vivía en aquellos momentos, caricaturizó Laguardia como «tierra de cabras bajo la férula de un siniestro *Ayatollah* de cuyo nombre no quiero acordarme»[36].

---

[36] Aunque no llegó a mencionar su nombre, el *ayatollah* de marras era el arcipreste Jenaro Quincoces. UGARTE VICUÑA, Julio: *Odisea en cinco tiempos. Guerra, prisión, confinamiento, resistencia, exilio*, Itxaropena, Zarautz, 1987, p. 11.

CAPÍTULO II

VIVIR Y SOBREVIVIR EN 1936 (Y DESPUÉS)

I. TRADICIÓN, VERDAD Y RAZÓN

Las noticias de la sublevación de una parte del Ejército español en Canarias y en África llegaron rápido al pueblo. A juzgar por los resultados electorales de febrero de 1936 y por la dinámica de confrontación descrita en las páginas anteriores, dos terceras partes de sus vecinos deseaban oír lo que las radios narraban[1]. El resto, sin embargo, se temía que algo así pudiera suceder. El fin de semana del 18 y 19 de julio Teodoro Aguillo se marchó a Bilbao con tres de sus hijos, emprendiendo idéntico destino Lucio Martínez. Tanto o más rápido que ellos fue Julio Martín, aunque fue descubierto demasiado pronto. Los nietos y bisnietos de la Tradición se quedaron, pero por poco tiempo. Al fin y al cabo, hasta tres y cuatro generaciones anteriores de los Briones, Coca, San Pedro o Mateo se habían echado al monte contra afrancesados, impíos y liberales. Sus padres, componentes de la única generación de laguardienses que no había vivido ninguna guerra civil, se lo habían transmitido con la misma pasión que a ellos les narraron historias sus abuelos, eternos perdedores, pero siempre irredentos y obstinados. Aquellas primeras horas del golpe de Estado Luis Rabanera Amite-Sarobe, comandante militar retirado tras la Ley Azaña, dio la orden de movilización general del Requeté de Álava, del que era Inspector Jefe. Al objeto de transmitir las instrucciones por toda la provincia, Rabanera diseñó tres rutas, encargando a sus hijos hacerse cargo de cada una de ellas. A uno de ellos, Manuel, le correspondió la que debía «levantar» a los riojano-alaveses. Así, el 19 de julio por

---

[1] Ya en noviembre de 1935 los hijos de José Luis de Oriol, José María y Lucas, se habían reunido con los carlistas más significativos en Laguardia al objeto de calmar sus ánimos levantiscos: se echarían al monte, pero debían ser pacientes porque aún no era el momento. *PA*, 18-IX-1936.

la mañana llegaron en coche hasta Salinillas el propio Manuel, Quico de Santiago, Galo Pobes y el abogado Arturo Cebrián, el mayor del grupo a pesar de contar con apenas 24 años[2].

En la tarde de aquel tercer domingo de julio de 1936 hasta cincuenta y ocho vecinos se alistaron en el Requeté. Antes de que finalizara el mes, otros veintidós laguardienses se alistaron en la milicia carlista, entre ellos ocho menores de edad. En agosto y meses sucesivos, se incorporaron más voluntarios tradicionalistas hasta alcanzar un total de noventa, es decir, el 8,4% de la población masculina de la villa. Familias enteras se vieron privadas de sus hijos varones más jóvenes en un momento crucial para la faena agrícola[3]. A la pérdida inmediata, estrictamente económica, podía sumarse una mucho más importante: la de la propia vida. Fue lo que le ocurrió a la familia de Cayo López «Tabiques», a quien más arriba veíamos entre los más célebres camorristas del tradicionalismo local. Alistado también el 19 de julio, esa misma mañana marchó a Cripán para alertar a sus correligionarios en la localidad de lo que estaba ocurriendo. A uno de aquéllos, Asterio García de Olite, le contaron que «ha habido un levantamiento y está el pueblo lleno de requetés», así que no lo dudó: «Mecauen, tiré la azada, allí se quedó». Asterio marchó al frente, con los de Cripán, los de Laguardia y los de tantos otros pueblos de la comarca[4]. Con «Tabiques» también, claro, pero éste ya no volvió. El 3 de septiembre de 1936, cuando aún no se había cumplido una semana de su partida al frente de Navafría, murió por el impacto de un cañón enemigo. Pastor como su padre y de medios económicos más que limitados, su madre Felipa dijo alegrarse «muchísimo de que haya sido mi hijo el primero de Laguardia en dar su vida por Dios y por España»[5]. Tres semanas antes de la muerte de Cayo López, el alcalde había mostrado su preocupación por esas familias que con tanto alborozo despedían a sus hijos entre lágrimas de felicidad. En una alocución pública, pidió al pueblo apoyo económico para todos esos padres y madres, y el pueblo, como era

---

[2] El abolengo familiar contrarrevolucionario de todos ellos era indiscutible. El teniente general Fernando de Santiago, hermano de Quico, fue presidente del Gobierno de manera efímera en 1976, antes del nombramiento de Adolfo Suárez y después del cese de Carlos Arias Navarro. Partidario de las tesis involucionistas, se retiró entonces de la política activa. Por su parte, Galo Pobes era hijo del acaudalado terrateniente homónimo, «Don Galo», propietario hacendado de Labastida. En cuanto a Cebrián, no es casualidad que sus primeros clientes fueran los tradicionalistas de Laguardia encausados por los incidentes del 29 de marzo de 1936. Cfr. UGARTE TELLERÍA (1998), pp. 102-118.

[3] Para un completo análisis sociológico del voluntariado, RUIZ LLANO, Germán: *Álava, una provincia en pie de guerra. Voluntariado y movilización durante la Guerra Civil*, Beta, Bilbao, 2016.

[4] UGARTE TELLERÍA (1998), p. 109.

[5] *PA*, 7-IX-1936.

costumbre, respondió. Lo reseñable aquí, sin embargo, son las palabras con las que Dámaso Jiménez envolvió la petición de donativos:

> En estos momentos en los que el mil veces glorioso Ejército español, secundado por las demás fuerzas armadas de nuestra querida Patria, defiende con el arrojo y bravura que siempre caracterizó a nuestras milicias, la salvación total y definitiva de esta España agonizante merced a la desvergüenza, egoísmo y desfachatez de unos cuantos indocumentados que pactaban la venta de España a una nación sin Dios. En estos momentos en los que la verdadera juventud española ofrenda generosamente su sangre y las mujeres lanzan al combate a sus propios hijos con la frase sacramental española *No vuelvas si no vences*. En estos momentos, repito, en que todo español bien nacido siente el sonrojo y la vergüenza de enfrentarse a un enemigo que, agonizante por el peso de sus propias culpas, se entrega al crimen y al pillaje hiriendo con sus obras los sentimientos más caros de esta España que nunca fue ni puede ser laica, de estos españoles en cuyos corazones todos, late el más ferviente amor a Jesucristo en cuyos pesos la Tradición, la Verdad y la Razón han levantado altar a la Virgen Santísima [...] no es posible que limitemos nuestro esfuerzo al comentario más o menos apasionado de los hechos que se suceden. Mucho supone la colaboración, el sacrificio que en estos momentos se impone con santa voluntad la juventud laguardiense, mucho supone al abandono de rurales menesteres para entregarnos en cuerpo y alma a la voz angustiosa de nuestra Patria brutalmente herida por las hordas masónicas, por las fieras que aún merodean, por selvas y montes a donde hay que darles caza[6].

Cuando Jiménez pronunció aquel discurso, agitada mezcla del odio más atávico con el ardor patriótico más irracional, el bloque reaccionario no sabía aún que ya contaba con un mártir, un vecino que además no había caído en el frente, como lo haría «Tabiques», sino en la retaguardia. Se trataba de Antonio, el único varón de los Briones Barreiro que no se había alistado voluntario[7]. Hubiera ido sin dudarlo, pero no pudo: el golpe de Estado le sorprendió en El Plantío (Aravaca), donde administraba una finca de Oriol. Aquella labor la desempeñaba junto a otros tradicionalistas vascos y navarros como Saturnino Ozcáriz (de Tafalla, pero casado con una vecina de Elciego), Isaías Cuadra (de Orduña), José María Rey, José Sauces y Pedro Eguíluz. Todos ellos fueron denunciados por un mozo de cuadra ante el Comité de Defensa de la CNT y asesinados el 30 de julio[8]. Sólo dos días antes, Luis Rabanera ya se había mostrado dis-

---

[6] *La Rioja*, 11-VIII-1936.

[7] José, Florencio y Lorenzo marcharon al frente o en el verano de 1936 o en la primavera de 1937. Sobre lo acontecido con Salvador, véase *infra*.

[8] Documentación catalogada en fechas recientes permite acreditar el asesinato en el Madrid republicano de otro vecino de Laguardia. Se trata del sacerdote Teodoro Ricardo García de Almarza Fernández de la Pradilla, a quien el golpe de Estado le sorprendió en la capital. El 28 de agosto de 1936 su domicilio fue saqueado y él detenido y fusilado sin

puesto a ser el primer laguardiense en morir, lo que sería «una suerte y un premio, puesto que por Dios luchamos y ante esa consideración no hay que preocuparse de otras cosas»[9]. Para plasmar aquel entusiasmo redentor no faltaron ni cartelistas ni periodistas. Una de las ilustraciones más icónicas y con mayor poder movilizador dentro del bando sublevado fue la que representaba a tres generaciones (abuelo, padre y nieto) de requetés, dibujada por Carlos Sáenz de Tejada. Los propagandistas del momento tampoco dejaron pasar el poder de la fotografía para reflejar esa misma continuidad intergeneracional del tradicionalismo. Así, en una instantánea tomada en agosto de 1936 cuatro ancianos de Laguardia posaban con su característica boina colorada, la bandera bicolor y fusiles más modernos que los que empuñaron en la Tercera Guerra Carlista, cuando apenas eran unos muchachos. El tiempo no había pasado por ellos y, sesenta años después, aún sentían «en su corazón el ansia de defender a su Patria». El revival carlista inundaba las plazas de los pueblos y las calles del Ensanche vitoriano, transitadas por mozos recién alistados a la espera de partir al frente. Todas las aldeas de la Álava «liberada» pugnaban por el récord del sacrificio patriótico y Laguardia era alumna aventajada[10].

En paralelo a la guerra contra el ateísmo y la anti España, en la retaguardia se libraba otra en la que armas y letras se emparentaban: la de la propaganda. El discurso del PNV no tenía espacio en una sociedad acostumbrada a la bipolaridad y en un territorio poco fértil para que prendiera la confrontación de patrias. Sin embargo, entre los escasos afiliados que engrosaron sus filas estuvieron personajes de gran ascendente entre el vecindario. Era el caso de Teresa Iriondo Jayo, maestra, y de Vicente Villarreal Navaz, oficial de Correos, forasteros ambos. Mucha mayor significación —por laguardienses de toda la vida— tenían entre sus paisanos el doctor Aureliano Laorden Besga y Gregorio Santamaría San Pedro, dueño de la compañía de autobuses que cubría la ruta a la Rioja Alta. Si a los otrora liberales, republicanos más tarde y rojos sin distinción después

---

formación de juicio. Al contrario de las víctimas de El Plantío, homenajeadas en 1937 en Vitoria, los ecos del crimen del párroco no llegaron a Laguardia hasta la posguerra. Debido a su edad (61 años) y al hecho de carecer de familiares próximos, su muerte ni siquiera figura en la Causa General. Cfr. Archivo Histórico Nacional (AHN), Causa General; Archivo Histórico de Euskadi, Registro de Fundaciones, Carlos Maestresala; *PA*, 11-XI-1937 y 12-XI-1937.

[9] Archivo de la Sociedad de Amigos de Laguardia.

[10] *PA*, 26-VIII-1936. El periodista no identificó a los protagonistas de la instantánea, pero es muy probable que dos de ellos fueran Ambrosio Arbulu Ibáñez, alcalde en la Restauración, padre de Aurelio y abuelo de Victorio, y José Aguillo Puelles, de quien ya hablamos más arriba.

se les daba por perdidos, con los nacionalistas vascos se adoptó una actitud persuasiva para su asimilación en la que tan importantes fueron la coacción y el castigo como los discursos maniqueos (con Dios o contra Dios). El 28 de agosto de 1936 Dámaso Jiménez envió un telegrama a la Junta de Defensa Nacional dando cuenta del «solemnísimo funeral» celebrado en Laguardia por el alma de José Calvo Sotelo y «demás mártires que han donado vidas en aras del glorioso movimiento resultando acto de emoción inenarrable». El acto, no obstante, fue una mera excusa para hacer pasar la incautación de bienes del *batzoki* y la consiguiente disolución del PNV en la villa por una decisión «voluntaria y entusiasta» tomada para «satisfacer deudas contraídas y entregar fondos a disposición» del gobierno establecido en Burgos[11].

En aquel homenaje póstumo al protomártir de la Contrarrevolución también presentaron sus credenciales elementos de un paisaje social nuevo, pero rutinario hasta la muerte de Franco: los falangistas. Hasta el verano de 1936 lo más azul que se había visto en Laguardia era el cielo que teñía de ese color las aguas del Ebro. El partido fundado por José Antonio nació allí de forma similar a como lo hizo en Elciego, Salvatierra o Campezo: con opositores embargados por el miedo a tener que pagar con su vida o su hacienda un pasado republicano o nacionalista vasco. La manera más inmediata de evitar purgas era, cómo no, el alistamiento. El teniente de la Guardia Civil Fausto Albo Elorza fue quien se encargó de la labor, llevando al frente el 19 de julio a un hijo de Celestino Irazu. Pero los falangistas más reconocibles en el pueblo —y los menos apreciados para la mayoría carlista— serían los hijos de Aurelio Arbulu: Valentín, alistado el 16 de agosto, y Victorio, quien hizo lo propio el 6 de septiembre[12]. Tan sólo había transcurrido una semana del alistamiento de este último cuando comenzaron los problemas entre los voluntarios carlistas y los emboscados falangistas. La noche del 12 de septiembre dos requetés que habían bebido más de la cuenta le observaron, charlando en la plaza y con el toque de queda ya cumplido, en compañía de otros dos antiguos simpatizantes de la izquierda y de Félix Abel, jefe local de Falange. Este último, único camisa azul de los cuatro sin pasado en formaciones republicanas, negó a los carlistas toda autoridad, lo que motivó que uno de ellos sacara el arma y se lo llevara arrestado. Al día siguiente el jefe del Requeté, el funcionario de Prisiones Lorenzo Varela Peciña, amenazó a Abel asegurando que ya «le estaba aguantando demasiado» y

---

[11] *PA*, 29-VIII, 1936.

[12] En la Falange, reconoció la Delegación de Orden Público en noviembre de 1938, entraron en «masa» izquierdistas temerosos ante el curso que tomaban los acontecimientos. RUIZ LLANO (2016), p. 95.

Reclutado por los golpistas para su Servicio Nacional de Propaganda, el pintor y carte-
lista Carlos Sáenz de Tejada reflejó como nadie el espíritu sobre el que trató de legiti-
marse, social, política y culturalmente, el bando franquista. En Laguardia la realidad
superó a la ficción propagandista, logrando que algunas familias alistasen a abuelos,
padres y nietos.

que, en caso de repetirse un hecho semejante, no dudaría en causarle
«algún disgusto bastante serio»[13]. En la España de Franco no cabían todos,
dijera lo que dijera la propaganda nacional.

II. EL ETERNO VERANO DE 1936

La muerte de «Tabiques» se produjo luchando frente a frente —y con
temeridad, según la prensa— contra un enemigo que había contribuido

---

[13] Ruiz Llano (2016), p. 96. Incidentes de características similares, en Peñalba
Sotorrío, Mercedes: *Entre la boina roja y la camisa azul. La integración del Carlismo en
Falange Española Tradicionalista y de las JONS (1936-1942)*, Gobierno de Navarra, Pam-
plona, 2013.

a construir nueve meses antes, subvirtiendo el orden constitucional. Darío, su hermano, fue el encargado de entregar su memoria a la España de la Tradición, su familia desde que perdió la vida en Navafría[14]. Lo mismo sucedería ocho meses después, tras la muerte en combate del comandante Rabanera y a quien, eso sí, se honró póstumamente sin escatimar en agradecimientos: hijo adoptivo, calle con su nombre y placa «para gloria y memoria del heroico coronel D. Luis Rabanera Amite-Sarobe muerto gloriosamente el 20 de abril de 1937 por Dios y por la Patria en el frente de Vizcaya»[15]. A quienes nadie adoptó y, menos aún, se recordó en aquellas fechas fue a quienes perdieron la vida muy lejos del frente: en Laguardia, Logroño, Vitoria o Zambrana. Anónimos durante siete décadas y dos generaciones, todavía hoy una víctima mortal de las primeras sacas sigue sin identificar. Pero no adelantemos acontecimientos.

El 19 de julio de 1936 no sólo se movilizó el Requeté, sino también el Ejército y todas las fuerzas de Orden Público. En la España rural, la personificación del Estado descansaba fundamentalmente en el cuartel de la Guardia Civil y en sus números, todos ellos enviados a Vitoria en esas primeras horas posteriores al golpe de Estado. Hasta mediados de octubre los agentes de la Benemérita repartidos por los diversos cuarteles de la Álava golpista (toda la provincia, a excepción de Aramayona, Llodio, Amurrio y el entorno de Ayala) estuvieron lejos de sus puestos, asumiendo las labores de Orden Público las Milicias Ciudadanas y el conocido como Requeté Auxiliar[16]. Se trataba de cuerpos paramilitares formados exclusivamente por población civil voluntaria que, por diversas razones, no era apta para servir en el frente: edad (muy mayores o demasiado jóvenes), imperativo económico (tierras que labrar) o inutilidad física parcial. En todas las aldeas y municipios de la Rioja Alavesa estuvieron operativas ambas milicias, cada una de las cuales cumplía diversos cometidos. A modo y manera de las que se formaron en Salamanca, Huelva, Vigo y Zamora con el nombre de Guardias Cívicas, en Badajoz (Defensa Ciudadana) o en Palencia (Acción Ciudadana), la Milicia Ciudadana de Vitoria encuadró a empleados, cuadros medios, prósperos industriales y profesionales liberales en tareas de auxilio al Ejército: abastos, suministros y mantenimiento del orden moral, emulando a los somatenes primorriveristas en tiempo de paz[17]. La edad media de sus componentes era tan alta que los vitorianos del momento bautizaron a los milicianos como los «mil y un ancianos». Nacida el 24 de julio de 1936 tras una reu-

---

[14] *PA*, 18-IX-1936.

[15] *PA*, 7-V-1937.

[16] RUIZ LLANO (2016), pp. 112-125.

[17] *La Milicia Ciudadana de Vitoria*, Tipografía J. Marquínez, Vitoria, 1937.

nión entre el gobernador militar Ángel García Benítez y el empresario agrícola y primer presidente Manuel Hidalgo de Cisneros, la Milicia Ciudadana de Vitoria se convirtió tempranamente en el embrión de todas las que se irían creando en los días y semanas posteriores[18].

El punto de inflexión determinante en la justificación de su expansión por la provincia fue la incursión en Araya de milicianos izquierdistas procedentes de Guipúzcoa —aún bajo control de las fuerzas leales a la República— la noche del 10 de agosto. Se trató de uno de los intentos más relevantes de penetración republicana en la Álava rebelde, pero, como los demás, sin demasiado éxito. Vecinos de Oñate y Cegama llegaron hasta Araya guiados y auxiliados por izquierdistas de la localidad huidos los primeros días de la guerra. En cuestión de horas asaltaron el Círculo Tradicionalista y la sede de la CEDA y persiguieron al fiscal municipal, al médico y al secretario, todos ellos conservadores[19]. Sin embargo, el primero logró huir, el segundo fue tiroteado (sin consecuencias) cuando igualmente escapaba y el tercero, Julián Baena, sí fue apresado y encarcelado en Oñate hasta que un mes después los sublevados se hicieron con el territorio. El asalto nunca se hubiera producido de haber estado presente la Guardia Civil, pero tampoco de haberse conformado una Milicia de retaguardia similar a la de Vitoria, que fue precisamente lo que se hizo la mañana siguiente[20].

Por su situación geográfica, Laguardia se encontraba mucho más guarnecida y a salvo de situaciones similares. Todo ello no impidió que se formara una Milicia Ciudadana con las características descritas, pero que tuvo un carácter bastante ornamental y en absoluto comparable al que jugaría, desde muy temprano, el Requeté Auxiliar. A nivel formal, esta milicia se formó el 1 de septiembre de 1936, pero en la práctica se encontraba operativa desde el 23 de agosto, fecha en la que el general Millán Astray giró visita a Vitoria para, entre otras cosas, animar a las fuerzas vivas locales a matar y ordenar matar más de lo que había sido costumbre en el mes posterior al golpe de Estado. ¿Cuántos muertos eran pocos?

---

[18] Más conocido que él fue su hermano Ignacio. Situado políticamente en el extremo opuesto a Manuel, Ignacio Hidalgo de Cisneros contribuyó a abortar el golpe de Estado en Madrid. Aviador militar, fue nombrado poco después jefe del Estado Mayor y comandante de las Fuerzas Aéreas Republicanas, afiliándose al Partido Comunista de España. Exiliado en Rumanía, falleció en 1966, poco después de escribir sus memorias.

[19] Araya fue el único municipio alavés, además de Vitoria, en el que la CEDA gozó de implantación. Lo hizo merced a la familia Ajuria, dueña de la factoría del mismo nombre y que empleaba a una parte muy significativa de la población de aquella localidad. LARRUMBIDE MORENO, María Paz: *La forja de una identidad. Araya, pasado y presente*, Diputación Foral de Álava, Vitoria, 2020.

[20] AIMNO, Fondo Álava, Sumarísimo 1.078/37 contra José María Aróstegui Eceolaza y cincuenta y cuatro más.

Entre el 18 de julio y el 23 de agosto, exactamente treinta y seis personas, reducidas a veintinueve si se excluye a quienes fueron juzgados y condenados en consejos de guerra acusados de actividades propias de la situación bélica (contraespionaje, transporte de armas, insubordinación, etc.). Lo que más debió sorprender al fundador de la Legión fue que en Vitoria —40.000 habitantes en una provincia que apenas superaba las 100.000 almas— sólo pudieran contarse cuatro víctimas mortales, menos de las que se acumulaban ya en pueblos que, como Labastida, apenas superaban los mil vecinos.

El teniente coronel Pedro Alonso Galdós es un personaje clave para entender por qué en el imaginario de Millán Astray, Vitoria aparecía como una ciudad «fría» en el sangriento agosto del 36. Adherido a los sublevados desde el comienzo, Alonso Galdós fue nombrado delegado de Orden Público sólo dos días después del golpe militar tras hacer fracasar la huelga general convocada en señal de protesta. Al contrario de lo que estaba sucediendo en la mayor parte de la España controlada por los militares alzados en armas, el flamante delegado evitó la formación de sacas de presos políticos y negó la concesión de «carta blanca» para el crimen en el espacio físico que controlaba, es decir, la capital y los pueblos más próximos. Sus informantes civiles, en su mayoría carlistas, le hicieron llegar un listado de «individuos peligrosos y muy peligrosos» de Vitoria que, se daba por hecho, debían ser los primeros en ser fusilados. En aquella relación aparecían sesenta y un vecinos, la práctica totalidad anarquistas, comunistas y socialistas. Sin embargo, hasta el 23 de agosto la inmensa mayoría permaneció en libertad vigilada y, de los seis que acabaron siendo asesinados, ninguno lo fue en ese primer mes de guerra civil. Todo acabó con la llegada del general ennoviado con la muerte: primero ordenó el envío de Alonso Galdós al frente e, inmediatamente, su sustitución por un militar falto de escrúpulos. A ese perfil respondía Alfonso Sanz Gómez, joven artillero cuyas primeras condecoraciones databan de la Asturias revolucionaria de octubre de 1934. Allí se distinguió en la represión de las «alteraciones ocurridas en el territorio nacional», un aval al que sumaba sus años de servicio en África. Con el teniente Sanz emergió una figura muy conocida dentro del carlismo alavés de base, pero también para la Policía y la Guardia Civil vitoriana: Bruno Ruiz de Apodaca Juarrero. De origen humilde, durante la República Ruiz de Apodaca trabajaba como zapatero de día y arengaba de noche a los militantes de la Casa Social Católica. En agosto de 1932 se sumó a la insurrección de Sanjurjo, recibiendo un disparo de las Fuerzas de Seguridad cuando intentaba escapar a su detención. Las heridas le provocaron una leve cojera que el 18 de julio de 1936, tras presentarse voluntario, le libraron de marchar al frente y le convirtieron en la mano derecha (y ejecutora) de Sanz[21].

Las misiones del Requeté Auxiliar eran más amplias que las de las Milicias Ciudadanas. Lejos del frente se encargaban de la censura postal o de la recaudación en las colectas patrióticas. En las líneas de combate su misión era la escolta de convoyes y de jefes militares, aunque también otras como dar entierro a soldados fallecidos. La más oscura, sin embargo, fue la relativa a la reorganización de los servicios policiales. Se creó así una patrulla de Policía compuesta por once hombres al mando de Ruiz de Apodaca quien, a su vez, sólo obedecía órdenes del Delegado de Orden Público. En sesenta y cuatro de los cuatrocientos treinta y cuatro núcleos de población con los que contaba la provincia hubo Requeté Auxiliar, siempre subordinado al de Vitoria. En Laguardia se crearon dos de aquellos cuerpos paramilitares rurales: uno en la villa homónima, donde residía más del 85% de la población del municipio, y otro en Páganos, concejo anexionado en la década anterior y habitado por menos de doscientos vecinos. Hasta ciento seis hombres formaron parte del Requeté Auxiliar de Laguardia y otros dieciséis se alistaron en el de Páganos, comandados respectivamente por Lorenzo Varela Peciña y Julio Fernández Osés. Toda la estructura sucintamente descrita se configuró, entre otras cosas, al objeto de centralizar la violencia y la represión física, desbordante en todo el país a partir del 18 de julio. Capital comarcal y de partido judicial, el día después del golpe de Estado, Laguardia también se quedó sin agentes de la Guardia Civil; los calabozos del cuartel pasaron a estar controlados por los tradicionalistas quienes, a su vez, asumieron la custodia de los presos. Como se ha visto ya, lo primero que hicieron fue liberar a sus compañeros detenidos a raíz de los incidentes del 29 de marzo e, *ipso facto*, coordinarse con la derecha de las áreas más próximas para que esas celdas las ocuparan quienes trataban de huir monte a través. Ése fue el caso de seis militantes riojanos de la CNT que, junto con otro sindicalista asturiano, emprendieron la huida desde Cenicero para tratar de alcanzar las líneas republicanas a través de la sierra de Cantabria. Capturados en Peñacerrada, fueron rápidamente enviados a Laguardia y allí encarcelados a la espera de los informes que confirmaran su filiación política. Cuando éstos llegaron, los siete detenidos fueron enviados al Gobierno Civil de Logroño para ser asesinados, librando la muerte merced a la intercesión del falangista Marcelo Frías[22].

Lo que pudiera ocurrir inmediatamente después del 18 de julio ha quedado bastante opacado por las fuentes disponibles, razón por la cual

---

[21] GÓMEZ CALVO (2014), pp. 83 ss.
[22] GIL ANDRÉS (2006), p. 151.

no es posible saber dónde intentó esconderse Julio Martín Fernández de Bobadilla y cómo fue apresado. La hipótesis más probable es que fuera detenido en su localidad natal de Cenicero, la misma de la que huían los siete libertarios conducidos hasta la cárcel de Laguardia. A pesar de ejercer el Magisterio en Álava y no en La Rioja, la proximidad geográfica facilitaba que sus ideas y actividades políticas fueran de sobra conocidas en todo el entorno, quedando detenido en alguno de los tempranamente saturados centros de reclusión riojanos como La Industrial o el frontón *Beti-Jai*. El 22 de agosto de 1936 *Pensamiento Alavés* lamentó la muerte en el frente de Guadalajara de Marino Ullívarri, maestro falangista de Tobillas (Valdegovía), y cedió sus páginas para que otros docentes de ideas conservadoras clamaran venganza expresa:

> Te vengaremos en tus compañeros de profesión que, adulterando el honroso título de maestro, envenenaron la mente de los niños con ideas disolventes e infundieron en sus corazones sentimientos de odio, de terror y de venganza. Te vengaremos en tus compañeros de Magisterio que, por conseguir una prebenda, no tuvieron el menor reparo en traicionar su conciencia haciéndose reos de doble traición al enrolarse en las huestes rojas del Frente Popular[23].

Un día después de la publicación de aquella amenaza directa, seis cadáveres aparecieron junto a las tapias del cementerio de Logroño, uno de ellos el de Julio Martín, quien en el momento del crimen vestía «camisa azul a rayas, calcetines verdes, zapatos negros y traje gris». Su identificación la realizó la Cruz Roja, institución que recogió el resto de cuerpos hallados junto al del maestro[24]. Sin embargo, y a pesar de la tempranera fecha de su asesinato, en Laguardia ya había corrido la sangre de un maestro de otra localidad y de un paisano de la propia villa: Juan Larreta Larrea y Nicolás Santamaría López, respectivamente. De origen navarro, Larreta había comenzado su carrera docente en Isaba, localidad que tuvo que abandonar por la presión ejercida sobre su magisterio por parte del viejo caciquismo imperante en aquel entorno geográfico. En 1922 fue trasladado a Treviana, en la Rioja Alta, donde acabó siendo director de la escuela, fundador del Partido Socialista y responsable de la proclamación en el pueblo de la Segunda República, interviniendo en múltiples actos políticos en paralelo a su labor educativa. Como tantos otros, Larreta fue de los primeros en huir tras ver al Requeté transitando por las calles de Treviana[25].

---

[23] *PA*, 22-VIII-1936.

[24] Registro Civil de Logroño. Agradezco la referencia a Jesús Vicente Aguirre y a la Asociación para la Preservación de la Memoria Histórica en La Rioja, «La Barranca».

[25] Recientemente ha visto la luz el trabajo de su nieta y en el que se da cuenta pormenorizada de las circunstancias personales, trayectoria política y asesinato de Larreta.

Fue capturado, como lo sería también el franciscano Antonio Bombín Hortelano. Nacido en Castrillo de Don Juan (Palencia) en 1893, se educó en el seminario de Anguciana, de donde medio millar de religiosos partieron hacia Perú desde los años veinte del pasado siglo para realizar labores de todo tipo, además de las propiamente evangélicas: apertura de caminos, tareas educativas para los más desfavorecidos, etc. Su regreso a España se produjo en 1930, un año antes de la proclamación de una República por la que apostó al punto de llegar a participar en mítines del Frente Popular en 1936 y a escribir en la revista de Izquierda Republicana[26].

Su pista se perdió el mismo día que la de Larreta: 25 de julio de 1936. Se cree que a Bombín le condujeron hasta el cuartel de la Guardia Civil de Treviana y que allí dos falangistas le torturaron. Ambos, junto a un tercer hombre no identificado, fueron fusilados en Briñas o en Labastida, pero sus restos fueron arrojados en el paraje conocido como Senda de la Traición, dentro del municipio de Laguardia. Se trataba de una práctica que, entonces en período de ensayo, pronto se generalizó en la retaguardia sublevada: la derecha de una localidad elaboraba una lista negra con vecinos de izquierdas que, rápidamente, intercambiaba con sus correligionarios de municipios próximos al objeto de que ninguno de ellos matase a los de su pueblo sino a los de la aldea cercana, tratando así de borrar todo rastro del crimen. En ocasiones, es el caso de este triple asesinato, se elegía un paraje alejado a modo de improvisado cementerio. Así, los requetés de Laguardia no mataron de forma directa a ningún paisano de la villa, sino que satisficieron las peticiones recibidas por derechistas del entorno geográfico más próximo, a veces de la manera más escabrosa[27].

Los asesinatos de Larreta, Bombín y ese tercer hombre no fueron los primeros en cometerse dentro de los límites de Álava, pero sí fue la pri-

---

Cfr. LARRETA AYESA, Asun: *Juan Larreta Larrea. El compromiso personal y familiar de un maestro represaliado (1881-1936-2023)*, Pamiela, Pamplona, 2023. Lo relacionado con el crimen (y su depuración profesional *post mortem*) en pp. 100-110. Para el esclarecimiento de lo sucedido, trámites para su inscripción y homenajes en Laguardia y Treviana, pp. 189-221.

[26] AGUIRRE GONZÁLEZ, Jesús Vicente: *Aquí nunca pasó nada. La Rioja, 1936*, Santos Ochoa, Logroño, 2007, pp. 253-256.

[27] En ocasiones este tipo de procedimientos alcanzaron un alto grado de sofisticación. Buen ejemplo de ello es lo ocurrido en Casalarreina, donde los «sacados» en camiones fueron llevados a la muerte en Salinillas de Buradón y de allí sus cuerpos trasladados a La Puebla de Arganzón. De esta forma, los asesinos cruzaron hasta tres provincias distintas (La Rioja, Álava y Burgos) al objeto de dificultar la identificación tanto de las víctimas como de los victimarios. LLANOS JUSTA, Tomás: *Se los llevaron el camión. Guerra civil y represión en Casalarreina (La Rioja). Una historia de retaguardia*, Piedra de Rayo, Logroño, 2015.

mera vez que se denunciaron hechos análogos. A las 10:30 de la mañana del 26 de julio Rufino Coca Anguiano y Pedro Díaz de Greñu Martínez-Aguillo, jornaleros del campo, cargaban mieses en la camioneta de Serapio Pérez González cuando se encontraron con Rosario Davalillo Sálazar, quien les advirtió que en una finca de su patrón, Pablo Pérez Ábalos, había visto tres cadáveres abandonados. Inmediatamente, el juez del Partido de Laguardia, Julián Zubimendi Marcé, interrogó a Pérez Ábalos, que declaró no haber pasado por allí en los anteriores ocho días. Después tomó declaración a Coca y a Díaz de Greñu y, por último, a varios trabajadores del campo que se hallaban en las inmediaciones. Ninguno conocía a las víctimas, pero sí sabían que la anterior se «oyó por aquel lugar un tiroteo». Tras la emisión de un detallado informe pericial, el juez municipal Bienvenido Martínez Pérez levantó acta de defunción de «tres varones desconocidos».

Apenas había transcurrido una semana del levantamiento militar y el Estado democrático resistía como podía allá donde el golpe había triunfado. Sólo así se entiende que el juez de partido ordenara el levantamiento de cadáveres, se realizaran las debidas autopsias y que, en fin, se siguieran los trámites propios de cualquier homicidio. Sin embargo, aquella tentativa de esclarecer el triple asesinato duró un suspiro. El 30 de julio el comandante del puesto del Requeté de Laguardia, Honorato García Anguiano, se incautaba de los treinta y ocho folios del caso, del paquete que contenía los ocho casquillos de bala hallados junto a los cadáveres, de dos gemelos de una de las víctimas, una cadena, una medalla y dos proyectiles. Un día después, el 31 de julio, el gobernador militar Ángel García Benítez hizo saber al Juzgado de Partido de Laguardia que, en adelante, «no deben practicarse diligencias, sino un sencillo atestado para constancia». Así pues, la investigación se cerró casi tan rápido como se había iniciado[28].

Tardía y no exenta de eufemismos fue la inscripción en el Registro Civil de la primera víctima del franquismo en Laguardia: Nicolás Santamaría López. Al contrario que todos los antedichos, Nicolás nunca había formado parte de ningún partido, sindicato ni asociación. Apenas era un vendedor de pimientos «pobre como las ratas» que gustaba de comentar en los bares «lo que leía en el *Fray Lazo, la Traca* y cualquiera de esas revistas satíricas que llegaban aquí. Así como muy bravucón. Y luego que tampoco iba a misa, claro»[29]. El 6 de agosto de 1936 fue secuestrado y llevado a rastras por la carretera de Elciego en el vehículo de José Mari «El Pirrio», dueño de uno de los pocos coches del pueblo

---

[28] Juzgado Municipal de Laguardia, Libro Registro de Defunciones.
[29] Testigo anónimo (Entrevista del 27-VI-2023).

y taxista ocasional[30]. Completamente desangrado y despellejado, allí abandonaron su cuerpo hasta que en 1981 sus descendientes solicitaron la apertura de un expediente de registro de defunción fuera de plazo. Como si el tiempo se hubiera detenido cuarenta y cinco años atrás, aún hoy Nicolás Santamaría murió, oficialmente, a consecuencia de una «ejecución»[31].

Las circunstancias que rodearon el asesinato del pimentonero guardan algunas diferencias con las que normalmente envolvían los episodios criminales en la retaguardia franquista. La primera de ellas estriba en el hecho de que fuera muerto por tres de sus paisanos, sin que de ninguna manera interviniesen vecinos de los pueblos de alrededor. No obstante, en posguerra no sólo se trató de ocultar el crimen, sino también de situar a los responsables activos y pasivos en localidades distintas:

> De Nicolás Santamaría alguna vez hablaban los de la zona nacional, siempre ellos y nadie más. Que era muy malo, lo de siempre. Sin explicaciones. Su pecado yo creo que fue ser republicano y anti-carlista, nada más. Luego dijeron que ellos no, que Laguardia no estaba implicada, que se lo llevaron y lo mataron, pero en Elciego[32].

---

[30] Rey, Tino: «Otoño sangriento del 36 en Laguardia», *El Correo*, 12-II-2018. En opinión de Concha Díaz de Greñu Martelo (1-IV-2017), José María López Sáenz, nombre completo de «El Pirrio», participó de forma forzada para ganarse el perdón por su pasado izquierdista (militó en Unión Republicana). Años más tarde y preso de la mala conciencia, repetía siempre: «¡Ay!, que a mí se me representa la sangre de Nicolás». Para ella, aunque no tomaran parte directa del crimen, los organizadores de aquello fueron José Ugarte «Gollete», cuñado de José Mari y «más malo que un dolor», y Domingo Viñegra «El Paganés». En una enciclopedia ya antigua sobre la guerra civil en Euskadi, se dice al respecto que Nicolás López «fue detenido por un sargento de Miñones y otro hombre llamado Prinio [*sic*]». Como es costumbre del coordinador de la obra, no se menciona la fuente, pero sí corrobora la participación de «El Pirrio». Mucho más dudoso es que participara el miñón Ramón Montoya Barredo, cuyo nombre no se menciona y cuya graduación entonces era la de cabo y no la de sargento. De él hablaremos más abajo. En todo caso, y aunque su implicación como delator y confidente está notablemente documentada, Montoya llevaba poco tiempo en el pueblo y no hay ningún indicio que permita pensar que actuó al margen de la jerarquía del cuerpo policial de la Diputación. Egaña Sevilla, Iñaki (coord.): *1936, Guerra Civil en Euskal Herria*, Aralar, Andoain, 1999, Tomo III, p. 147. Como también se explicará más adelante, está documentada la existencia desde el mismo verano de 1936 de una «cuadrilla de camorristas», así denominada por la Guardia Civil. La componían tres habituales de las palizas a republicanos entre 1931 y 1936: «El Paganés», Julio Martelo «Mingarra» y Salvador Briones, cabecilla del grupo. Éste no se encontraba en el pueblo cuando mataron a Santamaría, pero sí los dos primeros.

[31] Juzgado Municipal de Elciego, Libro Registro de Defunciones.

[32] Testimonio de Antonio Mijangos (5-VI-2023).

La segunda particularidad radica en el modo en el que se cometió el crimen, sin empleo de armas de fuego. En cualquier caso, lo atroz del asesinato y la inusitada transparencia con la que se cometió supusieron un punto de inflexión en el ejercicio de la «represión en caliente», es decir, de aquella practicada al margen no ya sólo del Estado de Derecho —inexistente tras el 18 de julio—, sino incluso de las propias autoridades militares golpistas. El 9 de agosto, apenas tres días después del asesinato de Santamaría, un peón agrícola carlista amenazó de muerte a otro afín a las izquierdas y cuatro responsables políticos de Izquierda Republicana fueron detenidos y llevados a la Prisión de Vitoria: el exdiputado provincial Teodoro López Casado, el ayudante de Julio Martín en su etapa como delegado gubernativo Calixto Crespo, el herrero y presidente de la Asociación Laica de Padres de Familia Luis Calvo, el alguacil Luis Puelles y Guillermo Zabala Ugarte, uno de los miembros más jóvenes del partido de Azaña[33]. Aquel día también hubo quienes salvaron el pellejo:

> Yo sólo tenía 13 años, y Víctor aún 17. No éramos ni novios ni nada, claro. Empezó la guerra y a Luis Puelles, el padre de Víctor, le mataron. Su hermano Manuel estaba abajo, con la trilladora. Bajó mi padre, que de política nada eh, sólo era electricista, y que en el pueblo había mucho jaleo, que mejor que no subiera. Se marchó a Francia y ya no volvió más. Allí murió también y nunca le conocí[34].

Antes de todo eso se produjo en Vitoria el primer asesinato de un vecino de Laguardia (y, tal vez, el primero también en el conjunto de la provincia) en un episodio que, hasta la fecha, había permanecido en la nebulosa documental. La historia de este crimen arranca en 1920, fecha en la que Domingo Caballero Barroso, guardia civil de Ricobayo de Alba (Zamora) era trasladado a Arceniega. Allí conocería a Fernanda Villanueva Gorbea, con la que pronto contraería matrimonio. Su Hoja de Servicios apenas destaca alguna intervención reseñable en los años posteriores, caso de una distinción recibida por sus servicios en Labastida la madrugada del 9 de diciembre de 1933. Al comienzo de la guerra, Caballero coincidió en el cuartel de Vitoria con Isaac Sarabia Sarabia, un guardia oyonés que comenzó su carrera en la Benemérita destinado en Lanciego, después pasó por distintos puestos vizcaínos e incluso por Santander hasta que en 1931 regresó a la Rioja Alavesa, concretamente a Lapuebla de Labarca. Caballero y Sarabia se habían conocido durante los años de la República, comenzando las tiranteces entre ambos. Se desconocen las razones de las mismas, pero en aquellos años de extraordinaria politización uno y otro no podían estar más alejados ideológicamente:

---

[33] Archivo de Álava, Fondo Histórico Provincial, Nanclares, Caja 26, Exp. 595.
[34] Testimonio de María Pilar Orive Castro (19-IX-2023).

dos cuñados de Domingo eran dirigentes de partidos republicanos en Arceniega y Ayala, y el propio agente zamorano era, muy probablemente, el guardia civil que solía suministrar a *La Libertad* la información sobre algunos incidentes acontecidos allí[35]. La familia de Sarabia, por el contrario, era afín al tradicionalismo. Acuartelados y armados los dos, el 23 de julio de 1936 y de madrugada Isaac Sarabia «recibió un tiro de pistola en la cabeza que le ocasionó la muerte, cuyo disparo lo hizo su compañero guardia segundo Domingo Caballero Barroso con el que tenía resentimientos particulares». Después, y siempre según la Guardia Civil, Domingo Caballero empuñó su arma y se suicidó[36].

Al día siguiente la Comandancia Militar filtró la información a *La Libertad*, que se hizo eco de la misma reproduciendo la versión oficial. Al objeto de esclarecer lo ocurrido, el Juez Instructor del Batallón de Montaña Flandes 8 abrió diligencias, pero han desaparecido. La prensa, ya férreamente visada por la censura, omitió cualquier información nueva a cuenta del suceso[37]. Tanto tiempo después, una nueva pista arroja luz sobre lo que pasó después de que Domingo Caballero hiciera uso de su arma reglamentaria para matar a Sarabia:

> Domingo Caballero era amigo de la familia. Mi madre, Marina, conocía a todas las guardesas (mujeres de los agentes) y la mujer de Domingo le daba unas pesetas por llevarles el puchero. En los primeros días del Movimiento se enteró de que habían fusilado a Domingo. Ya había miedo, pero mi madre que no, y fue a pedir explicaciones. No se calló hasta que los requetés fueron a por ella y llamaron a Cayetano Manero, que era barbero y republicano. Había otro barbero, y de derechas, pero no, llamaron a Cayetano para que fuera él quien le afeitara la cabeza. Para fastidiar. Y así lo hizo el pobre, en la plaza del Ayuntamiento, con la gente mirando[38].

Había pasado menos de una semana de la sublevación y aún no estaba claro hacia qué lado evolucionarían los acontecimientos, por lo que no trascendió más información que la antes referida. La versión del suicidio la desmienten los hechos: nadie en Laguardia se molestó en contradecir

---

[35] Con motivo del incidente armado en el mitin carlista de junio de 1931, el diario de Luis Dorao señalaba que «Allí (en Laguardia) hay un oficial de la Benemérita que estuvo de servicio permanente en previsión de lo que pudiese suceder, y nadie mejor que él podrá decir si es cierto que los republicanos riojanos estuvieron con una tranquilidad pasmosa presenciando el movimiento de personas con el dinero de un ciudadano que no es alavés (Oriol)». *LAL*, 24-V-1931.

[36] Archivo de la Dirección General de la Guardia Civil, Hojas de Servicios de Isaac Sarabia Sarabia y Domingo Caballero Barroso; Registro Civil de Vitoria, Actas de Defunciones.

[37] *LAL*, 23-VII-1936.

[38] Testimonio de Bernarda León Sáez de Samaniego (5-VII-2023).

a Marina sino que, muy al contrario, fue sometida a escarnio público por pedir explicaciones sobre el crimen. Sabemos así no sólo que las humillaciones contra mujeres precedieron incluso a las detenciones de izquierdistas, sino que la primera en sufrirlos lo hizo por denunciar una muerte violenta[39].

III. BIENVENIDO, MR. ALBO

En los meses que sucedieron al «Glorioso Movimiento Nacional» no hubo mucho espacio para la comedia y sí demasiado para la tragedia, pero el 24 de agosto de 1936 Laguardia vivió una situación tan grotesca como las ficcionadas por Buñuel en *Bienvenido Mr. Marshall*. Un momento que, por otra parte, sólo podía estar ocasionado por la visita del bufón que nunca pasó por la villa: el general Millán Astray. La mañana del día anterior los balcones de las casas amanecieron «engalanados con la bandera nacional. Niños y muchachas uniformados al estilo falangista, margaritas luciendo flamantes boinas encarnadas, requetés y hasta un piquete de gastadores con sus mosquetones, todos llevando aire marcial y entrando en la iglesia parroquial de Santa María de los Reyes». Hasta cuatrocientas personas asistieron, contaba el cronista. También se dieron cita «los hasta hace poco afectos al régimen que fenece», como si pudiera quedarles otro remedio si no querían acabar como Julio Martín, asesinado ese mismo día. A las cuatro de la tarde empezaba la fiesta «de verdad», con boinas rojas y camisas azules compartiendo el espacio público, los más pequeños formando el «batallón infantil» y, en fin, entusiasmo y «simpática alegría con las banderitas bicolores». Antes de que anocheciera, se produjo la manifestación de desagravios varios: en un contexto nacional, se hicieron votos por la reconstrucción monumental del Corazón de Jesús, derribado en el Cerro de los Ángeles. A escala pura-

---

[39] Todos los entrevistados para este libro coinciden en señalar que las vejaciones públicas contra mujeres de izquierdistas o sospechosas de ser republicanas comenzaron pronto. Concha Díaz de Greñu Martelo (1-IV-2017) fue testigo presencial: «A la Marina sí le cortaron el pelo. Le cortaron el pelo a la Marina, a la Paca, la de Aguillo, ¿sabes?, que estaba casada con Lázaro. Sí, a la Nati Calvo, que vivía en Rachuela, allá donde el Barbas, a una que era su padre panadero, a la Mili y a la Justina. Les cortaron el pelo a las pobres y la Marina, después de que les cortó el pelo Cayetano (Manero), que fíjate que era de izquierdas y en vez de llevar a Zacarías (Anguiano) que era de derechas, lo llevaron a Cayetano. Cuando terminó de cortarse el pelo le dijo: Oye Cayetano, a ver cuánto vale mi corte de pelo. Y le contestó que haz el favor de callarte […] ¡Fíjate si tuvo…!». A propósito de aquel episodio, María Pilar Orive Crespo (19-IX-2023) recordaba que «tendría yo 10 o 12 años, no sé quiénes eran las otras, pero una fue Marina *la Gongón*, que le raparon la cabeza sí».

mente local, procesión a las escuelas para la reposición de los crucifijos.
Don Jenaro alzó la voz evocando:

> Los restos de un pueblo en estado de liquidación concentrados en un rincón
> de Asturias: eso era España en el 717. Después de acogerse a la protección de la
> Virgen María en su gruta de Covadonga, inician la Cruzada de la Reconquista,
> vencedores en la misma batalla, en el mismo punto donde el enemigo queda com-
> pletamente deshecho. En la vega de Cangas levantan una capilla bajo el título y
> advocación de la Santa Cruz para significar el doble lema de la Cruzada, por Dios
> y por la Patria[40].

Las soflamas historicistas fueron pronunciadas a escasos metros del
maestro Marcelo Llorente Aguinaco, nada afín a las mismas. También
por Aurelio Arbulu, que aún no había sido cesado como edil. Incluso por
Bienvenido Martínez, otrora vicepresidente de la Asociación Laica de
Padres de Familia y a quien veíamos levantar acta de los primeros crímenes en razón de su cargo de juez municipal. El resto también tenían
que estar, pero sin necesidad de que nadie les forzara a acudir sino al
contrario. Álvaro de Gortázar Manso de Velasco, Víctor Tapia, Carlos
Sáenz de Tejada y el único farmacéutico, ya anciano y jubilado, que no
tenía nada que temer: Hermenegildo Lera Buesa[41]. Aquella cita moviliza-
dora y propagandística debía empezar y acabar ese día, pero a medio-
día del siguiente comenzaron a circular rumores que aseguraban que
Millán Astray y su séquito, ya de vuelta de Vitoria, pasarían por allí para
dirigirse a Logroño. Rápidamente, «se forman en la carretera todas las
milicias ciudadanas y las secciones femeninas e infantiles de margaritas
y falangistas, en los balcones ondea la bandera nacional, el pueblo se viste
de fiesta y sale a recibir al fundador del Tercio», que no acaba de llegar a
la hora prevista (las 15:00). Los minutos pasan hasta que, ya a las 17:00,
divisaron un auto «en el que se cree viene el bizarro militar y se le dispensa un triunfal y apoteósico recibimiento». Pero no, no era quien todos
querían que fuese, sino un viejo conocido que hacía un mes no se dejaba
caer por ahí: el teniente coronel de la Guardia Civil Fausto Albo Elorza.
Cundía la desazón después de una larga espera, pero se pensó que, una
vez metidos en gastos, la fiesta debía continuar. Las Milicias improvisaron un desfile y junto a sus componentes terminaría Albo cantando un

---

[40] *PA*, 24-VIII-1936.
[41] Los Gortázar, familia vizcaína de posibles y que manejaba una amplia red de influencia política, llegaron a Laguardia décadas atrás. Acudían a las fiestas y banquetes en
la casona de los Rabanera, donde se citaban con otros *apellidos bien* del pueblo como los
Buesa, los Migueloa, los Enciso o los Viana, que mantenían fincas en el entorno. Álvaro,
el más ilustre de los Gortázar, fundó en 1934 la Sociedad de Amigos de Laguardia junto
con Carlos Sáenz de Tejada.

Salve a la Virgen. Y no hubo tiempo para mucho más porque lo que entonces nadie sabía es que el jefe del puesto de la Guardia Civil no había vuelto al pueblo para quedarse, sino para regresar a Vitoria con uno de los primeros republicanos en quedar a disposición de Alfonso Sanz: Serviliano Etcheverry[42].

Cuando Fausto Albo se lo llevó detenido, en la cárcel de Vitoria aún no se habían formado sacas, pero sí ocupaban sus celdas compañeros de Etcheverry en la Gestora Provincial como Primitivo Herrero (PSOE), el primero en ser detenido. El farmacéutico fue testigo, ya en septiembre, del fatal destino al que Sanz y Ruiz de Apodaca condenaron a todos los gestores que iban ingresando en la Prisión Provincial. El primero en ser sacado para «practicar una diligencia» fue precisamente Herrero. A él se unieron Modesto Manuel Azcona (Unión Republicana), Casto Guzmán (PSOE), Teodoro Olarte (presidente de la Gestora y de Izquierda Republicana) y Guillermo López Ozaeta (UGT), único en ser fusilado tras la formación de un rapidísimo consejo de guerra. Puede que a oídos de los presos llegaran también noticias de lo ocurrido en la Huerta de las Bolas (Logroño) el 6 de septiembre. Aquel lugar fue testigo en esa fecha del asesinato de cuatro paisanos de Lardero, uno de Viguera, uno más de Villamediana y seis de Logroño, uno de los cuales era hijo de Laguardia: el pescatero Bonifacio Portilla Grijalba[43]. Nacido en 1897, su matrimonio con Ángela Miguel Andino y el ejercicio de su profesión habían motivado, mucho tiempo atrás, su traslado a la capital riojana, donde estuvo afiliado a la UGT. En su localidad, no obstante, seguían viviendo sus dos hermanas, Felisa y Josefina, y también su hermano Andrés, dirigente de la Comunión Tradicionalista y miembro del Requeté Auxiliar.

La detención de Etcheverry fue la última de un vecino por razones políticas durante el mes de agosto, pero hubo más paisanos que ingresaron en la cárcel antes de septiembre por motivos relacionados con la guerra civil. Así, el día 29 Alfonso Sanz ordenó el ingreso en la Prisión Provincial de Luis Calvo Ruiz, José María Grijalba Zabala, Nicolás Ruiz de Alda y Cipriano Iza Martínez, a quienes se uniría tres días después Gregorio García Cerezo. Todos ellos formaban parte de reemplazos que

---

[42] Entre el vecindario no alineado con las derechas, Fausto Albo gozaba de reputación de hombre justo. Concha Díaz de Greñu recordaba en el ocaso de su vida cómo el mercado negro se instaló en sus vidas cual asidero de supervivencia para quienes, como su familia, habían perdido la guerra. En 1940 y tras una requisa de alimentos comprados a los estraperlistas, «Al teniente Albo, del que habrás oído hablar, le dice (una de las detenidas) que mire lo que me ha pasado, y le dijo pues no te preocupes. Llamó al guardia Gámiz y le dijo, ¿dónde está esa comida? Haz el favor de traerla que bastante desgracia que han tenido que ir allí».

[43] AGUIRRE (2007), pp. 81 y 129.

iban a ser movilizados de forma inmediata, así que huyeron al monte «en compañía de otros sujetos de la misma calaña» hasta su detención y traslado a la Caja de Recluta de Vitoria[44]. El miedo a la guerra no era lo único que les unía. Luis Calvo era el hijo del homónimo presidente de la Asociación Laica de Padres (detenido tres semanas antes) y Aniceto, el padre de Nicolás Ruiz de Alda, compartía profesión y simpatías republicanas. Tampoco eran buenos los antecedentes de Cipriano Iza, acusado de izquierdista por el cabo de Miñones, Ramón Montoya[45]. En cuanto a Grijalba y García, el apoliticismo de sus familias podía ser sinónimo, en aquellos momentos de adhesiones inquebrantables, de tibieza o indiferencia[46].

El nombramiento de Alfonso Sanz como delegado de Orden Público y la creación por parte de éste de un grupo paramilitar a sus órdenes comandado por Bruno Ruiz de Apodaca, se mostraron instrumentos trágicamente eficaces desde el comienzo. Por un lado, satisficieron las demandas de terror y, por otro, consiguieron que la población civil no permaneciera ajena y se implicara en las labores de represión política. Con respecto a lo primero, las cifras hablan por sí solas: del 24 de agosto al 30 de septiembre de 1936 se organizaron nueve sacas distintas (veinticinco víctimas) y se asesinó, en puntos tan distantes como Valdegovía, Araya, Treviño o Elciego, a veintitrés hombres y tres mujeres. Respecto a lo segundo, basta el ejemplo de lo ocurrido a pocos kilómetros de Laguardia, concretamente en Lanciego. Allí las autoridades locales se mostraban reacias a la comisión de crímenes o a la práctica de más detenciones, toda vez que en agosto cuatro vecinos ya habían sido privados de libertad. La liberación casi inmediata de éstos crispó los ánimos de los carlistas más intransigentes al punto de forzar la celebración de un pleno monográfico para nombrar a los componentes de una comisión encargada de reunirse en Vitoria con el gobernador civil, Cándido Fernández Ichaso, para tratar con él sobre la adopción de medidas más severas contra los republicanos del pueblo[47].

---

[44] Ya había ocurrido algo similar un mes antes, el 26 de julio. En esa fecha, los carlistas de Laguardia organizaron una batida buscando *rojos* en paradero desconocido, pero se encontraron con cuatro muchachos remisos a alistarse. El voluntario carlista Jenaro San Pedro Martínez los condujo hasta Vitoria, pero al día siguiente quedaron en libertad. AIMNO, Fondo Álava, Caja 23, Exp. 376.

[45] Véase *infra*.

[46] Paradójicamente, Grijalba fue apresado tiempo después por soldados republicanos e internado en la Prisión Central de San Miguel de los Reyes (Valencia). AHN, Causa General, Valencia.

[47] RUIZ LLANO (2016), p. 135.

La anécdota revela un cambio sustancial en el ejercicio de la represión física: cualquier crimen, se cometiera donde se cometiera, debía contar no sólo con la anuencia de las autoridades militares, sino también con su visto bueno expreso. A cambio, esas mismas autoridades, personificadas en Alfonso Sanz, consultarían a la jerarquía local de cada pueblo sobre el destino de «sus» presos. Al tratarse de un procedimiento informal y no regularizado, apenas se conserva documentación que pueda certificar dicha práctica, pero la que el tiempo nos ha legado es reveladora. Es el caso de lo ocurrido en Gamboa, a cuyo Ayuntamiento llegó, el 16 de noviembre de 1936, una solicitud de informes sobre el único preso del pueblo, Vicente Oleaga García. Alfonso Sanz quería datos sobre su «significación política, moralidad y honradez», y que todo cuanto se dijera se ajustara fuera «imparcial y justo con arreglo a su conciencia», encargando el trabajo al alcalde «y cuatro vecinos más del pueblo, debiendo venir firmada por los cinco, que serán responsables de las determinaciones que puedan tomarse en virtud de la referida información». El primer edil, Teófilo Urquiola, mandó llamar a cuatro requetés auxiliares, que coincidieron en señalar que había «ocasionado perjuicios a personas sobre aprovechamientos y servicios comunales con su actuación particularmente como vocal que ha desempeñado de la Junta Administrativa del pueblo de Marieta». Tras leer la respuesta, Sanz debió considerar que lo único que había contra él eran asuntos particulares y cuestiones menores que no eran de su competencia, descartando su inclusión en las sacas de finales de noviembre, las últimas de su mandato. El 5 de diciembre, Vicente Oleaga recuperó la libertad[48].

Puede parecer sorprendente que cuatro meses después del golpe de Estado, el 16 de noviembre, el delegado de Orden Público siguiera requiriendo información para la organización de sacas, pero hay que recordar al respecto que en Álava se empezó a matar «más tarde» que en otras provincias. Además, sólo cinco de los «paseados» hasta el 30 de septiembre habían nacido en la provincia y no en Vitoria, por lo que el otoño se reservó para eliminar a «indeseables» procedentes del agro alavés: de los treinta y siete presos sacados en octubre y noviembre, sólo diez eran vitorianos[49]. La desproporción sería aún mayor si consideramos el caso de Elciego, donde el 16 de octubre fueron asesinados los dos concejales del PSOE, otros dos militantes del PCE, un republicano y un anarquista en una batida humana ejecutada con suma rapidez y extrema violencia[50].

---

[48] Ruiz Llano (2016), pp. 132-133.
[49] Gómez Calvo (2014), pp. 339-345.
[50] Martínez Mendiluce, José Antonio y Martínez Mendiluce, Luis: *Historia de la resistencia antifranquista en Álava (1939-1967)*, Txertoa, San Sebastián, 1998.

En otras ocasiones las sacas no fueron precedidas del intercambio de informes entre la Delegación de Orden Público y las autoridades locales, sino que a Alfonso Sanz le bastó con tener acceso a lo que alcaldes, jefes del Requeté, sacerdotes o padres de familia que se decían católicos declaraban en juicios militares abiertos contra vecinos de izquierdas. Así ocurrió con la causa incoada contra Deogracias Franco García y Francisco López Murga, ambos socialistas de Nanclares de Oca. En sus domicilios apareció documentación que les relacionaba con la creación de la UGT en el pueblo y con la apertura en el mismo de un Centro Republicano. Sin embargo, el juez militar que instruyó el caso consideró que no eran razones para su procesamiento, añadiendo que, en su opinión, lo que pretendía la derecha local era simplemente ventilar asuntos personales. El sobreseimiento de la causa conllevaba su puesta en libertad, pero el gobernador civil intervino para poner a ambos a su disposición. Semanas después, fueron «puestos en libertad» por orden de Sanz, quien juzgó con distinto criterio las declaraciones de sus acusadores[51].

Todos estos ingredientes —detenciones previas, informes y declaraciones inculpatorias en juicio militar— precedieron a la formación de la saca que puso fin a las vidas de Serviliano Etcheverry, Luis Puelles y Antonio Uribe Echeverría en la madrugada del 7 de octubre de 1936. Quienes tenían en su mano decidir sobre la vida de los dos primeros podían esgrimir suficientes «razones» para arrebatárselas: uno había sido diputado, el otro era hermano de quien había intentado matar a Salvador Briones y ambos habían dirigido Izquierda Republicana con Julio Martín, ya asesinado. De quien no se sabe demasiado es de la tercera víctima, Antonio Uribe. Consta que estaba vinculado a Laguardia, pero su nombre no figura ni en el padrón municipal ni en los censos electorales de 1936[52]. Tampoco en listados de afiliados a partidos o sindicatos. En un informe enviado al Ministerio de Gobernación en 1938 por el puesto de Laguardia ni siquiera figura su nombre como «fusilado», como sí lo hacían los de Etcheverry y Puelles[53].

---

[51] GÓMEZ CALVO, Javier: *La represión franquista en Iruña de Oca*, Ayuntamiento de Iruña de Oca, 2019.

[52] No se trataba de dos apellidos ajenos a Laguardia. Por ejemplo, en 1911 y el contexto de la huelga mencionada al comienzo de este trabajo, un Baldomero Uribe Echeverría aparece como administrador de la casa de los Palacio, dueños de las bodegas homónimas. Una década después, en 1922, perdía la vecindad administrativa (por cambio de residencia) Margarita Uribe Echeverría. Así las cosas, resulta verosímil que Antonio fuese hermano de Baldomero y Margarita y que, como ellos, fuese vecino del pueblo hasta años antes del golpe de Estado. AML, Padrones Municipales.

[53] AHN, Dirección General de Policía, Fondos Contemporáneos, 808.

El 2 de septiembre de 1936 fue detenido Martín Rivera López, un peón agrícola laguardiense que se encontraba inmerso en las faenas del campo en una finca que trabajaba para Pablo Pérez Ábalos. Como, a excepción de Fausto Albo, ningún guardia civil había pasado por allí desde el 19 de julio y los requetés auxiliares cada vez hacían más falta en labores de apoyo a quienes combatían en posiciones avanzadas, el jefe de la Comandancia de Miñones, Ramón Montoya se hizo cargo del Orden Público y de canalizar las denuncias que le iban llegando. A él se dirigieron un jornalero y un labrador para contarle que Rivera había dicho las siguientes frases entre los días 5 de agosto y 2 de septiembre: «Ya podéis aguantar porque como esto cambie nos veremos», «de no haber ganado en las 48 primeras horas ni habéis mandado ni mandaréis» y «no te distingas ahora porque si cambia esto serás de los primeros que caiga». A Montoya, que no llevaba mucho en el pueblo, le habían contado además que Rivera había «coaccionado en muchas ocasiones al que fue delegado en Laguardia Julio (Martín) Fernández a que haría [sic] siempre lo contrario al sentir de la mayoría del pueblo por lo que se producían bastantes altercados»[54].

De forma casi inmediata se abrieron diligencias militares por considerar todo aquello de extrema gravedad. Fueron llamados a declarar los tres denunciantes: Félix Martínez Valdemoros, Cruz Valle Prieto y Félix Fernández Ortiz, todos ellos miembros del Requeté Auxiliar. En un primer momento, el juez militar se interesó por saber qué había de verdad en las frases proferidas por Rivera y si era cierto o no, como sostenía éste, que se había limitado a bromear para quitar hierro a las amenazas recibidas, a veces tan explícitas como las de Cruz Valle: «Pocos carros vas a cargar ya, Martín: te van a matar» y «los primeros van delante. Ten cuidado no te huelan los sesos a pólvora». Pero Félix Fernández llamó la atención sobre algo no denunciado hasta entonces: Martín Rivera habría instigado a Serviliano Etcheverry para que éste aprovechara su cargo de diputado provincial y despidiera, tras la victoria del Frente Popular, a cinco tradicionalistas empleados en una obra pública que la Diputación había financiado en Laguardia. La Justicia Militar dedicó más esfuerzos a la comprobación de este extremo que a atenuar siquiera la responsabilidad de Rivera después de las amenazas recibidas por éste. Como los despedidos se hallaban en el frente, fueron sus padres quienes declararon que sí, que efectivamente sus hijos se habían quedado sin trabajo por culpa de Etcheverry[55].

---

[54] AIMNO, Fondo Álava, Caja 118, Exp. 1.765.

[55] Los carlistas que perdieron su empleo fueron Felipe Ugarte Jiménez, Serafín Ruiz de Mendarozqueta, Santiago Portilla Rey, Juan Garrido Portilla y Carmelo Briones Martínez de Treviño. Todos ellos fueron voluntarios al frente a excepción de Ugarte, cuya quinta fue movilizada semanas después del golpe de Estado.

El 2 de octubre la causa fue elevada a plenario, quedando pendiente de las conclusiones del abogado defensor (militar, claro) y de la formación del consejo de guerra que habría de decidir la condena. Cuatro días después, Serviliano entregó su reloj a Antonio Buesa, líder de las Juventudes de Izquierda Republicana en Vitoria y compañero de celda, y montó en la camioneta que les llevó a él, a Luis Puelles y a Antonio Uribe a la muerte. Los requetés que les condujeron y asesinaron portaban, como era costumbre, una falsa orden de libertad redactada por Alfonso Sanz[56]. El lugar elegido para poner fin a sus vidas fue La Pilastra (Zambrana), un auténtico cementerio durante aquel octubre[57]. El juez que se encargó del levantamiento de los cuerpos, Martín Armentia Arce, describió así a los tres hombres (Antonio Uribe, Serviliano Etcheverry y Luis Puelles, respectivamente) que nadie identificó en el Depósito Municipal de Zambrana:

> Uno de los cadáveres, es de color moreno, de cuarenta años aproximadamente, de un metro seiscientos milímetros de estatura, constitución muy robusta, viste camisa blanca con rayas dobles azules marcadas con las letras A.U., cinto de cuero, pantalón azul rayado, alpargatas y calcetines negros junto a él, una americana marrón con rayas, sin documento que lo identifique.
>
> El otro, de color castaño, de sesenta años aproximadamente, con una estatura de un metro setecientos veinticinco milímetros, constitución delgada, viste traje completo de americana, chaleco y pantalón de paño gris rayado, confeccionado en la sastrería de Tena, Logroño, y a su lado un abrigo oscuro en buen uso confeccionado en la sastrería de la Viuda de Pons, Logroño, zapatos marrones y calcetines grises oscuros rayados, tiene bastante calvicie.
>
> El tercero se halla en una heredad próxima, a unos ochenta metros aproximadamente de distancia de los dos primeros y de la carretera, es moreno, de unos treinta y ocho años de edad, con una estatura de un metro seiscientos cincuenta milímetros, viste pantalón oscuro a rayas, camisa blanca rayada, alpargatas blancas y calcetines negros, de constitución fuerte, sin documento alguno de identidad.

---

[56] Archivo de Álava, Fondo Histórico Provincial, Nanclares, Caja 25, Exp. 504. Preguntada por las circunstancias del triple crimen, una vecina de Laguardia a la que el entrevistador no identificó declaró que a Serviliano «lo subieron a una camioneta con otros presos y lo llevaron a uno de los lugares preferidos por estas almas salvajes para dar su dentellada mortal: Zambrana, situado a unos veinte kilómetros, dirección Miranda de Ebro. Allí, en un cruce de caminos, lo sentaron en el suelo, lo humillaron y acallaron su grito de *Viva la República*». MARTÍNEZ ENCINAS, Vicente: *Grajal de Campos. La década conflictiva 1930-1939*, Diputación de León, León, 2006, p. 227.

[57] Entre los días 3 y 20 de ese mes se procedió al levantamiento judicial de un total de diecinueve hombres, de los que sólo siete pudieron ser identificados en el momento. Teniendo en cuenta que el número de alaveses asesinados ese mes fue de cuarenta, es posible que fueran más los paseados en La Pilastra y que nunca se llegara a levantar acta.

Después del triple crimen, se reanudaron las actuaciones militares contra Rivera quien, acusado de «excitación a la rebelión militar», fue condenado a doce años de prisión, cumpliendo la mitad de la pena impuesta. En cuanto al resto de presos que permanecían en Vitoria, Alfonso Sanz pidió al Ayuntamiento de Laguardia más información sobre ellos. Nada se sabe sobre el contenido de la respuesta ni tampoco quiénes informaron, pero sí lo que Sanz decidió hacer con ellos. Por pertenecer al reemplazo de 1929, Guillermo Zabala fue liberado para ser enviado al frente (desertando tiempo después), Luis Calvo y Teodoro López Casado permanecieron en prisión, y Calixto Crespo fue el único en quedar liberado pronto (el 12 de noviembre de 1936) y sin ningún castigo accesorio[58].

Se cerraba así 1936, el año en el que seis vecinos o residentes en la localidad fueron fusilados (Domingo Caballero), asesinados (Nicolás Santamaría y Julio Martín) o sacados de la cárcel para recibir el paseo (Serviliano Etcheverry, Luis Puelles y Antonio Uribe). Unos meses en los que Laguardia también se convirtió en escenario de un triple crimen (el maestro Juan Larreta, el franciscano Antonio Bombín y un tercer hombre cuya identidad quizás nunca podamos averiguar), de cortes de pelo a mujeres, de detenciones y, claro está, de fervor religioso y exaltación de la muerte por parte de quienes siempre prefirieron el monte a las urnas. Durante la guerra civil primero y, después, en el largo período de la dictadura, la violencia física sólo fue la cara más virulenta y atroz de una estrategia diseñada no con un propósito exterminista (menos aún si se entiende el término en su literalidad), sino con el fin de administrar las heridas abiertas para generar miedo perpetuo, adhesiones inquebrantables y silencio. En esos meses que siguieron al golpe de Estado ni siquiera se había construido el marco legal (recubierto de legalidad, entiéndase) de las purgas y depuraciones franquistas.

En los estudios en los que se aborda de violencia política y la represión ejercida por los golpistas a partir del 18 de julio de 1936, es habitual que el recuerdo de la sangre derramada en la retaguardia lo impregne todo, obviando que la violencia fue mucho más allá de las cifras cruentas. Hay que considerar también que la distribución de los asesinatos, paseos y ejecuciones en la provincia fue muy desigual. Por ejemplo, entre los setenta y siete municipios que configuraban el territorio alavés destaca la ausen-

---

[58] Con toda probabilidad, se tuvo en cuenta la contribución de su familia con el régimen: sus sobrinos Gervasio y Teodoro Gamarra Crespo se alistaron en el Requeté, este último dejando embarazada a su esposa. Archivo de Álava, Fondo del Territorio Histórico, DH 5395. Tiempo después, en 1941, el Tribunal de Responsabilidades Políticas le condenó a pagar mil pesetas por haber sido de manera efímera delegado gubernativo. Véase *Infra*.

cia de víctimas en cuarenta y ocho. En otros lugares los requetés por las noches o los militares tras sentencia en consejo de guerra acabaron con la vida de vecinos, pero en una proporción acorde a la media provincial (0,18% de vecinos asesinados o fusilados). Se trata de Apellániz, Ayala, Bernedo, Elburgo, Ribera Alta, Urcabustaiz y Villarreal de Álava (actual Legutio). Laguardia fue uno de los quince municipios en los que el porcentaje de víctimas fue superior a la media con seis víctimas mortales de entre sus 2.300 habitantes, es decir, un 0,26%[59]. Sólo en cinco se registró una violencia porcentualmente equiparable a la de Navarra o La Rioja, por citar provincias próximas, o Zamora o Palencia, de características socioeconómicas en buena medida asimilables a Álava. Se trata de Elciego y Nanclares de Oca[60], feudos del Partido Socialista en los que se aniquiló a los militantes de dicha formación, Zalduendo y Maestu, donde igualmente se eliminó a Isaac Puente y todo el núcleo anarquista agrupado alrededor de su figura. Por último, la extraordinaria fragmentación política (carlistas, anarquistas y republicanos) y los sucesos de diciembre de 1933 contribuyen a entender el elevadísimo porcentaje de víctimas en Labastida, de casi un 2% de la población total.

No obstante, para conocer mejor el grado de intensidad de esa violencia convendría no sólo interrelacionar el total de vecinos con el de víctimas, sino también el número de éstas con el del porcentaje de voto obtenido por el Frente Popular en 1936. Teniendo en cuenta que los nacionalistas vascos asesinados o ejecutados en Álava eran de Vitoria o de comarcas al norte de la capital, en Laguardia (y en la Rioja Alavesa en general, así como en Añana) la población «matable» se circunscribía a los 291 hombres y mujeres que depositaron su confianza en la izquierda en las últimas elecciones de la Segunda República[61]. Considerando también que la población femenina estaba *de facto* excluida por ambos bandos como objetivo mortal, esas seis víctimas de los golpistas representarían como mínimo un 2,06% de los laguardienses susceptibles de ser asesinados[62].

---

[59] Los otros catorce fueron Amurrio, Aramayona, Aspárrena, Barrundia, Cuartango, Foronda, Lagrán, Lanciego, Oquendo, Ribera Baja, Salcedo, San Millán, Valdegovía, Vitoria y Zuya.

[60] El actual municipio de Iruña de Oca es el resultado de la fusión de Nanclares de Oca e Iruña, formado este último por apenas dos concejos ruralizados (Trespuentes y Víllodas) y abrumadoramente conservadores. Toda la violencia política, no sólo la puramente física, sino también la que acompañaba a la imposición totalitaria del proyecto reaccionario (multas, depuraciones profesionales, etc.) se concentró en Nanclares de Oca. Cfr. Gómez Calvo (2019).

[61] Los resultados de todas las elecciones a Cortes celebradas durante el período republicano, en Anexo.

[62] En la Álava sublevada y en el territorio que los golpistas fueron conquistando después fueron muertas un total de 194 personas. De ellas, sólo tres eran mujeres: Columba

Hubo también laguardienses que, avecindados desde tiempo atrás en otras localidades, fueron víctimas mortales de la represión. Se ha mencionado a Bonifacio Portilla, asesinado en el verano de 1936, pero no fue hasta dos años después cuando a la trágica lista se uniría Valentín García Presa, trabajador de la Metalúrgica Ajuria, pero nacido en el pueblo en 1899. También se ha escrito que, además de en Labastida, el anarquismo prendió en otras localidades de la Rioja Alavesa, entre ellas Laguardia[63]. Sin embargo, se trata de una confusión debida principalmente a dos factores. El primero es el puramente geográfico: el Sindicato Único estaba fuertemente implantado en ambas orillas del Ebro —dan fe de ellos los sucesos revolucionarios de diciembre de 1933—, pero no en todas las localidades ni tampoco de igual manera. El segundo es también circunstancial y guarda relación con el hecho de que tres de los cenetistas más conocidos de la provincia hubieran nacido en el pueblo, en el que además aún quedaban algunos familiares. Se trata de los hermanos José y Bernabé Villambiste Gutiérrez y del propio Valentín García Presa, todos ellos obreros metalúrgicos.

José Villambiste logró esconderse hasta que el 14 de mayo de 1937, Bruno Ruiz de Apodaca le descubrió, trasladándole a la Prisión de Vitoria. Era bien conocido no sólo para el Requeté, sino también para la Policía puesto que sus dos primeras detenciones —por robo de fruta una y por sustracción de herramientas la otra—, se produjeron tan pronto como en 1925 y 1927, es decir con 17 y 19 años de edad. Tras su detención en 1937 fue enviado al Campo de Concentración San Pedro de Cardeña y de allí trasladado a Málaga para trabajar en los Talleres de Ferrocarriles Andaluces, con centenares de presos esclavizados. Cuatro años después, en septiembre de 1941 fue encausado por el Juzgado Militar de Vitoria, decretando su libertad apenas dos meses más tarde, en noviembre. En esas semanas que transcurrieron entre su regreso a Vitoria y su procesamiento, los testigos de la acusación mencionaron en varias ocasiones a su hermano Bernabé, pero lo cierto es que la pista de este último se pierde, como la de tantos otros militantes libertarios, en julio de 1936[64].

Fernández Doyague (CNT), María Eguíluz Sopelana y su hija Verania Martínez Eguíluz. Las dos últimas se encontraban en su casa de Cárcamo (Valdegovía) junto a dos hermanos varones de Verania cuando el domicilio fue saqueado y todos ellos conducidos a Armiñón para ser asesinados por razones puramente crematísticas. Cfr. GÓMEZ CALVO, Javier (2014). En el lado opuesto, sirva el ejemplo de la distribución por sexos de las víctimas registradas en las sacas de Paracuellos del Jarama. De los 2.500 asesinatos que, como mínimo, se cometieron, todos sin excepción se cobraron la vida de hombres.

[63] RIVERA BLANCO (2008), p. 227.

[64] Taxista de profesión, la Guardia Civil detectó la presencia de Bernabé Villambiste en Labastida en vísperas de las elecciones de 1936. Su visita no parecía casual ya que

El tercer militante de la CNT nacido en Laguardia pero con vecindad en Vitoria era Valentín García Presa, que sí logró escapar de Vitoria tras el golpe de Estado. Lo hizo concretamente el 20 de julio y en dirección a San Sebastián, de donde fue evacuado a Bilbao tras la entrada de las tropas rebeldes. En la capital vizcaína fue nombrado comisario político de la Brigada 158 y combatió después de junio de 1937 en Cantabria y en Asturias, entregándose a los franquistas en Campomanes (Lena). Llevado a Bilbao y encausado en juicio sumarísimo, el entonces delegado de Orden Público en Álava José María Sarachaga envió un detallado informe en el que constaban hasta veintitrés referencias de García Presa: detenciones por delitos comunes y políticos, asistencias a actos nacionales de la CNT, disturbios ocasionados en su lugar de trabajo, etc. Según Sarachaga, estaba considerado como «un individuo peligroso y destacado en su organización, a la que puede decirse manejaba a su antojo, pero por el ascendiente y preponderancia que en ella tenía». El Tribunal Militar no se lo pensó demasiado y el 22 de febrero de 1938 le condenó a muerte. No hubo perdón después, firmando Franco el «enterado» el 25 de junio de ese mismo año. La sentencia fatal se cumplió dos meses después, el 26 de agosto[65].

IV. PERPETRADORES Y COLABORADORES: LA JUNTA DE INVESTIGACIÓN

En enero de 1937 se dio un paso más en la burocratización de la represión en Álava. Mario Torres Rigal, teniente coronel que medio año antes había puesto a la Guardia Civil de la provincia a disposición de la República para sofocar la rebelión, fue nombrado delegado de Orden Público en sustitución de Alfonso Sanz, enviado a primera línea a comienzos de diciembre con motivo de la batalla de Villarreal. Con Torres al mando cesaron las sacas (un único paseado en los tres meses que dirigió la Delegación) y los asesinatos (dos, ambos en diciembre). Se abría así una nueva fase en el ejercicio de la violencia política: la de las purgas y depuraciones. Para llevarlas a cabo se entendió necesario y conveniente continuar con lo que venía siendo habitual, es decir, la implicación del máximo número de paisanos. Lo primero fue dividir la provincia en comarcas y situar al frente de cada una de ellas a un representante del estamento militar como delegado gubernativo. Estos delegados gozaban de cierta

---

portaba armas cortas en el maletero. *PA*, 19-II-1936. La detención y procesamiento de José, en AIMNO, Fondo Álava, Caja 97, Exp. 955.

[65] AIMNO, Fondo Bilbao, Causa 2.233/38.

autonomía para operar, pero debían seguir siempre las directrices de Torres: purgar, no matar. La subordinación y la obediencia se daban por descontadas. El día 13 de aquel primer enero de guerra el cabo de la Guardia Civil Antonio Tejada, nombrado delegado gubernativo en Laguardia, envió la siguiente circular a todos los ayuntamientos de la Rioja Alavesa:

1) Cada Ayuntamiento fijará un día y lo participará con ocho de anticipación para concurrir al acto que ha de celebrarse y al propio tiempo que al aviso me remitirá el total de los individuos de izquierda que hay en la localidad, incluyendo los nacionalistas, con sus nombres, apellidos y número de familia que tiene, así como la edad de esta, en cuya relación se harán las indicaciones que estime pertinentes el alcalde para mayor ilustración por mi parte de antecedentes políticos de los izquierdistas de la localidad.

2) La labor de formación de las listas de izquierdistas ha de hacerse con toda claridad y nobleza que el acto para el que es destinada requiere, a cuyo fin esta será confeccionada por una Junta que tendrá como Presidente al Alcalde de la localidad, si es cabecera de Ayuntamiento al alcalde de este y no ninguna otra persona y como vocales 1.º el señor Cura Párroco, 2.º Jefe de Milicias Ciudadanas, 3.º Jefe de Requetés, 4.º Jefe de Falange, 5.º Jefe femenino de Falange, 6.º Presidenta de las Margaritas de la localidad. En aquellos en que hubiere otras milicias de las que actualmente tienen representación en el frente de batalla, formarán parte de esta Junta como un vocal más, pero no intervendrá en ellas ninguna persona que no sea de las enumeradas. En los puntos en que no sea cabecera de Ayuntamiento presidirá esta Junta el Alcalde de Barrio.

3) Si una vez confeccionada y cerrada la lista se viera que algún elemento izquierdista ha sido objeto de omisión en dichas listas se le incluirá en las mismas siguiendo él y sus hijos los mismos preceptos que los demás, debiendo darme cuenta de esta inclusión en las listas para su anotación en la que me sea remitida.

A continuación, el flamante delegado comarcal aclaraba la «labor que ha de desarrollarse en pro de las almas de los izquierdistas y para su regeneración patriótica»:

El día en que se haga la apertura, que será aquel a que se refiere el apartado 1.º, serán avisados para que a determinada hora que será la señalada estén en un local donde les dirigirá la palabra el Señor Párroco, un representante del Ayuntamiento, un representante de las Milicias en nombre de todos y el resumen de todo lo expuesto será hecho por el Delegado que suscribe, el que a la vez señalará a todos la marcha que han de seguir para ingresar en la España que se está saturando con la sangre de nuestros mártires y el harrojo [sic] de nuestros héroes, pues sería inútil pretender pertenecer a nuestra España sin haber pasado por el crisol de purificación y conocer los sabios preceptos de nuestra Religión y nuestro patriotismo[66].

---

[66] Archivo Municipal de Lanciego (AMLAN), 165.6.

En Laguardia se celebraron, al menos, tres reuniones en días consecutivos: la de constitución y las de denuncia (24, 25 y 26 de febrero, respectivamente). En la primera de ellas se limitaron a hacer acto de presencia todos los aludidos en el primer punto de la circular: José Ugarte «Gollete» (primer edil), Jenaro Quincoces (arcipreste), Eutimio García (jefe de la Milicia Ciudadana), Lorenzo Varela (al mando de todo el Requeté en ese momento), Teodoro Coca Ugarte (jefe provisional de Falange), Blanca Ortiz del Pueyo (Margaritas carlistas) y Matilde Tapia Gómez (Sección Femenina de Falange)[67]. Aunque en un primer momento no se preveía su inclusión, Antonio Tejada acabó nombrando secretario de actas al Instructor Militar Jefe de Pelayos, Jesús Gaztañaga Olabarri[68]. Ninguno de ellos faltó a las dos siguientes reuniones, ambas con un único punto en el orden del día: la elaboración de listas de *rojos*. Los asistentes consideraron que el primero de los «vecinos de filiación izquierdista que no prestan el debido apoyo al Movimiento Nacional, ocasionando con ello trastorno en la buena marcha de los vecinos de reconocida honradez y tendencia derechista» era Julio Martín Fernández de Bobadilla, que ya llevaba muerto seis meses. Ni siquiera negaban el asesinato, sabiendo «fundadamente haber sido hallado su cadáver en la carretera de Viana, salida de Logroño, y figurar inscrita su defunción en el Juzgado de este último pueblo, según testimonio que aporta el vocal Don Eutimio García». A pesar de ello, la relación de agravios fue extensa. Le consideraban «gran agitador» del Partido Republicano Radical-Socialista primero y de Izquierda Republicana más tarde. Como delegado gubernativo, «facilitó por su mediación e influencia armas y licencias para su uso a personas de significación izquierdista afiliadas a los partidos radical-socialista, Izquierda Republicana y Partido Socialista, requisando a tal efecto las cuatro pistolas existentes en el Ayuntamiento, propiedad de la Corporación, que entregó a los anteriores». También habría dado orden de clausurar las Escuelas Católicas, siendo «su labor escolar des-

---

[67] Entre el 18 de julio de 1936 y el final de la guerra ocuparon la alcaldía, por este orden, Dámaso Jiménez, Blas Landaluce y José Ugarte. Circunstancias extrapolíticas (la elevada edad de los dos primeros) y profesionales (caso de Ugarte) implicaron sucesivos relevos al frente del Ayuntamiento, de manera que Landaluce y *Gollete* lo fueron de forma intermitente sucediéndose entre ellos hasta 1943.

[68] Miembro del Patronato de la Colonia Escolar de niños bilbaínos radicada en Laguardia, Gaztañaga fue en la década de 1920 secretario del Ayuntamiento de Bilbao y director del semanario del PNV *Aberri*, así como colaborador de *Euskalerriaren Alde*. Muy probablemente se trata del nacionalista que, tras un acto del PNV en época republicana, se quedó a vivir en Laguardia para paliar así su precario estado de salud (sufría tuberculosis). En 1936 se convirtió «en consejero de los requetés a la hora de confeccionar las listas». Testimonio de Antonio Mijangos (5-VI-2023).

tructora en extremo», amén de «enemigo encarnizado de la Iglesia Católica al que no se le conoció asistencia a ninguno de los actos del Culto»[69].

Sólo a uno de los demás informados, Teodoro Aguillo, le dedicaron tantas palabras (y tantos adjetivos) como al maestro. Desaparecido del pueblo tras un breve periplo por Villabuena y Navaridas, los informantes sabían que había huido a Bilbao para combatir con el «ejército rojo, ostentando insignias de mando». Antes del 18 de julio habría sido «agitador de nervio, organizó la fiesta del 1 de mayo en 1936 haciendo ondear en su casa la bandera roja, impidiendo a todo el vecindario acudir en ese día al trabajo y provocando en la villa turbulentas escenas y manifestaciones en las que fueron incesantes los gritos de Viva Rusia, Viva el Comunismo y otros contrarios a los sentimientos religiosos y patriotas del vecindario, que tuvo que padecer durante todo el día las amenazas de los extremistas desatados en su furia libertaria». No faltaron tampoco los intentos de ajustar cuentas por razones absolutamente extrapolíticas:

> Se supone que la casa de su propiedad en la calle de Páganos de esta Villa, en la que al parecer correspondía al Estado una participación por embargo de contribuciones fue por él solamente reconstruida dándole mayor espacio después de un incendio, no quedando aclarada aquella participación pues se trata de hombre turbio en sus procedimientos.

En el extenso listado fueron incluidos el otro socialista del pueblo, Lucio Martínez Arandia, «separado en absoluto de la Iglesia», Ángel Martínez de Treviño Angulo, «persona muy enfermiza, inofensiva por su falta de acción», pero que «no ha cumplido con los preceptos de la Iglesia en los años de la República», el albañil Dionisio Armentia Bermejo, «corregido por blasfemo después del levantamiento nacional» y «persona divorciada de la Iglesia, no cumple con ninguno de sus preceptos», y Alejandro Santamaría Casado, quien se desvinculó pronto de la política, pero «en materia religiosa ha permanecido alejado de la Iglesia». Al margen de su filiación política (socialista o republicana), a ninguno se le reprochaba otra cosa que no fuera mantenerse al margen de la Iglesia, lo cual sugiere un papel protagonista del párroco Jenaro Quincoces en la elaboración de estos informes. Sus palabras solían bastar para inculpar, pero también tenían poder absolutorio las escasas veces en las que informaba favorablemente. Muestra de ello es lo ocurrido con Hilario Amelibia López, poseedor del carnet de socio número 3 del Partido Radical Socialista[70].

---

[69] Las actas, en AIMNO, Fondo Álava, Caja 85, Exp. 1.278.
[70] Hilario pertenecía a la corriente más obrerista dentro del republicanismo local. De extracción social modesta, ya en 1911 había formado parte de la comisión de huelguistas que participó en las negociaciones para la rápida solución del conflicto en las Bodegas

Propulsor de aquella formación, tiempo después acabaría entrando en la misma también su hermano Eduardo. No obstante, señalaban los informes, había una diferencia importante: la conducta de Hilario «no ha sido mala, pues ha frecuentado la Iglesia y cumplido con sus preceptos en todo el tiempo de la República». Lo contrario que Eduardo, «anticlerical e irreligioso». Significativamente, al lado del nombre se dibujó una raya acompañada de un «NO», símbolo y monosílabo utilizados para identificar a quienes no eran considerados peligrosos. En el caso de su hermano Eduardo, las anotaciones al margen fueron diferentes: «OJO» y «D✝», es decir, conducta religiosa desfavorable.

Además de Teodoro Aguillo y Lucio Martínez, en la primera lista figuraban varios vecinos que en ningún caso podían haber trastornado la vida de nadie tras el golpe de Estado por la sencilla razón de hallarse lejos del pueblo. Buen ejemplo de ellos es Cipriano López Pérez, vendedor ambulante de ajos, pimientos y guindillas a quien el golpe de Estado sorprendió en Portugalete. Militaba en Izquierda Republicana y había sido «agente muy activo» de dicha formación hasta la primavera de 1936, fecha en la que comenzó a simpatizar con el PSOE. Sin embargo, las acusaciones recibidas giraron casi exclusivamente alrededor de su práctica religiosa. De acuerdo con los denunciantes, dio de baja a su hija en la Asociación Hijas de María, persiguiendo «con ahínco los sentimientos religiosos del vecindario, hallándose apartado de la Iglesia». Tampoco estaba allí sino encerrado en la cárcel de Vitoria el herrero Luis Calvo Marañón, «extremista de acción y peligroso», y «lugarteniente de Julio Martín y Fernández de Bobadilla, mentor de la organización izquierdista de la localidad». De Luis se decía que estaba «separado en absoluto de la Iglesia y del cumplimiento de sus preceptos». La primera relación de denunciados la cerraba Eulogio Gracia Régil, vendedor de aparejos y albardas y propietario de la taberna en la que ocurrieron los incidentes del 29 de marzo de 1936. Precisamente ese lugar, espacio habitual de socialización de la izquierda local, fue el primero en ser «clausurado por las Autoridades nacionales», al día siguiente del golpe de Estado[71]. Por supuesto, y como casi todos los demás, Gracia era «enemigo feroz de la Iglesia. Se jactaba de trabajar en días de fiesta, haciéndolo en medio de la calle, fuera del establecimiento para llamar más la atención».

Palacio. Le acompañaron entonces Nicolás Gómez González y Raimundo López Campinún quienes, al contrario que él, no se asociaron a sindicatos ni partidos veinte años después.

[71] En realidad no fue ninguna autoridad constituida como tal, sino los propios requetés del pueblo.

El 26 de febrero se celebró la última reunión documentada. Se trataba de dar continuidad a «la misión confiada a la Junta, y con los mismos datos y fuentes de investigación que sirvieron para la labor precedente, formular con referencia a las personas que se indican». Uno de ellos era Pablo Manero Mateo, cuya barbería estaría frecuentada por «extremas izquierdas». En el mismo establecimiento trabajaba también su hermano mayor, Cayetano, lo que convertía el negocio en «centro de reunión y confabulación de elementos izquierdistas en donde fraguaba la lucha contra los elementos de derecha»[72]. Huelga decir que tampoco eran de frecuentar iglesias. Sorprendentemente, la Junta no informó sobre Calixto Crespo, pero sí sobre su hermano Diego, políticamente «inactivo e incapaz», lo mismo que se dijo de Longinos Mendi Abad, afiliado de Izquierda Republicana. En cualquier caso, el peor parado en este segundo encuentro de delatores fue el más joven de los señalados: Félix Valle Lóriz. Tenía sólo 23 años y su quinta fue de las primeras en ser movilizadas, pero molestaba en Laguardia que la Caja de Recluta le hubiera dejado exento del servicio por su estado físico. Félix era, sí, «de complexión robusta», pero «no se le ha conocido dificultad alguna para el trabajo y efectúa este normalmente como jornalero» en el campo. Por si esto fuera poco, sería tal su izquierdismo que se le consideraba «comunista, aun cuando se desconoce si figuró en esta organización por no hallarse en el pueblo célula de esa significación organizada». En la medida en la que unas acusaciones se relacionaban con otras, si era comunista tenía que ser también «peligroso, organizador con otros que se señalarán de todas las algaradas extremistas [...] no habiendo llegado a vías de hecho en muchos de sus propósitos por tratarse éste de un vecindario en que la inmensa mayoría es derechista y personas de acción en todo tiempo en la defensa de sus ideales político-religioso». Los otros dos «elementos peligrosos» a los que podía «aplicárseles íntegramente el informe» de Félix Valle eran el citado Pablo Manero y Antonio Meiro Pereira, alejados como aquél de toda práctica religiosa y siendo «más bien ateos, de puño en alto y gritos de Viva Rusia, Viva el comunismo libertario».

También eran muy graves las acusaciones formuladas contra Martín López Angulo, otro «lugarteniente de Julio Martín y Fernández de Bobadilla». Si a éste le habían matado, difícil era garantizar mejor suerte a sus colaboradores. De hecho, los requetés habían inspeccionado la casa de Martín y en ella habían hallado la máquina de escribir del maestro. En el particular código de peligrosidad de los informantes, dos aspas mar-

---

[72] Como se ha indicado más arriba, Cayetano había sido obligado a rapar el pelo a mujeres de izquierdas.

caban a López Angulo, reservadas siempre a los más «perturbadores». No era para menos si se atiende a lo que de él se decía:

> Intrigante, agitador, de influencia en los medios izquierdistas, trabajó incesantemente contra las derechas persiguiendo con saña a los de esta significación. Ninguna relación con la Iglesia, de la que era enemigo declarado.

Es posible que las actividades de la Junta tuvieran continuidad, aunque fuera de manera informal. Si así fue, no ha quedado rastro documental. Ahora bien, parece evidente que desde finales del verano existía un Servicio de Información cuyos componentes decidían qué hacer con los vecinos encarcelados por razones políticas. No les correspondía a ellos la decisión final (era potestad del delegado de Orden Público), pero el contenido de sus declaraciones sí resultaba suficientemente relevante como para que unos acabaran en cunetas y otros prorrogaran su estancia en prisión (o fueran liberados). Se ha visto también que el cometido de Antonio Tejada era formar Juntas similares en todos los municipios de su jurisdicción[73]. Sin embargo, en el intento de organizar reuniones de delatores hubo tantos fracasos como éxitos. En Lanciego, donde la derecha tenía ganas de ajustar cuentas, el número de denunciados fue casi idéntico al de votantes de la izquierda[74]. En Lapuebla de Labarca, donde nadie fue asesinado ni paseado, se abrieron casi treinta expedientes distintos por parte de las diferentes jurisdicciones especiales franquistas. En Elciego y Labastida las cifras de vecinos procesados por unas u otras jurisdicciones especiales avalan el afán de delación. Pero, ¿era posible negarse a colaborar? Rotundamente sí. Cuando el primer alcalde franquista de Oyón, Laureano Iribarría Pérez recibió la carta de Tejada, se mostró contundente: nadie en el pueblo, dijo, reunía aptitudes para denunciar a otros vecinos. Es más, según él los republicanos y nacionalistas ya habían dejado de serlo y no era conveniente delatar «aun cuando se quisiera hacerlo

---

[73] En la época eran los siguientes: Baños de Ebro, Barriobusto, Berantevilla, Bernedo, Cripán, Elciego, Elvillar, Labastida, Labraza, Lagrán, Laguardia, Lanciego, Lapuebla de Labarca, Leza, Moreda, Navaridas, Oyón, Peñacerrada, Pipaón, Quintana, Salinillas, Samaniego, San Román de Campezo, Santa Cruz de Campezo, Villabuena, Yécora y Zambrana. Se correspondían de manera exacta con la división de la provincia en partidos judiciales, lo que agrupaba en uno solo (Laguardia) a dos comarcas (la Montaña y la Rioja Alavesa), además de Zambrana. La progresiva despoblación fue subsumiendo en municipios de mayor tamaño a Barriobusto y Labraza (Oyón), Quintana (Bernedo), Pipaón (Lagrán) y San Román (Campezo, por agregación de Antoñana, Orbiso, Oteo, Santa Cruz y el propio San Román).

[74] Sólo un vecino de esta localidad, Francisco Iñiguez Martínez, fue asesinado. El crimen lo llevaron a cabo requetés de la zona el 28 de julio de 1936, fechas en las que todas las víctimas mortales eran de filiación anarquista. Cfr. GÓMEZ CALVO (2014).

Luis Puelles (izquierda) y Serviliano Etcheverry (derecha) formaron parte de la única saca compuesta por laguardienses. Junto a ellos fue asesinado Antonio Uribe.

tomando efectos retroactivos»[75]. Fuera como fuere, en el invierno de 1937 aquellos listados interminables no eran ya una posible antesala de la muerte, pero sí un valioso instrumento para depurar España de «rojos e indeseables», algo que, en paralelo a la comisión de crímenes, había comenzado a practicarse casi desde que se perpetró el golpe de Estado.

V. CORTAR RAÍCES, DEPURAR MALEZAS

El 3 de agosto de 1936 Dámaso Jiménez había convocado pleno del Ayuntamiento. Asistieron Jaime Beiztegui Fernández, José Ugarte, Telesforo San Pedro Mateo, Blas Landaluce y Jerónimo de Marcos Gutiérrez, es decir, los carlistas. Aún no habían sido cesados Aurelio Arbulu, Emilio Puelles y Celestino Irazu —lo serían un mes más tarde—, pero el Ayuntamiento no era ya su sitio. Aprobada el acta de la sesión anterior, la última celebrada antes del 18 de julio, el secretario Pedro Saralegui Ruiz tomó la palabra y dio lectura a una circular no fechada que el gober-

---

[75] Archivo Municipal de Oyón, 309.18. Fue el único municipio de Álava de más de mil habitantes en el que ni se asesinó ni se procesó en juicio sumarísimo a ningún vecino.

nador civil Cándido Fernández Ichaso había hecho llegar a los ayuntamientos alaveses[76]. Decía así:

> Las actuales circunstancias por las que atraviesa España y lo pernicioso que para su feliz gobierno ha resultado el tolerar que al frente de los servicios del Estado, de la Provincia o del Municipio se hallaran gentes que mantenían una equivocada o maliciosa interpretación del sentido de la democracia en cuyo nombre se han perpetrado tantas persecuciones y atropellos, exige la adopción de medidas radicales que corten de raíz todo lo que para el futuro constituir peligro de volver a tiempos que debemos ya considerar como pretéritos. El régimen que se avecina ha de imponer la máxima energía, el orden y la tranquilidad pública tan gravemente perturbados por gobernantes que pretendían entregar España al yugo del extranjero, subvirtiendo el orden social y anulando la moral del hombre y sus más puros valores. Afortunadamente el Ejército, secundado por la masa sabia de la Nación, ha dado al traste con aquellos designios de los enemigos de España. Para no incurrir en negligencias ni omisiones que pudieran entorpecer el tránsito al nuevo régimen, se hace preciso que sean separados de sus cargos todos los funcionarios de ese Municipio, ya dependan de él, de la Provincia o del Estado, que no se hallen francamente identificados con este Movimiento Salvador y redentor. Por lo que afecta a los funcionarios dependientes de su Ayuntamiento puede acordar, desde luego, y en cuanto a los que dependan de la Provincia o del Estado y no merezcan su confianza, envíeme nota de ellos para que yo acuerde lo que proceda[77].

Cuando se leyó la circular en el Ayuntamiento quedaba aún más de un mes para el Decreto 108 de la Junta Técnica del Estado franquista, primer fundamento jurídico del entramado depurador del régimen durante sus cuarenta años de vida. El decreto recogía en su artículo tercero que «los funcionarios públicos y los de las empresas subvencionadas por el Estado, la provincia o el municipio o concesionarias de servicios públicos, podrán ser suspendidos y destituidos de los cargos que desempeñen cuando aconsejen tales medidas sus actuaciones antipatrióticas o contrarias al movimiento nacional», ampliado en un cuarto artículo que preveía que «las correcciones y suspensiones a que se refiere el artículo anterior, serán acordadas por los jefes del centro en que preste sus servicios el funcionario y en su defecto, por el superior jerárquico del corregido, y aquellos, en su caso, previa la formación del oportuno expediente, propondrán la destitución a la autoridad, empresa o Corporación a quien correspondiera hacer el nombramiento». Esta incipiente legislación se desarrolló con decretos posteriores, especialmente el decreto-ley de 5 de diciembre de 1936, que contemplaba en su artículo segundo la separa-

---

[76] La circular estaba firmada por el general Germán Gil Yuste, que ocupó el cargo de gobernador civil entre el 23 y el 29 de julio.

[77] AML, Libros de Actas de Plenos.

ción de «todo empleado que se considere peligroso para el Movimiento
Nacional y a aquellos que no sirvan con eficacia o lealtad al presente régimen», lo que, paradójicamente, entroncaba con la Ley de Defensa de la
República (de 1931), que tipificaba en su artículo 1.11 como acto de agresión al Régimen «la falta de celo y la negligencia de los funcionarios
públicos en el desempeño de sus servicios». Ya en 1939, sólo un día después de la promulgación de la Ley de Responsabilidades Políticas, el régimen hacía lo propio con la Ley de Depuración de Funcionarios Públicos
(10 de febrero), íntimamente ligada a la anterior en sus principios jurí-
dicos (penalización económica como fin y aplicación del principio de
retroactividad como base para el enjuiciamiento de conductas posteriores, en principio, a octubre de 1934) y pensada principalmente para actuar
contra los empleados de las provincias que el 18 de julio de 1936 permanecieron leales a la República, buscando unificar el proceso en todo el
Estado, ordenarlo y controlarlo más adecuadamente.

Los concejales laguardienses, sin embargo, no necesitaban el amparo
de ningún marco normativo. Es más, cuando Saralegui terminó de leer
la circular lo primero que hizo Dámaso Jiménez fue manifestar que «ya
tiene hecha una relación de los funcionarios dependientes de este Ayuntamiento que, a su entender, están inmersos en la presente circular y que
la propone a la Corporación por si esta se dignase aprobarla». Sin más
demora, empezó a dar los nombres de todos los empleados municipales
rojos, con tanto celo que resultaron ser más que los azules. A saber: Luis
Jiménez Amelibia (auxiliar de Secretaría), Jesús Jiménez Amelibia (oficial temporero), Julián Armentia Fernández (celador), Ángel Grijalba
Fernández y Mauricio Rivabellosa Díez (celadores nocturnos), Ezequiel
Rey Martínez (guarda rural), Luis Gil Basterra (barrendero), Miguel
Argote Martínez (conserje de las Escuelas Graduadas), Atilano Pérez de
Viñaspre San Pedro (depositario de fondos municipales[78]) y Luis Puelles
(alguacil). Todos los concejales asintieron por entender que quienes figuraban en aquella lista negra eran «un peligro para la buena administración municipal en virtud de ostentar todos ellos ideas totalmente
opuestas al régimen que ha de establecer el glorioso movimiento militar
nacional al que se han entregado los verdaderos españoles». Aquel sectarismo de primerísima hora generó problemas inmediatos, tantos que
el siguiente asunto a tratar fue cómo cubrir los servicios de vigilancia,
limpieza de oficinas municipales, traslado de órdenes y voz pública una
vez que los encargados de llevar todo ello a cabo habían sido despedidos
por razones políticas. La solución de emergencia fue poner al frente de
dichas labores a un empleado carlista y aprovechar para ahorrar en nómi-

---

[78] Empleado cuyas funciones eran homologables a las de un tesorero.

nas. Unos meses y una guerra después, ya entonces sí, se hizo lo mismo que en el resto del país: hacer valer la victoria para colocar a quienes habían participado de ella.

A los funcionarios despedidos ni siquiera se les abrió expediente, por lo que se desconocen las razones políticas concretas de cada cese. Sí sabemos que cinco de ellos —Luis Jiménez, Julián Armentia, Mauricio Rivabellosa, Ezequiel Rey y Luis Gil— no militaron nunca en organizaciones políticas ni sindicales. En una localidad tan pequeña resultaba sencillo saber cómo respiraba el vecino, así que en la purga probablemente se cruzaran razones ideológicas con cuestiones exclusivamente personales. Algunos de ellos, no obstante, hicieron cuanto pudieron para ser perdonados y recuperar el que no sólo era su empleo, sino también el sustento de toda una familia. Julián Armentia alistó a su hijo Francisco como voluntario en el Ejército mientras que el hijo de Ezequiel Rey, Pablo, se enroló en la Falange. Más difícil tenían ganarse el perdón Ángel Grijalba (apoderado electoral del Frente Popular[79]), Miguel Argote (afiliado a Unión Republicana), Jesús Jiménez (tesorero de Izquierda Republicana) y, por supuesto, el alguacil Luis Puelles.

Mención aparte merece Atilano Pérez de Viñaspre, cuyo periplo vital entre 1936 y 1938 permite comprender bien tanto los distintos tiempos de la represión franquista como la importancia de esquivar, en lo posible, al aparato civil sobre el que los militares golpistas hicieron descansar sus apoyos primero y su legitimación e implantación después. El entonces responsable de la recaudación fiscal fue rápidamente consciente de que podía tener problemas no tanto por su ideología política como por el peso que ésta había tenido en el largo pleito que sostenía con el Ayuntamiento desde 1932. En esa fecha, Aurelio Arbulu y el resto de concejales, también los republicanos, le destituyeron por malversar fondos municipales[80]. Sintiéndose abandonado por los republicanos radicales, se alejó de éstos y comenzó a mover contactos entre la izquierda vitoriana para que sus letrados recurriesen el cese ante el Tribunal de lo Contencioso-Administrativo. En 1936, y no por casualidad en marzo, la Justicia falló a su favor, obligando a todos los ediles que votaron a favor de su cese a abonar de sus bolsillos las miles de pesetas adeudadas en esos

---

[79] Un año después de su cese, el 7 de septiembre de 1937, su hija Avelina fue condenada a sesenta días de arresto. No constan las razones de su detención, pero parece razonable pensar que estuvo motivada por causas exclusivamente políticas. Archivo de Álava, Fondo Histórico Provincial, Nanclares, Caja 13, Exp. 40.

[80] Una nota de la Guardia Civil fechada en 1941 indicaba que el nivel de desencuentro con sus camaradas había sido de tal calibre que fue «expulsado de todos los centros y círculos» de la localidad. Archivo de Álava, Fondo Histórico Provincial, Responsabilidades Políticas (Atilano Pérez de Viñaspre San Pedro).

cuatro años. A ojos de cualquiera resultaba indudable que su restitución judicial obedecía a la influencia que a nivel provincial jugaba Serviliano Etcheverry, recién nombrado diputado. La sublevación se presentaba así como oportunidad para un nuevo cese que, esta vez, ya no haría falta fundar en más razones que las estrictamente políticas. De paso, los concejales que no hubieran hecho frente a la indemnización quedarían ya exentos de pago.

El 19 de julio la casa de Atilano fue una de las primeras en ser asaltadas en busca de armas, siéndole requisadas sus dos escopetas de caza. Sintiéndose desprotegido, un día después y con el pretexto de cobrar dos facturas adeudadas al Ayuntamiento por particulares de Lapuebla de Labarca, marchó a pie hasta esta localidad sin dar cuenta de ello a nadie, y menos aún a su superior jerárquico directo: el alcalde Dámaso Jiménez. El depositario permaneció allí, refugiado en el domicilio de Primitiva Medrano hasta que el día 24 su hija Adela le echó «por no ser de agrado la estancia del mismo en su casa por las circunstancias especiales de aquellos días». Las noches siguientes trató de sortear a los requetés que patrullaban la zona intentado encontrar a quienes, como él, huían de sus domicilios. En ese punto, descartó marchar a territorio republicano y optó por entregarse, pero en Vitoria y no en Laguardia, «por sentir recelos de ser objeto de represalias por haber votado al Frente Popular». A la capital llegó el 28 de julio, presentándose en el domicilio de Guillermo Elío Molinuevo que, al tanto de su situación, le aconsejó que pusiera al corriente de su situación al entonces delegado de Orden Público, Pedro Alonso Galdós[81]. Remiso siempre a las medidas de fuerza, éste le indicó a Atilano que no había nada contra él y que podía tomar la decisión que considerase: «no te va a pasar nada, tranquilo». Así fue, pero sólo hasta que Alfonso Sanz tomó las riendas de la Delegación. El 4 de septiembre un grupo de requetés irrumpió en su habitación del Hotel Vallejo y, tras casi setenta y dos horas de interrogatorios, ingresó en prisión. Los carlistas del pueblo no tardaron en recibir noticias de Atilano y así llegó la primera denuncia, firmada por José Ugarte y Luis Dueñas García, jefe de la Banda de Música municipal:

---

[81] De ideas monárquicas, Elío (1872-1953) fue alcalde de Vitoria entre 1916 y 1920, ejerciendo gran influencia en la política provincial hasta su muerte. Miembro de la primera Diputación franquista, acabó pronto renegando del régimen al punto de aprovechar su condición de abogado para defender a los opositores a la dictadura, ya fueran nacionalistas vascos u de la izquierda obrerista. Su relación con Laguardia data del momento en el que abandonó la alcaldía de la capital alavesa, siendo diputado de aquel distrito entre 1920 y 1921.

Fue del Partido Liberal durante la Monarquía y al venir la República fundador del centro republicano izquierda en Laguardia. Al estallar el Movimiento estuvo en Alfaro con otros elementos de izquierda que hicieron frente al Ejército ocasionándole bajas. Una vez dominada Alfaro por el Ejército, se vio que habían sido fusiladas unas sesenta personas de derechas de la localidad por los grupos de los que formó parte este sujeto[82].

Sólo la primera frase era cierta y Alfonso Sanz lo sabía, por lo que no tomó más medidas que dejar a Pérez de Viñaspre en la cárcel. Tres meses después Sanz abandonó el cargo y el carlismo laguardiense se impacientó. El 4 de diciembre llegó otra denuncia, pero esta vez firmada por Blas Landaluce, Ramón Montoya, Lorenzo Varela, Honorato García y Zacarías Anguiano Pipaón. Decían lo mismo que «Gollete» y el director de la banda municipal, pero iban un poco más lejos. El depositario, mantenían, no sólo era un corrupto que había fusilado a derechistas en Alfaro, sino que además su «moralidad deja mucho que desear pues era en consecuente [*sic*] en discusiones y asuntos de Juzgado, engañando a muchos vecinos que podrían confirmarlo y que de poner cada caso en este informe, sería interminable. Nadie recuerda en la localidad haberle visto concurrir a una iglesia». Fechada el 4 de diciembre de 1936, al nuevo delegado de Orden Público Mario Torres la denuncia le pareció tan falsa como era, optando por hacer lo que su predecesor en el cargo: mantenerle en la cárcel, lugar más seguro que la propia Laguardia. En la Prisión Provincial pasaban los días, las semanas y los meses hasta que la saca más extemporánea y numerosa organizada durante la guerra civil en Álava acabó por encauzar la represión hacia las políticas de sometimiento y reeducación del enemigo que ya se estaban ensayando en buena parte de la España golpista.

El 31 de marzo, coincidiendo con el inicio de la ofensiva final sobre Vizcaya, el general Mola ordenó al capitán de la Guardia Civil Joaquín Pelegrí Pérez, flamante delegado de Orden Público, la formación de una saca que «desinfectara» la retaguardia, la despejase de enemigos y alertara del peligro que suponía hacer frente a los sublevados[83]. La saca debería ser representativa de todos los partidos que no hubieran secundado

---

[82] Las vicisitudes punitivas que aquejaron a Atilano Pérez de Viñaspre desde 1936, en AIMNO, Fondo Álava, Caja 23, Exp. 376.

[83] Pelegrí estaba bien relacionado con los círculos socialistas navarros y con el comandante Rodríguez Medel hasta que, muerto éste a tiros tras negarse a apoyar los planes de Mola, se sumó a los golpistas y aplicó la mano más dura posible en Cervera del Río Alhama primero y en la Ribera de Navarra después. AIMNO, Fondo de la Comandancia Militar de Burgos, Caja 137; UGARTE TELLERÍA (1998), p. 207. La rápida conversión de Pelegrí y su papel en la Ribera navarra en los días posteriores al golpe, en MIKELARENA PEÑA (2015), pp. 70 ss.

los planes de los golpistas, sin exclusiones. Aquella última noche de marzo, Bruno Ruiz de Apodaca se presentó con un pelotón de requetés para entregar al director de la prisión una orden de libertad de dieciséis internos cuyos apellidos, ordenados alfabéticamente, iban de la A a la H[84]. El primer nombre en la relación era José Luis Abaitua, dirigente del PNV de Vitoria y conocido joyero de la ciudad. Aunque ya había sido encarcelado en dos ocasiones desde el comienzo de la guerra, la rapidez con la que fue liberado en ambas y su condición de católico, conservador y hermano de un religioso no hacían presagiar su triste final. La mañana siguiente, la hermana de Abaitua se presentó en la oficina del sacerdote Pedro Anitua gritando, llorando y acertando a decir únicamente que le habían matado, cayendo posteriormente desmayada. El párroco no dudo en acudir a la Delegación de Orden Público para pedir explicaciones a su responsable, reunido en ese momento con Ruiz de Apodaca y otros requetés auxiliares.

A las pocas horas se conocían en toda la ciudad los nombres de los que perecieron aquella trágica noche tras ser llevados en camionetas al puerto de Azáceta, trece de los cuales eran de la capital alavesa. Por lo general, eran personas de extracción humilde (ferroviarios, pintores, mecánicos o ajustadores) sindicados en la CNT o afiliados al PCE o al PSOE. Pero también había republicanos, alguno incluso tan significado como el alcalde Teodoro González de Zárate, hombre de consensos durante su mandato, respetado por sus adversarios y moderado hasta el punto de enfrentarse seriamente con correligionarios menos acostumbrados a las buenas maneras políticas. Los familiares de los asesinados se dirigieron entonces al presidente de la Diputación y al alcalde de Vitoria. El primero dijo que poco podía hacer, pero el segundo, Rafael Santaolalla, fue mucho más enérgico y posteriormente se negó incluso a que una calle vitoriana llevara el nombre de Mola[85]. Por su parte, delegaciones de la CEDA y de Renovación Española se personaron en Burgos para pedir explicaciones a Germán Gil Yuste, que dijo no estar al corriente de lo sucedido. Un ingeniero de Vitoria preso en el frontón *Beti Jai* de Logroño le contó a Patricio Escobal que:

> Un grupo de notables alaveses, en el cual figuraban varios sacerdotes, marchó a Burgos para exponer con coraje sus quejas. Las órdenes de libertad provisional que firmadas por el gobernador civil eran convertidas posteriormente en fusilamientos no contaban con su aprobación. Las fuerzas vivas de la provincia las consideraban hipócritas, crueles y anticristianas. Rechazando toda componenda

---

[84] La falsa orden de excarcelación en Archivo de Álava, Fondo Nanclares, Caja 27, Exp. 79 (Teodoro González de Zárate).

[85] UGARTE TELLERÍA (1998), p. 205.

consiguieron una especie de autonomía, única en las provincias sublevadas, y en virtud de la cual quedaron totalmente suprimidas en Vitoria las matanzas de retaguardia[86].

A finales de abril, tres semanas después de la matanza de Azáceta, Joaquín Pelegrí fue cesado y relevado por el alférez José María Sarachaga. Con la caída de Vizcaya la Prisión de Vitoria se quedó pequeña para albergar a los prisioneros de guerra y ni los campos de concentración levantados en los Padres Paúles de Murguía y en los Jesuitas de Orduña conseguían absorber el inagotable caudal de detenidos[87]. Entre mayo y septiembre de 1937 el nuevo delegado de Orden Público liberó, normalmente tras el abono de cuantiosas multas económicas, a todos aquellos que, a su juicio, no entrañaban ningún peligro: nacionalistas vascos y republicanos de buena posición social, fundamentalmente. A partir de octubre de ese segundo año de guerra, se recurrió a la Justicia Militar para que, en el menor tiempo posible, instruyera causas contra los presos gubernativos, es decir, contra los civiles que nadie sabía muy bien por qué seguían entre rejas tanto tiempo después.

Atilano fue uno de los que pasó por esos juzgados, que hasta entonces apenas operaban de forma puntual y reducida a situaciones extraordinarias en los que se entendía que el «delito» podía colisionar contra intereses militares, como sucedió al enfrentarse Martín Rivera a miembros de las Milicias Ciudadanas y del Requeté Auxiliar. Al juicio contra el depositario fueron llamados los firmantes de las dos denuncias, que se ratificaron en todos los extremos. Como todos ellos eran civiles, el juez consideró oportuno preguntar al delegado gubernativo de Laguardia, Antonio Tejada. Su testimonio, pensó, sería más fiable que el de cualquier paisano. El cabo de la Guardia Civil fue muy tajante: él nunca habría actuado contra Pérez de Viñaspre, «mas si lo hizo fue debido a la fuente informativa de las personas adictas al Movimiento y por lo tanto por conocer directamente al individuo», del que no sabía nada. Siendo así, ¿quién podía certificar que Atilano participó en asesinatos de derechistas riojanos en los días posteriores al golpe de Estado? Únicamente, pensó el juez, las autoridades locales de Calahorra y Alfaro. Tras recibir sendos exhortos, los dos alcaldes riojanos negaron todas las acusaciones de los denunciantes: ellos, desde luego, no conocían a ningún Atilano Pérez de Viñaspre.

---

[86] Excapitán del Real Madrid y militante de Izquierda Republicana, redactó sus memorias en su exilio americano. Cfr. ESCOBAL LÓPEZ, Patricio: *Las Sacas*, Roldana Editorial, Pamplona, 1981 [1974, en inglés], p. 152.

[87] GÓMEZ CALVO, Javier: *Esclavos de Orduña (1937-1941)*, Beta III Milenio, Bilbao, 2024.

Por fin, el 12 de mayo de 1938 la Auditoría de Guerra de la VI Región Militar concluyó que «no resulta contra el encartado ningún hecho delictivo», dando por terminada la información abierta sin declaración de responsabilidad criminal, pero «teniendo en cuenta los antecedentes izquierdistas del encartado y el ocupar del puesto [sic] de Depositario del Municipio de Laguardia» se dedujeron testimonios de cargos para la posible imposición de sanciones económicas. Así se hizo un año después, aprobada ya la Ley de Responsabilidades Políticas, pero el expediente abierto contra él terminó de la misma forma que su procesamiento militar: en absolución por no considerar probada su afiliación a ningún partido, irónicamente el único cargo que Pérez de Viñaspre nunca negó. De hecho, era rigurosamente cierto que en 1931 había sido un personaje clave para entender el auge e implantación de los republicanos, aunque después acabara enemistado con los concejales de este signo. Tanto que, reconoció él mismo, en 1936 hizo un auténtico ejercicio de malabarismo político: representar a la CEDA en las elecciones «por obligación» y votar al Frente Popular «por convicción». En el mes siguiente a su detención se encontró por los pasillos de la cárcel con un buen número de vecinos, entre ellos el también funcionario Luis Puelles: a éste le mataron, a aquél no. Sus trayectorias políticas casi habían ido a la par, más allá del anecdótico «apoyo» a la CEDA mostrado por Atilano: liberales antes de la República y republicanos desde su proclamación, ambos habían tenido problemas con los carlistas (por alteraciones del orden en el caso del alguacil y por razones económicas el depositario), fueron despedidos a un tiempo y perseguidos también de forma paralela. No sabemos qué informes recibió Alfonso Sanz sobre Luis Puelles, pero difícilmente empeorarían los que leyó respecto de Atilano Pérez de Viñaspre. Sin embargo, aquéllos fueron estimados y ordenó su «liberación» con destino a Zambrana, suerte fatal que esquivó el segundo por, tal vez, entender el delegado de Orden Público que aquella denuncia era del todo inverosímil, como tanto tiempo después certificarían los alcaldes franquistas de Alfaro y Calahorra. ¿Qué jugó a favor de uno y en contra del otro? El tiempo: llegar vivo a diciembre de 1936 y esquivar, cuatro meses después, la saca de Azáceta. Porque las denuncias, las delaciones y los informes cargados de odio y ansia de *vendetta* sí resistieron el paso del tiempo.

VI.   SIN CORREO Y SIN TELÉGRAFO

Una semana después de haber depurado la plantilla municipal de *rojos* e indiferentes, la derecha laguardiense consideró que ni las detenciones de republicanos, ni la huida de varios de ellos, ni el alistamiento masivo de varones jóvenes afectaban a la cotidianeidad local. Lo expresó con claridad el alcalde en el pleno del 8 de agosto de 1936:

> Son escasos y de poca importancia los asuntos a tratar en la presente sesión ya que la atención de todos la ocupa totalmente en estos momentos el glorioso movimiento cívico militar que en España se desarrolla, al cual nos debemos todos en cuerpo y alma y en el que hemos de fundir toda nuestra actividad y entusiasmo, aun a trueque de retrasar otros asuntos administrativos y periódicos que en tiempo oportuno también se normalizarán[88].

Dámaso Jiménez se encomendaba así a la buena voluntad de los vecinos para paliar el abandono de los campos. La recaudación en colectas y suscripciones sirvió también para compensar a las familias cuyos hijos volvían malheridos del frente o no regresaban jamás. Nada quedó para quienes, como Balbina Avillera Ruiz, habían quedado a cargo de la casa y de la heredad sin más brazos disponibles tras la huida a Bilbao de sus hijos y su marido, Teodoro Aguillo. Pero Laguardia no era sólo una villa de cosecheros, sino también una capital comarcal y centro de servicios de un amplio *hinterland* que se expandía desde el límite entre Fuenmayor y Lapuebla de Labarca hasta Peñacerrada y desde Viana a Zambrana. En el siglo XIX carlistas y liberales se disputaron su importancia estratégica, tantas décadas después redimensionada en tanto que centro de comunicaciones por vía postal y telegráfica. Fue precisamente este servicio, el dispensado por la estación telegráfica Laguardia-Peñacerrada, el primero en verse afectado.

Nacido 26 años antes en Soria, el riojano de adopción Florentino Álvaro Rodríguez accedió al cuerpo de telegrafistas en 1927 a través de un mecanismo previsto por la dictadura de Primo de Rivera para la incorporación a la Función Pública de militares licenciados. Sólo necesitaba acreditar esta condición (que cumplía con creces tras haber servido en África) y poseer dos certificados, uno de aptitud médica y otro de buena conducta. Sus primeros cuatro años en la profesión los pasó adscrito al Servicio Telegráfico de Logroño, pasando al de Álava en 1931. Inmediatamente se le asignó la vacante que Quirico Fernández, recién jubilado, había dejado en Laguardia. Allí permaneció, sin excesivos contratiempos y a resguardo de broncas, insultos y palizas callejeras hasta 1936. Pero en tiempos de máxima polarización política era difícil seguir aparentando normalidad y tratar de permanecer al margen y, tras la victoria del Frente Popular, Julio Martín y Serviliano Etcheverry «invitaron» a Florentino a afiliarse a Izquierda Republicana: o lo hacía o le quitarían el «pan de sus hijos». Fuera mediante coacciones o por voluntad propia, sí era cierto

---

[88] AML, Libros de Actas de Plenos.

que nunca se había distinguido —ni siquiera participado— en actividades políticas. Sin embargo, en el libro de afiliados remitido en la primavera de 1936 por Izquierda Republicana de Laguardia al Gobierno Civil aparecía su nombre y eso bastó para que Cándido Fernández Ichaso le despidiera contra el criterio de Vicente Aguinaga, máximo responsable de Telégrafos en Álava. Nada más tener constancia de lo ocurrido, el jefe provincial elevó una instancia al director nacional de este servicio, Mario Cilveti Aldaz. Éste, sin embargo, trasladó a Aguinaga su incapacidad de maniobra: la decisión era «completamente política», por lo que el único camino posible era pedir avales al alcalde de Laguardia, al máximo responsable local de la Guardia Civil y también al «jefe de los partidos políticos que hoy tienen mayor ascendiente con todas las Autoridades», en referencia a los de la Comunión Tradicionalista y Falange.

Sin embargo, Álvaro sólo contaba con un posible aliado: el teniente de la Guardia Civil, Fausto Albo. La sintonía entre ambos venía de atrás, pero se consolidó en los meses previos al golpe de Estado. Tras los sucesos del 29 de marzo, Julio Martín y Serviliano Etcheverry convocaron una Junta General de Izquierda Republicana al objeto de «tratar del traslado del Teniente Jefe de la Línea de la Guardia Civil, persona recta y muy competente en su cargo». Enterado de ello, Florentino acudió a la reunión para mostrar su desaprobación y abortó los planes de presidente y secretario del partido de Azaña. El 3 de septiembre el funcionario municipal José Amézaga Fernández, el secretario Pedro Saralegui y el alcalde Dámaso Jiménez se dirigieron hasta la Estación Telegráfica y junto con Florentino Álvaro y Quirico Fernández —a quien se obligaría a ejercer de forma provisional a pesar de estar ya jubilado— realizaron inventario de bienes y formalizaron el relevo. Fue una farsa: un mes después, el 9 de octubre, la Alcaldía envió orden de desahucio de la casa habitación que le correspondía a Florentino Álvaro por resultar el edificio «indispensable» para el Ayuntamiento y porque «el servicio de telégrafos está clausurado». Fue así como Laguardia perdió para siempre su estación telegráfica y Florentino Álvaro su empleo. En mayo de 1937 José María Sarachaga, que se había arrogado las competencias para instruir expedientes de depuración a funcionarios del Estado, le comunicó los cargos concretos: ser izquierdista, pertenecer a Izquierda Republicana, haber sido «trabajador incansable en las últimas elecciones para el Frente Popular», su integración en la directiva republicana el año anterior y haberse destacado «por su propaganda izquierdista en Laguardia en las últimas elecciones sin dejar de haber hecho también antes cuando podía»[89]. Para

---

[89] Un mes antes de la formulación de cargos, el 31 de marzo, el telegrafista Eduardo Covo había sido incluido en la lista negra de sacados para pasear en Azáceta.

entonces, Florentino ya había regresado a Logroño, desde donde trató de desvirtuar cada uno de los cargos, pero sin contar con ningún aval. Acabarían llegando, pero décadas más tarde y en un contexto distinto al que propició su separación definitiva del servicio[90].

Muy cerca, en Elciego, se encontraba una de las tres estafetas (las otras dos estaban en Amurrio y Salvatierra) con las que contaba Correos en la Álava rural, todas ellas dependientes de la Oficina Principal de Vitoria. En ella trabajan dos oficiales (José Villaciervos Pérez y Vicente Villarreal Navaz, ambos vecinos de Laguardia) y un cartero (Felipe Angulo Espiga, residente en Elciego). Los tres eran funcionarios de carrera, pero del reparto cotidiano en toda la comarca se encargaban los conocidos como peatones por recorrer a pie la distancia entre el núcleo urbano de cada localidad y las entidades menores dependientes de aquél: labradores para los que la distribución de correspondencia suponía un complemento económico. A diferencia de oficiales y carteros, su puesto de trabajo dependía directamente de cada municipio. En la década que nos ocupa, las cartas que recibían los vecinos de Laguardia y Páganos las repartían Máximo García de Olano Uzquiano y Victorio Ledesma López, afines ambos al Partido Republicano Radical. El Ayuntamiento no actuó contra los dos peatones, pero sí participó de las purgas en la estafeta.

La depuración de funcionarios de Correos fue muy temprana en toda España, dando comienzo a finales de 1936 con la recepción de los primeros informes político-sociales de la Guardia Civil, la Falange y el Requeté. La instrucción de expedientes llegó en mayo de 1937 y, al igual que en Telégrafos, bajo la responsabilidad del recién nombrado delegado de Orden Público José María Sarachaga. A él correspondía elevar propuesta de sanción previa lectura de informes para que, posteriormente, el administrador principal de Correos la ratificara (como era habitual) o no. En última instancia, el presidente de la Comisión de Obras Públicas de la Junta Técnica del Estado —desde febrero de 1938 el ministro de Orden Público— debía dar el visto bueno y remitir el expediente a la Dirección Postal, en cuya sección político-social se hacía constar la posibilidad de reapertura en el caso de aquellos que no hubieran resultado sancionados. Entretanto, los funcionarios debían presentar una declaración jurada con múltiples preguntas que indagaban sobre el pasado profesional y político del empleado, aunque sin tanta exhaustividad como la que hubieron de presentar a partir de 1939 los que quedaron sujetos a

---

[90] Agradezco el relato sobre la persecución sufrida por Florentino Álvaro, así como su hoja de servicios y el expediente de depuración política, a su nieto Fernando Domínguez Álvaro, quien tuvo la amabilidad de hacerme llegar la abundante documentación conservada.

la Ley de Depuración de Funcionarios para zonas «liberadas» de forma tardía[91].

En Álava las ideas progresistas habían calado con fuerza entre el funcionariado de Correos. Prueba de ello es el balance final que arrojó el proceso depurador: nueve oficiales o carteros fueron separados del servicio definitivamente, a otros nueve se les trasladó de provincia, a dos se les privó de empleo y sueldo durante medio año y a otro se le postergó en el escalafón. Teniendo en cuenta que la plantilla estaba compuesta por veintidós oficiales, veintisiete carteros, cuatro subalternos y una auxiliar, esto significa que casi la mitad de los funcionarios recibió algún tipo de castigo político. Además, fueron encarcelados todos los oficiales que se habían destacado en Izquierda Republicana (Francisco Castresana, Emilio Sáenz de Ormijana y Ramón González Iglesias) y asesinado Luciano San Miguel, presidente del partido en Álava. La excepcional dureza mostrada contra el personal de Correos en Vitoria tuvo su réplica en Amurrio (fueron separados el oficial y el cartero empleados en la estafeta), pero no en Salvatierra, donde los dos funcionarios fueron considerados como derechistas por parte tanto de las autoridades locales como del administrador principal de Correos.

Aunque la estafeta de la comarca más meridional de Álava se hallase en Elciego, la intervención de las autoridades laguardienses en el proceso de depuración fue decisiva, muy especialmente en el expediente seguido contra Vicente Villarreal. Afiliado al PNV entre 1931 y 1932, los primeros informes se solicitaron a la Comandancia de la Guardia Civil de Álava, a la Falange y a Bruno Ruiz de Apodaca. Era apolítico, dijeron. Según el administrador principal de Correos era persona «de derechas y adicta al Movimiento Nacional». Al objeto de disipar la falta de «luces de su actuación política» que tenía el delegado de Orden Público José María Sarachaga, Vicente Villarreal juró aceptar «con el mayor entusiasmo el Glorioso Movimiento Salvador de España, al que ha de servir y defender siempre, con toda lealtad, sin reparar en esfuerzos ni sacrificios». Todo transcurría favorablemente a sus intereses hasta que el 19 de febrero de 1938 el alcalde José Ugarte intervino. Lo hizo después de que Sarachaga le preguntase sobre «el matiz» (más sociocultural o propiamente político) del Centro Vasco de Laguardia al que Villarreal había pertenecido. En realidad, todos los informantes sabían que había militado en el PNV porque así lo había asegurado el expedientado, pero no le habían concedido

---

[91] BORDES MUÑOZ, Juan Carlos: *El servicio de Correos durante el régimen franquista (1936-1975). Depuración de funcionarios y reorganización de servicios postales*, Ediciones Cinca, Madrid, 2009. Sobre la depuración de funcionarios de Correos en Álava, cfr. GÓMEZ CALVO (2014), pp. 201-207.

mayor importancia por entender que se trataba de una expresión política conservadora. Quien no lo vio así fue Ugarte:

> En elecciones, en dicho Centro [vasco] se formaba y hacía la propaganda para el Nacionalismo distinguiendo su diputado Sr. Landáburu, rechazando la unión con las derechas en cuantas ocasiones se le provocaba de los que demostraba ser enemigo, como así mismo del tradicionalismo […]. Puede afirmarse que dicho Centro o Círculo tenía bien marcado y señalado su matiz político inclinado destacado [sic] a izquierdismo[92].

Las palabras del alcalde condenaron a Villarreal, que a punto estaba de superar el expediente sin ninguna nota desfavorable. No se le separó del servicio, pero sí se le aplicó el castigo más corriente que sufrieron los nacionalistas vascos perseguidos en cualquier ámbito laboral: el traslado lejos de las provincias vascas por un tiempo determinado, en esta ocasión cinco años. Se daba la circunstancia de que Vicente Villarreal era oriundo de Elciego, la única localidad de toda la comarca en la que el PNV había conseguido cierta implantación. A pesar de ello, ningún paisano intervino en el expediente que terminó con el destierro de Villarreal, ni para avalar a éste ni para inculparle. Las autoridades de ambos municipios, Laguardia y Elciego, sí participaron de forma conjunta para acabar con la carrera profesional de José Villaciervos, oficial de Correos del que se decía lo siguiente:

> Dicho individuo figura como izquierdista y afiliado al partido de Izquierda Republicana, siendo expulsado por sus malos manejos. Ingresó en el Partido Socialista, siendo propagandista del mismo, instigador de sus correligionarios, en unión del Teniente de la Guardia Civil retirado Izquierdo Altable. Inculcaron en Elciego ideas marxistas, siendo responsable moral y materialmente del ambiente creado. No cumplía con los deberes religiosos, leyendo el *Heraldo de Madrid* y otros periódicos. El 16 de julio de 1936 fue nombrado delegado gubernativo de Elciego. Después de iniciarse el Movimiento Nacional, dijo a unos de Milicias que fueron a su domicilio que él no reconocía más Gobierno que el de Madrid y que sólo sus órdenes acataría. Fue requerido el 19 de julio de 1936 para que entregara el nombramiento de delegado gubernativo, no oponiendo resistencia. Político y moral, era el peor sujeto. En ausencia de las fuerzas de la Guardia Civil salieron las Milicias a cojer [sic] un aparato de radio, oyendo al día siguiente que había otro aparato en su casa y así hasta un tercero. Quiso ingresar en el Requeté de Alfaro, no siendo admitido, marchando más tarde a Zaragoza y tratando de ingresar en Falange para eludir la persecución de la justicia, en donde fue detenido. Es un sujeto muy peligroso[93].

---

[92] Centro Documental de la Memoria Histórica (CDMH), Fondos Incorporados, Correos, Exp. 670.

[93] *Ibid.*

Vistas las acusaciones recibidas por las autoridades de ambos pueblos, en mayo de 1938 se le formularon cargos tanto o más contundentes, como el de «ser responsable en unión de otro propagandista (en referencia al guardia civil retirado) del estado de subversión de las masas de la localidad». Medio año después, en diciembre, fue separado definitivamente del servicio. Finalizadas las purgas, el único empleado de la estafeta que las superó fue Felipe Angulo, a quien todos los informantes consideraron de derechas. A diferencia de lo ocurrido con la estación telegráfica, amortizada tras el despido de Florentino Álvaro, los servicios postales se restablecieron con normalidad, pero los funcionarios que lo eran de carrera fueron sustituidos por empleados cuyas aptitudes se limitaban a lo estrictamente ideológico. Por lo demás, y a pesar de que el proceso de depuración estuviera dirigido desde arriba, el papel desempeñado por el Ayuntamiento fue determinante para que Álvaro y Villaciervos perdieran sus empleos, y también para que Villarreal sufriera un largo destierro.

VII.   LA GUARDIA EN LOS CAMINOS

Así como las purgas de empleados del sector de las Comunicaciones eran competencia del Estado, las del Cuerpo de Miñones correspondían exclusivamente a la Diputación Provincial de Álava[94]. Ya fueran agentes encargados de la recaudación, simples camineros o guardas forestales, los diputados franquistas se tomaron muy en serio el control ideológico de los mismos en tanto que su labor resultaba clave en la vigilancia de retaguardia. En agosto de 1936 se produjeron los primeros ceses, un total de dieciséis. Sin embargo, lo precipitado de esta medida acabó volviéndose contra la propia Diputación por la habilitación interna de un mecanismo que preveía su reintegración simplemente con un informe favorable de sus superiores. Eso sí, no resultaba fácil: el comandante de Miñones que lo extendiera estaría confrontando su criterio contra el de un órgano político nombrado por los golpistas. Algunos, sin embargo, lograron convencer a sus jefes y en febrero de 1937 la Diputación se vio obligada a la readmisión de seis de los empleados tempranamente caídos en desgracia. La aplicación de esos beneficios fue especialmente mal recibida en Laguardia y el 17 de ese mismo mes, una semana antes de la constitución de la

---

[94] Sobre este cuerpo en la provincia, CABANELLAS BENITO, Jorge: *Historia de los Miñones de Álava*, El Gallo de Oro, Bilbao, 2022. Para la depuración tanto de estos empleados como del resto del personal provincial, GÓMEZ CALVO, Javier: «La depuración de funcionarios en la Diputación de Álava (1936-1940)», *Historia Contemporánea*, 40 (2010), pp. 95-126.

Junta de Investigación, el Ayuntamiento en pleno y los principales líderes del Círculo Tradicionalista enviaron una extensa carta al máximo órgano de poder provincial solicitando que empezaran a rodar cabezas:

> No es el egoísmo el que nos guía —lícito al fin, cuando redunda en servir a la Patria— sino un imperativo deber de Justicia, el que clama por la aplicación de las medidas dictadas en el Decreto número 108 de la Junta de Defensa Nacional y por el del Generalísimo Franco con fecha 5 de diciembre retropasado [*sic*], decretos ambos que están animados del mismo espíritu, y a los que no puede oponerse en las Corporaciones y Entidades como barrera un casuismo innecesario, porque nada hay tan natural como el defenderse de los ataques del enemigo, como por el contrario, nada habría más opuesto a la paz y a la tranquilidad social que el que pudiesen nuestros enemigos maniobrar impunemente, como lo hacen sin hallar resistencia, saboteando los intereses colectivos, que no pueden admitir renuncia por nuestra parte porque como legítimos defensores no somos dueños sino custodios. Sabido es que son muchos los elementos cotizantes y simpatizantes de aquel nefasto Frente Popular, los que disfrutan de cargos en esa Corporación y en sus Entidades de crédito filiales, y no es justo que siendo el propio Gobierno el que haciendo honor a sus disposiciones vigentes, en virtud de la justicia legal que es preciso imponer, realice diariamente su magnífica labor depuradora, decretando separaciones y destituciones del personal dudoso e indeseable en todos sus organismos, y queden nuestras Corporaciones desviadas de aquella trayectoria, que es la única que permitirá la consolidación del nuevo Régimen. Responsabilidad enorme para quienes esto permitan, porque coadyuvan indirectamente a evitar que cimiente en la retaguardia lo conquistado con la sangre de tanto mártir en los campos de batalla por el sólo temor de hacer depender su éxito de gestión a la mayor o menor popularidad entre toda esa gama de indeseables.
>
> En nuestra Villa, Excelentísimo Señor, son, como en toda la Rioja Alavesa, varios empleados de esa Excelentísima Diputación, que siguen en sus puestos a pesar de ser personas desafectas al actual movimiento salvador de nuestro Ejército y a los que nos vemos forzados a denunciar por las razones expuestas. [...] Por todo ello, Excelentísimo Señor, como representantes del Municipio y de la Comunión Tradicionalista de Laguardia, estimamos que sin demora ninguna se acuerde por esa Excelentísima Diputación la separación definitiva de todos ellos y de aquel otro personal que con anterioridad al movimiento salvador de nuestra Patria, perteneciese o hubiese pertenecido hasta el 2 de marzo (de 1936), a aquellos partidos marxistas o nacionalista vasco, cubriendo sus plazas con personal idóneo, competente y capacitado, que al ser verdaderos colaboradores de nuestras Instituciones, velen y procuren el acrecentamiento de sus intereses y coadyuven a recobrar su pretérito prestigio[95].

La relación de denunciados, siete en total, incluía a los camineros de Ábalos (Lucas Amelibia), Elciego (Jesús Vallejo), Leza (Gabino Gallo), Lapuebla de Labarca (Antonio Arrizabalaga, Juan Bautista Fernández de

---

[95] Archivo de Álava, Fondo del Territorio Histórico, DAIC, 172.

Larrea y Donato Bujanda Sarasua) y Lanciego (Aniceto Ruiz de Alda Piñeiro). La Diputación estimó que las acusaciones realizadas contra Amelibia («se le oyó cantar la Internacional») y Vallejo («el día de Viernes Santo puso un pianillo en la calle para dar escándalo») no tenían el más mínimo fundamento, pero consideró que sí lo había para abrir expediente contra todos los demás. Aquella delación no sólo supuso el inicio de la depuración de los funcionarios provinciales de Laguardia y su entorno, sino también la de todos los empleados públicos nacionalistas o de izquierdas al servicio de la Diputación: cuarenta y tres hombres y dos mujeres se enfrentaron a la apertura de expediente a raíz de aquella denuncia, perdiendo su puesto de trabajo veinticuatro de ellos y enfrentándose a sanciones menores otros diecisiete.

En lo que hace estrictamente a los miñones y camineros de la Rioja Alavesa, quien más cargos y acusaciones acumuló fue Donato Bujanda, cuyo hermano Pedro había sido vocal de la Junta Directiva del Partido Republicano Radical de Laguardia. El 29 de agosto de 1936 y durante una visita a Leza del gobernador civil, Bujanda se presentó sin quitarse la boina y fumando, una actitud que el caminero consideraba normal porque «en los pueblos no estamos acostumbrados a tratar con personas de categoría». Inmediatamente tuvo que entregar su pistola y uniforme y presentarse en Vitoria, donde permaneció encarcelado hasta el 12 de noviembre de ese mismo año. Acusado de izquierdismo, en un pliego de descargo repleto de faltas de ortografía Donato aseguro que si «ubiera sabido que los de la yzquierda iban a derrumbar a España de la forma que lan echo y no se iban a preocupar de los de abajo más que para subir ellos, pues no les ubiera botado. Todo a sido pues por ser yo un ignorante». Nada de ello sirvió de atenuante y perdió su empleo en 1937. Tampoco lo tenía sencillo Aniceto Ruiz de Alda, cuyo hijo Nicolás había sido aprehendido dos veces en sendas batidas del Requeté para neutralizar posibles huidas tanto de adversarios políticos como de jóvenes en edad militar y poco o nada simpatizantes de los golpistas. Aunque en 1937 Nicolás ya había sido enviado al frente, pero sus antecedentes se acumularon a los de su padre y pesaron también en el expediente de depuración de éste. De hecho, Aniceto fue destituido a finales de agosto de 1936 tras veintidós años de servicio continuado, más de la mitad de ellos en Nanclares de la Oca. Precisamente de este pueblo procedieron los primeros avales, a los que luego se sumaron los extendidos por los secretarios de Labastida y Lanciego. Ese consenso entre tantos avalistas le valió la reposición, revocada a raíz de la denuncia colectiva del 17 de febrero. Según los carlistas de Laguardia:

No practicó la Religión Católica, sino por el contrario, se distinguió siempre en asistir a los actos públicos del Frente Popular. El día 14 de abril hizo gala [*sic*] una placa comunista. El día 17 de febrero despidió de las obras entonces en construcción a todos los peones que votaron a las derechas, dejando a todas las izquierdas y leyendo durante las horas de trabajo el periódico *La Tierra*. Cuando estalló en actual Movimiento no se sumó a él, siendo preciso desarmarlo por previsión. Los requetés le obligaron a vitorear a España, negándose rotundamente[96].

Aniceto negó algunas acusaciones y matizó otras. Teniendo en cuenta quiénes eran sus denunciantes, la más grave era la que le implicaba en el despido de obreros de derechas y que, como veíamos, medio año antes había supuesto la sentencia de muerte de Serviliano Etcheverry. A ese cargo concreto respondió afirmativamente: él había firmado los despidos, pero a instancias de su superior jerárquico y del propio farmacéutico[97]. Sin embargo, la Diputación no atendió a sus súplicas y en septiembre de 1937 ordenó su cese, que inmediatamente recurrió ante el gobernador civil presentando nuevos avales. Eladio Esparza, en aquel momento máxima autoridad del Estado en la provincia, examinó el expediente y concluyó que no existía «prueba alguna» que demostrase la veracidad de lo imputado, instando a los diputados a empezar de nuevo con el procedimiento en el que no participasen vecinos sino exclusivamente militares (Delegado de Orden Público, Guardia Civil) o autoridades superiores (Servicio de Información de Falange). Estos nuevos informes matizaron las acusaciones, coincidiendo en calificar su conducta como buena y no ser persona antirreligiosa, a pesar de haber militado en Izquierda Republicana. Además, recordaron algo que deliberadamente omitieron los tradicionalistas de Laguardia: en agosto de 1936 se enroló como voluntario en la Milicia Ciudadana de su pueblo natal, Peñacerrada. También informaron de que el resto de los cargos se debían más al «rumor público» que a hechos contrastados. Sin embargo, la Diputación consideró que estas nuevas evidencias no desvirtuaban todas las acusaciones, ratificando su cese definitivo[98].

---

[96] Archivo de Álava, Fondo del Territorio Histórico, DAIC, 172.43.

[97] Acabada la guerra, fue asentándose un relato sobre los múltiples enfrentamientos registrados en época republicana en el que el farmacéutico se convertía en el perfecto chivo expiatorio. Este relato tuvo incluso cierto componente transversal, de tal forma que prendió incluso en hogares republicanos. En este sentido, Concha Díaz de Greñu (1-IV-2017) aseguraba que «el boticario era mucho malo. Ese fue el que enciscó al pueblo. Porque entonces había República y eso, pero la gente se quería. Pero aquel hombre, como fue diputado lo único que hizo fue fastidiar al pueblo». El objetivo último de esta narrativa era evidente: centrar las responsabilidades en una persona de cierto poder e influencia, exonerando a la comunidad de su papel como generadora de violencia política.

[98] Su expediente se volvió a revisar en 1939, terminada ya la guerra: fue entonces cuando, por fin, recuperó el empleo.

Gabino Gallo y Antonio Arrizabalaga recibieron una sola acusación, la misma en ambos casos: haber acompañado a una tercera persona a votar en las elecciones de febrero de 1936, haciéndolo por el Frente Popular. Los dos camineros consiguieron suficientes avales como para desvirtuar cualquier posible acusación de izquierdismo y demostrar que habían sido coaccionados. El párroco de San Juan, Severino Marauri, intercedió para lograr que la privación de empleo y sueldo de Gabino Gallo se redujera a año y medio. Por su parte, Antonio Arrizabalaga consiguió que la joven que habría ido a las urnas en su compañía negara el cargo. Para disipar cualquier duda, el alcalde de Leza convocó a un concejal, al mayor contribuyente del pueblo y a la propia implicada para dejar por escrito una declaración que exonerase a Arrizabalaga, que finalmente fue absuelto. No obstante, y tal como sucedió con Gallo, no se le abonaron los haberes que dejó de percibir durante el tiempo en que estuvo privado de empleo, en este caso doce meses[99].

El último de aquellos cinco camineros denunciados fue Juan Bautista Fernández de Larrea. De él dijeron que había votado al Frente Popular, que vitoreaba a Rusia y al comunismo y que era «de moralidad baja, muy blasfemo y amenazador a cuanto suponía Religión Católica, ya que en varias ocasiones lo pregonó por sus cantos y gritos subversivos y no asistía a actos religiosos». Vistos los cargos, la Diputación le cesó fulminantemente en septiembre de 1937. Lo cierto es que Fernández de Larrea ni siquiera estaba al tanto del expediente por hallarse combatiendo en el Frente del Norte. Por si esto fuera poco, las heridas de guerra le habían dejado gravemente herido y su discapacidad era de un 77%. Fue en octubre de 1937, con el expediente formalmente concluso, cuando tuvo noticia de su despido, que entonces sí recurrió. Contestó que votó a la izquierda, pero por temor a perder su trabajo y sin haber dado nunca vivas al comunismo o a Rusia. Sí había sido, confesó, «despreocupado en asistir a los actos religiosos, pero no por mala fe, sino queriendo aprovechar los momentos libres para trabajos particulares». Tampoco negó ser blasfemo, pero «esta costumbre tan perniciosa es general en La Rioja». Su defensa no era muy sólida, pero se consideró improcedente sancionar a un «caballero mutilado» y fue absuelto «con toda clase de pronunciamientos favorables» e incluso se le intentó promocionar al cargo de miñón recaudador en 1938, lo que le permitiría estar exento de cualquier esfuerzo físico. Sin embargo, demostró «escasos conocimientos para ostentar un cargo de esta naturaleza», volviendo a su puesto de guarda forestal[100].

---

[99] Archivo de Álava, Libros de Actas de la Diputación Provincial.
[100] *Ibid.*

Los camineros a los que el Ayuntamiento de Laguardia denunció de forma expresa no eran los únicos que, a la altura de febrero de 1937, se encontraban privados de empleo y sueldo. Hijo de un caminero foral aplastado por un rodillo en acto de servicio, Adolfo Iza Martínez había sido despedido en septiembre del año anterior, entre otras razones porque su hermano Cipriano había intentado escapar a su alistamiento forzoso. Pero le acusaron de más cosas, entre ellas de que «en su domicilio se reunían los elementos comunistas de Elciego». Al contrario que algunos de sus compañeros de profesión, Adolfo tardó casi dos años en solicitar la revisión de su expediente y fue precisamente el tiempo transcurrido el factor que más jugó a su favor. Por un lado, porque lo que en 1936 parecía irrebatible —ser, implícitamente, comunista— en 1938 ya «no aparece comprobado». Además, los diputados provinciales que instruyeron el expediente acreditaron que no se trataba de ningún «revoltoso» sino de «un ciudadano ejemplar que profesionalmente cumple a satisfacción de sus superiores». Era, sí, «de ideas izquierdistas», pero «la destitución sólo ha de imponerse a los miembros destacados de las organizaciones del Frente Popular, caracterizadamente marxistas». Los avales de los sacerdotes de Laguardia —incluido el poco frecuente de Jenaro Quincoces— le valieron la reposición sin derecho al abono de los haberes dejados de percibir[101].

Otro expediente cuya resolución definitiva se pospuso hasta fechas muy tardías fue el de Eliseo Marina, caminero destacado en Páganos. Oriundo del mismo pueblo en el que trabajaba, su cese en septiembre de 1936 vino motivado por varios encontronazos que había tenido con requetés. El primero tuvo lugar al poco del golpe de Estado, cuando voluntarios carlistas marcharon en camioneta desde Páganos hasta Laguardia y, al saludo de ¡Viva España!, Marina permaneció en silencio. El segundo poco después y en Leza. Al atravesar a pie por esta localidad, le fue dado el alto por carlistas a los que hizo caso omiso, razón por la cual le fue requisada la carabina. Horas más tarde, ingresó en la cárcel de partido de Laguardia. En octubre de 1936, sólo un mes después de su cese, Marina entendió que los cargos quedaban desvirtuados por contar con el favor tanto de los sacerdotes del municipio como de una decena de vecinos tradicionalistas de Páganos, entre quienes destacaban los hermanos de Domingo Viñegra. Incluso su superior, Ramón Montoya, estaba de su parte. Sin embargo, hasta 1939 no se revisó el expediente, recuperando el empleo. Eso sí, atendiendo a las diferencias de criterio entre las autoridades locales (ya acabada la guerra el alcalde Blas Landaluce seguía negándose a avalarle), se le impuso el traslado lejos de la Rioja Alavesa[102].

---

[101] Archivo de Álava, Fondo del Territorio Histórico, DAIC 177.32.
[102] Archivo de Álava, Fondo del Territorio Histórico, DAIC 176.68.

Arriba en primer plano, Jenaro San Pedro Martínez en la base aérea de Recajo, en el municipio riojano de Agoncillo. En los días posteriores al golpe de Estado patrulló los montes próximos para impedir que huyeran quienes tenían miedo de represalias, practicando diversas detenciones. Debajo, voluntarios carlistas de «primera hora» antes de partir al frente.

VIII.   MAESTROS DE LA REPÚBLICA

El estudio de los procesos de depuración de funcionarios municipales o provinciales permiten no sólo atender a la dimensión real de un fenómeno que costó el empleo (temporal o definitivamente) a decenas de miles de españoles, sino también conocer la maquinaria y la estructura civil de la delación que facilitó la implantación del régimen primero y su perpetuación después. Sin embargo, hasta ahora este tipo de trabajos han gozado de escasa fortuna académica tanto por la dificultad de cuestionar las fuentes (en no pocos casos ni siquiera existen documentos) como por la preeminencia de la persecución más encarnizada, es decir, de la que se desarrolló en las primeras semanas y meses al anochecer y en cunetas y tapias de cementerios. Es más fácil seguir el rastro de lo sucedido en los distintos cuerpos de la Administración General del Estado, aunque lo cierto es que sólo uno de ellos ha merecido tal atención que, a nivel *macro*, poco se nos escapa respecto de sus características. Nos referimos, claro, a las purgas llevadas a cabo en el Magisterio de Educación Primaria.

A partir de la publicación de la primera tesis monográfica sobre la persecución de maestros[103], se han sucedido trabajos provinciales que abordan la separación o el traslado de miles de docentes. La atención historiográfica fue paralela a la que recibió por parte de la literatura de ficción y/o de relatos elevados a éxitos del cine español contemporáneo, como *La lengua de las mariposas*. Sin embargo, en no pocas ocasiones *best seller* u obras maestras del séptimo arte acaban generando un relato histórico bastante distorsionado respecto de la realidad. Así, es lugar común pensar que el Magisterio sufrió un severo proceso de represión ideológica difícilmente parangonable cuando lo cierto es que la República no tuvo tiempo de que sus principios (laicismo, liberalismo, universalización de la Enseñanza, etc.) prendieran sobre ese vasto tejido docente acostumbrado al castigo contra la pared y a la supervivencia con salarios miserables y casas-escuelas en estado deplorable. Para que esto suceda suele ponerse el acento no tanto en los resultados de las purgas como en la inclusión de maestros en las sacas del 36, hiperbolizando la tragedia.

Álava ofrece un buen ejemplo gráfico de todo ello. En la provincia fueron asesinados ocho maestros entre agosto y octubre de 1936, una cifra bastante elevada si se tiene en cuenta que en Guipúzcoa sólo un

---

[103] MORENTE VALERO, Francisco: *La escuela y el estado nuevo. La depuración del Magisterio nacional (1936-1943)*, Ámbito, Valladolid, 1997.

enseñante perdió la vida a manos de los sublevados[104]. También se trata de un número alto si se pone en relación con las menos de doscientas víctimas mortales en la provincia, puesto que representaría un 4% del total. Sin embargo, en los años treinta eran más de medio millar los docentes de Magisterio en Álava, a los que habría que sumar las decenas de cursillistas que se incorporaban anualmente o a quienes, una vez incorporados a la escala profesional, se dedicaban a actividades más lucrativas manteniendo su plaza[105]. Así las cosas, y en atención a estos números, el 1,6% de los docentes alaveses habrían sido asesinados. Es un porcentaje importante, pero no superior al de trabajadores fabriles de Vitoria. Otra diferencia, en este caso más cualitativa, es la causa última de los crímenes: casi todos los maestros eran, como Julio Martín Fernández de Bobadilla, delegados gubernativos y sólo Evaristo Martínez Mendiluce (en Santurde, Berantevilla) y Ángel Pinedo Acha (Salvatierra) sobrevivieron pese a haber simultaneado la docencia con el desempeño de las funciones de delegado gubernativo. No fue el caso de esos metalúrgicos, todos anónimos, de la CNT y contra los que pesó como único cargo haber estado sindicados. Es más, en las primeras listas negras oficiosas elaboradas en Álava no había ningún maestro y sí estaba sobrerrepresentado el sector fabril, a pesar de su carácter minoritario en la provincia[106].

Apuntado todo lo anterior, la depuración del Magisterio en Laguardia fue un caso absolutamente excepcional. Es significativo que en los momentos más críticos de la República el delegado gubernativo designado fuera Julio Martín y no cualquier otro de los funcionarios del Estado residentes en la localidad: Vicente Pastor González, oficial de Prisiones en la cárcel de partido y militante republicano, el telegrafista, alguno de los empleados de Correos, etc. Fuera como fuere, Martín fue asesinado antes de que se le formara siquiera expediente de depuración, un trámite innecesario en tanto que todos los que debían declarar sobre él sabían perfectamente que su cuerpo había aparecido en el cementerio de Logroño, pero eso no significa que no se pudiera hacer, ni tam-

---

[104] Para la represión en la vecina provincia, BARRUSO BARES, Pedro: *Violencia política y represión en Guipúzcoa durante la guerra civil y el primer franquismo (1936-1945)*, Hiria, San Sebastián, 2005.

[105] Luis Dorao, del que ya se hablado aquí, había ejercido como maestro en su juventud. En 1936 su estatus en la provincia se vio comprometido con el rápido triunfo golpista y la incautación de su diario, puesto rápidamente a disposición de la Falange. Así las cosas, meses después solicitó su reingreso en el Magisterio. Desde 1973, con Franco aún vivo y Dorao muerto veinticinco años antes, un colegio público de Vitoria lleva el nombre de este polifacético republicano.

[106] AHN, Fondos Contemporáneos, Dirección General de Policía, 814.

poco que no se hiciera[107]. Es más, muy posiblemente alguno de esos mismos informantes (autoridades locales, padres católicos de familia, sacerdote, etc.) tomó parte directa o indirectamente en el crimen. El hecho de que no se le purgase *post-mortem* nos ha privado de una fuente que suele ofrecer información bastante rica para un mejor conocimiento de las claves que operaron en la limpieza física llevada a cabo en la España franquista.

Eliminado Julio Martín, las purgas se dirigieron contra el resto de docentes de Primaria. A todos se les abrió expediente, fueran ajenos a la lucha política, abiertamente de izquierdas o afines a las derechas. Fue lo mismo que ocurrió en Correos, Hacienda, Renfe u otros cuerpos del Estado, pero en el caso del Magisterio su depuración guardaba una importancia estratégica en tanto que la Escuela debía constituirse en pilar del nacional-catolicismo y los enseñantes en profetas de la doctrina. Al igual que en Navarra, la profunda impronta tradicionalista de Álava se dejó sentir muy pronto y ya el 7 de agosto de 1936 la Diputación aprobó la reposición del crucifijo en las escuelas, una ceremonia a la que ya nos hemos referido para el caso de Laguardia. Estos actos siempre contaron con gran publicidad por parte del *Pensamiento Alavés*, que en aquellos primeros días animaba a una intervención decidida contra los «malos maestros». El ejemplo a seguir debería ser Galicia, donde centenares de ellos ya habían sido apartados y se habían comenzado a depurar las bibliotecas. Por duro que pudiera parecer, decía el periódico de José Luis de Oriol, «hay que acabar con esa plaga nacional. Hay que apartarlos de las funciones pedagógicas y que busquen otro medio de vida picando piedra, aserrando madera o escardando cebollinos»[108].

En el mismo diario, el gobernador civil Cándido Fernández Ichaso prometía mano dura de forma inmediata contra los maestros, una labor que dio comienzo de forma sistemática en el otoño de 1936. Concretamente en noviembre se crearon las Comisiones Depuradoras provinciales, que operaron en todo el territorio franquista a excepción de Navarra, donde el carlismo tuvo plena autonomía para hacer y deshacer. La que se encargó de las purgas en Álava quedó presidida por el director del Instituto de Segunda Enseñanza de Vitoria (único de la provincia) y catedrático de francés, Javier Mongelos Gómez, secretario en su juventud del Círculo carlista de Pamplona (había nacido en la localidad navarra de Urdax) y en 1936 afiliado

---

[107] Sería el caso, sin salir de Álava, de los ferroviarios y de los propios carteros, contra los que, ya veíamos, se abrió expediente con independencia de que hubieran sido asesinados o no.

[108] *PA*, 12-VIII-1936.

a la CEDA[109]. Como persona de «solvencia moral» entró en la Comisión su secretario, Federico Gómez de Carrero Pardo, un empleado que formó parte del consistorio vitoriano entre 1928 y 1929 procedente del integrismo carlista, que pasó después a la Unión Monárquica Nacional y finalmente a Hermandad Alavesa, aunque desde la proclamación de la Segunda República se mantenía en un segundo plano político[110]. Edil durante la dictadura de Primo de Rivera fue también Ramón Aspiazu Imbert, vocal en calidad de padre de familia, expresidente de la Cámara de Comercio y con una trayectoria política muy similar a la de Gómez de Carrero, con el que durante la guerra compartió además puestos de responsabilidad en la vitorianísima cofradía de la Virgen Blanca[111].

Los otros dos vocales fueron Isabel Romero Sanjuán, madrileña con siete años de residencia en la ciudad como inspectora de Primera Enseñanza, y el presbítero Primitivo Ibáñez Argote, viceconsiliario de la Federación Alavesa de Estudiantes Católicos y posteriormente capellán de prisiones. Se trataba de los dos miembros más jóvenes de la Comisión (38 y 34 años, respectivamente), pero ahí terminaban las coincidencias ya que ambos protagonizaron los desencuentros más sonados a la hora de encarar el proceso depurador[112]. Nos encontramos así ante una Comisión que daba cabida a todos aquellos sectores civiles que podían esperar recompensa de la «Victoria»: maestros católicos, sacerdotes, burócratas y empresarios. Todos ellos tuvieron que examinar y decidir el futuro profesional de los maestros de Laguardia Victorio Arbulu Benito, Elvira Domínguez de Igoa, Teresa Iriondo Jayo, Marcelo Llorente Aguinaco, Manuel Martínez de Antoñana, María de Lera Buesa, María López de Uralde, María Jesús Ortiz, Josefa Sanz y Francisco Anguiano, este último docente en

---

[109] Archivo de Álava, Fondo del Territorio Histórico, DH 842-1.

[110] LÓPEZ CRISTÓBAL, Santiago: «Evolución del Ayuntamiento de Vitoria durante la dictadura de Primo de Rivera», *Jornadas de Estudio Local, Sociedad de Estudios Vascos*, San Sebastián 1988, pp. 691-710, p. 707.

[111] DE LA FUENTE, Javier: «Dinámicas de identidad local: cultura y vida cotidiana, 1936-1964», en RIVERA BLANCO, Antonio (dir.): *Dictadura y desarrollismo. El franquismo en Álava*, Ayuntamiento de Vitoria, Vitoria, 2009, pp. 85-119, p. 91.

[112] Primitivo Ibáñez fue el autor de dos obras tremendamente representativas de su pensamiento y acción: la primera, un panfleto antimasónico de grandes pretensiones argumentales; la segunda, de contenido moralizante, fabulaba sobre el buen ladrón de los evangelios para relatar la asistencia espiritual que prestó en prisión a Juan José Trespalacios, el último ejecutado del franquismo en Vitoria tras asesinar en 1951 a un vecino por creer que había denunciado el robo de una vaca, y a dos hermanos de la víctima, que le sorprendieron *in franganti*. La ejecución de Trespalacios se produjo en 1953. Cfr. IBÁÑEZ ARGOTE, Primitivo: *La masonería y la pérdida de las colonias*, Ediciones Antisectarias, Burgos, 1938 y *Yo vi ejecutar al «Buen Ladrón» del siglo* XX, Imprenta Egaña, Vitoria, 1955.

Páganos. Si en Álava el 82,5% de los expedientes seguidos por la Comisión terminaron sin imposición de sanción, en Laguardia la proporción fue casi la inversa: únicamente María de Lera, directora de la escuela católica de niñas, María López de Uralde, afiliada a Renovación Española, María Jesús Ortiz y Josefa Sanz superaron el proceso con todos los pronunciamientos favorables. Es decir, sólo salieron indemnes las maestras del complejo educativo financiado por Víctor Tapia y su esposa Dolores Sainz.

No es necesario insistir aquí en la importancia social que tuvo en el municipio el debate sobre el modelo educativo de la Segunda República y la cuestión de la laicización de los centros de enseñanza. Tampoco es casualidad que Luis Calvo, presidente de la Asociación Laica de Padres de Familia, siguiera en la cárcel a finales de 1937, quince meses después de su detención. Fue entonces cuando, por fin, se decidió abrir una información gubernativa que derivó en la formación de un consejo de guerra. A la denuncia presentada contra él por la Junta de Investigación en febrero de 1937, se sumó otra firmada por Blas Landaluce, Lorenzo Varela, Honorato García, Ramón Montoya, Ángel López Angulo, José Ugarte y Luis Dueñas. Le acusaron de aprovechar su profesión de herrero para fabricar ganchos de los que colgar a los tradicionalistas. Por si no fuera suficiente, añadieron que había mostrado intención de quemar todas las iglesias del pueblo y obligar además a colocar la alegoría de la República en las escuelas católicas. Más increíble resultaba la acusación de militar en Izquierda Republicana sin convicción, sino simplemente «porque no había otro (partido) más avanzado, pero es de ideas anarquistas». En este sentido, es significativo que Fausto Albo, un guardia civil y no uno más de los incontables vecinos tradicionalistas, fuera una de las dos únicas personas que el procesado llamó a declarar, confiando en un testimonio favorable. Sin embargo, en esta ocasión no fue así y las palabras de Albo no hicieron sino empeorar los cargos. El otro testigo, el doctor Eutimio García, también se manifestó en contra del herrero. Pero, sin duda, las manifestaciones más duras fueron las realizadas en el juicio por el miñón Manuel Ruiz de Ocenda Ruiz, el agricultor Tomás Arbulu Peciña y el dirigente tradicionalista Emilio Aguillo Puelles, autores del registro realizado el 20 de julio en la casa de Luis Calvo y en el que se incautaron de dos escopetas de caza:

> En el mes de agosto de 1933, al salir del Rosario de la Aurora, el procesado se colocaba en un cantón de las calles con una otana de pan bajo el brazo y una bota de vino, haciendo mofa del Rosario y dejándose decir [sic] que otro año no saldría, constando este extremo al Aguillo de ciencia cierta y al Arbulu por habérselo dicho el primero, y que efectivamente el Rosario no salió en dos años posteriores. Que el procesado pertenece como vocal al grupo escolar de Laguardia en el que siempre propugnaba por la Enseñanza Laica, y añade el Tomás Arbulu que en la

escuela en cierta ocasión rompió haciendo mofa de lo que representaban unas estampas religiosas que tenían en un cuaderno una hija del declarante.

Otro de los denunciantes habituales, Jenaro Quincoces, también fue interrogado por el juez militar. Quería saber si le constaba la existencia de los ganchos para colgar a más de la mitad del pueblo y el cura tuvo que reconocer que «ni aparecieron ni cree que los tuviera», pero no perdió ocasión para apostillar que el herrero «no se acercó a practicar acto alguno religioso». Con todo en contra, la Justicia Militar condenó al herrero a dieciocho años de prisión, pero, en parte por lo inverosímil de los cargos y en parte también por haber terminado ya la guerra, se le concedió la libertad en 1940 a instancias de las autoridades castrenses a cambio de abandonar Laguardia y trasladarse a La Rioja, provincia de donde procedía. Como en otros casos, el tiempo fue un factor que jugó a favor de Luis Calvo para evitar el trágico destino de Julio Martín, la persona que junto a él había creado la Asociación Laica de Padres. A ellos se les acusaba de haber revolucionado el orden natural de la educación, convirtiendo la escuela en poco menos que un círculo republicano plagado de ateos. Asesinado uno y condenado a una larga pena de prisión el otro, quedaban por depurar las responsabilidades de todos los maestros de las escuelas públicas, toda vez que las docentes de la católica no iban a tener ningún problema con sus expedientes[113].

Como en el resto de territorios tempranamente controlados por los golpistas, los encargados de informar sobre la conducta pública y privada de los maestros fueron el alcalde, un párroco, el jefe del puesto de la Guardia Civil y un padre que formara parte de alguna asociación católica de familia. Todos ellos recibían un cuestionario compuesto por veintidós preguntas divididas en cinco aspectos: político, religioso, profesional, societario y moral. El orden cambiaba justo al final del formulario, instando a los informantes a que resumieran, sin dejar demasiado espacio para la respuesta, la actuación pedagógica, política, societaria, moral y religiosa del maestro en cuestión[114]. Los tres alcaldes

[113] Archivo de Álava, Fondo Histórico Provincial, Nanclares, Caja 87, Exp. 372; AIMNO, Fondo Álava, Causa 655/38.

[114] La mayor diferencia formal (entre cada provincia) en la depuración del Magisterio residió precisamente en el tipo de informes. Los que manejó la Comisión de Álava daban poco margen a los informantes para extenderse en detalles, mientras que en otras como Palencia se daba mucha más libertad —por el espacio disponible— a la autoridad de turno. No obstante, siempre quedaba la posibilidad de anexar folios en los que poder explayarse, pero muy pocos lo hicieron y cuando así ocurrió se hizo normalmente para matizar los cargos en sentido menos gravoso para el maestro. MORENTE VALERO, Francisco: «La depuración franquista del Magisterio público: un estado de la cuestión», *Hispania* (61), pp. 661-688, p. 676.

de Laguardia durante la guerra civil, es decir, Dámaso Jiménez, Blas Landaluce y «Gollete», se mostraron muy activos en el papel de denunciantes de republicanos, liberales e izquierdistas en general, no ahorrando
nunca en detalles cuando de proporcionar datos se trataba. Como padre
de familia informó siempre Julio Briones, siendo Jenaro Quincoces el
que hizo lo propio entre los párrocos y Antonio Tejada el que elaboró
los informes policiales[115].

El maestro que primero perdió su empleo fue Victorio Arbulu Benito.
Al comienzo de la guerra, Victorio acababa de tomar posesión de su plaza
en la Escuela Nacional Graduada de su localidad natal. Como ya vimos
más arriba, se había alistado en Falange para escapar de su pasado, pero
el carlismo local no tardó en protestar y pedir su cese inmediato, sin atender ni a la afiliación de Arbulu a la CEDA en febrero de ese mismo 1936
ni a esa conversión de última hora al partido de José Antonio Primo de
Rivera. Le acusaron de izquierdista, antirreligioso y camorrista, no dejando
pasar el hecho de que hubiera presidido la FUE en Vitoria. ¿Quiénes sos-
tenían tales acusaciones? Arbulu tenía «temores fundados» de que detrás
de todo se encontraran su tío Gerardo, Jaime Beiztegui y José Ugarte,
pero, fueran quienes fueren, todos eran unos «¡mentirosos!, saben muy
bien los denunciantes cualesquiera que sean que en Laguardia mi familia tenemos fama de formalidad, sociedad y laboriosidad». En consecuencia, apostillaba, todo se debía a la «psicología de los pueblos» y sus
rencillas y odios particulares. Lo que tal vez nunca llegara a saber Arbulu
fue que esos mentirosos no eran quienes él creía, pero sí bastantes más
de los que pensaba. Tras la acumulación de quejas que llegaban sobre el
maestro —en aquel momento combatiendo en primera línea en las inmediaciones de Elgeta—, la Comandancia de la Guardia Civil comisionó al
teniente Agustín Amurrio López para que marchase hasta Laguardia a
comprobar qué había de cierto en todo lo que se decía. Su primer viaje
se produjo el 4 de diciembre de 1936, fecha en la que atendió a Blas Landaluce y Ramón Montoya. El segundo, tres días más tarde, dio pie a una
vasta información que, unida al expediente de depuración, pesó como
una losa sobre Victorio porque en su contenido se fundamentaron los
cargos presentados:

> Personado en la tarde del día de hoy siete de diciembre de mil novecientos
> treinta y seis en la casa consistorial del Ayuntamiento de Laguardia y oídos los
> vecinos de dicha villa Zacarías Anguiano Pipaón, de veintiocho años, casado, bar-
> bero; Francisca Ugarte García, de cuarenta y cuatro años, casada; Domingo Viñe-
> gra Amurrio, de cuarenta y seis años; Tomás García Grijalva, de setenta y tres años,

---

[115] Si bien los datos aportados por Tejada solían esquivar las respuestas a cuestiones
extrapolíticas, centrándose en señalar si el docente en cuestión era o no de izquierdas.

casado, labrador; Félix Coca Rivero, de cincuenta y dos años, casado, labrador; Teodoro García Peña, de cuarenta y cinco años, soltero, sacristán; Jacinto López Portilla, de cuarenta y seis años, casado, labrador y Vicente Coca Oraá, de cincuenta y cinco años, labrador, manifiestan que efectivamente el individuo Victoriano Arbulu Benito al advenimiento de la República se afilió al partido de Izquierda Republicana al cual perteneció hasta la iniciación del glorioso movimiento salvador de España, que también se destacó en el año 1932 dando gritos contra el clero y al llamarle la atención los comparecientes por proferir tales gritos la emprendió ayudado por otros de su ideología a golpes con ellos. En cuanto a moral cristiana carecía en absoluto de ella, pues hasta incluso enseñaba a los niños en la escuela cantares marxistas.

En su recurso, presentado el 10 de febrero de 1937, Arbulu adjuntó múltiples avales, pero todos ellos procedían de dirigentes vitorianos de la CEDA o de mandos intermedios del Ejército y la Guardia Civil, sin que ningún paisano diera la cara por él. A quien sí recurrió fue a Jenaro Quincoces que, a petición del maestro emitió un extenso aval en el que aseguraba que no había nada reprobable en su conducta moral. Además omitía deliberadamente su pasado político izquierdista, perjudicial en ese momento. Sin embargo, y en un derroche de cinismo, envió de forma paralela una carta a la Comisión Depuradora del Magisterio aclarando que no iba a misa, cuando iba no comulgaba y que, en fin, era abiertamente antirreligioso. Por fin el 6 de octubre de 1937 la Comisión resolvió destituir a Arbulu, obviando «que ha sido criterio adoptado por la Comisión considerar como atenuante que rebajaba a la pena inmediatamente anterior la sanción propuesta el hecho de que el denunciado hubiese estado en el Frente sirviendo a la Causa Nacional».

Desmovilizado tras el final de la guerra civil, Victorio Arbulu recurrió su separación comenzando el tortuoso camino de la recogida de avales. El 5 de junio de 1939 acudió a la parroquia de Santa María para pedir a Jenaro Quincoces un informe positivo, que nuevamente emitió sin enviar otro desdiciéndose. Mucho mejor fue el que consiguió de Fausto Albo, quien aseguró que incluso antes de 1936 las «ideas izquierdistas» del maestro fueron siempre compatibles con su carácter de «persona de orden», algo que ratificó el agente Doroteo Gámiz y, de nuevo, mandos militares bajo cuya disciplina había combatido. Hasta 1941 no recuperó su empleo, pero, para evitar desencuentros con los tradicionalistas del pueblo, le fue impuesta una sanción prácticamente reservada a militantes del PNV: la obligación de impartir clases lejos de las tres provincias vascas y de Navarra[116].

---

[116] Archivo General de la Administración (AGA), Educación, 32/13165.

También se encontraba en el frente Francisco Anguiano, maestro de Páganos. El criterio de reducción sustancial de la condena por ser combatiente del que no se benefició Arbulu si le fue aplicado a él, que había sido acusado de pertenecer a la Federación de Trabajadores de la Enseñanza, no cumplir con los preceptos religiosos, hacer cantar obscenidades a los niños y poseer en la escuela un libro titulado *Rusia al día*, de Julián Zugazagoitia[117]. Su expediente estuvo informado por el alcalde pedáneo, Santiago Viñegra Amurrio, el sacerdote Félix Martínez y el padre de familia Daniel Miguel García de Olano, además de Antonio Tejada que, por ser jefe de puesto de la Guardia Civil, fue el único que participó en todos los procesos abiertos en el municipio. La depuración de Anguiano se resolvió rápido, pero no estuvo exenta de testimonios contradictorios, especialmente los de Viñegra. Como los maestros desconocían quiénes informaban sobre ellos, Francisco pensó que el pedáneo del pueblo podía ser un buen avalista, así que recurrió a él para desvirtuar los cargos. El 21 de febrero de 1937 Santiago Viñegra aseguró que no se atrevía a catalogar como «cantares obscenos» los que, supuestamente, enseñaba su paisano a los niños. Sin embargo, en el informe que dos meses atrás había remitido a la Comisión Depuradora de Álava así los habían calificado tanto él como Antonio Tejada, matizando el párroco que tal vez sería necesario hablar de «canciones menos honestas».

Además, Daniel Miguel y el propio Viñegra le acusaron de haber formulado una denuncia contra un vecino que gritó contra la República antes de 1936. El maestro logró desvirtuar todos los cargos, pero aun así Javier Mongelos y el resto de miembros de la Comisión provincial entendieron que «aparece frío en materia religiosa e inclinado a la política izquierdista», proponiendo una sanción de dos años de empleo y sueldo. A la Comisión Nacional la idea le pareció descabellada en tanto que se trataba de un voluntario carlista y en apenas unos meses, en septiembre de 1937, corrigió a sus homólogos alaveses para rebajar el castigo a un traslado de escuela y a la inhabilitación para el ejercicio de cargos directivos en el área de la Enseñanza[118].

Elvira Domínguez de Igoa, maestra propietaria de la Escuela Nacional Graduada de Niñas, también era de izquierdas. Afiliada a la UGT, fue una de las primeras docentes alavesas en ser separada por orden expresa del gobernador civil. De ello se le acusó en el expediente, pero también de «frecuentar amistades izquierdistas» y de observar una «conducta

---

[117] En febrero de 1937 Arbulu se encontraba en Guadalajara sirviendo como alférez de Requetés, tras haberse alistado voluntario al comienzo de la guerra civil.

[118] AGA, Educación, 32/13165.

moral [que] ha sido escandalosa ya fumando en la Escuela ante las niñas, ya propagando el desnudismo integral, ya haciendo alarde público de laicismo». Natural de Vizcaya, Domínguez de Igoa presentó múltiples avales de personas de derechas de aquella provincia, pero la Comisión Depuradora de Álava prefirió atenerse a lo manifestado por Blas Landaluce, Jenaro Quincoces y Julio Briones. La maestra consideraba a todos ellos unos «calumniadores» que aspiraban únicamente a «la pobre satisfacción de disponer de mi escuela para quien ellos la necesiten».

La Comisión Depuradora alavesa propuso la pérdida de empleo y sueldo durante dos años, su traslado a cualquier otro pueblo y la inhabilitación para el ejercicio de cargos directivos. Pudo ser peor si se hubiera atendido al criterio de Primitivo Ibáñez, a quien no le tembló el pulso para formular un voto particular contrario a cualquier sanción que no fuera la de su separación definitiva del Magisterio. Sin embargo, y como había sucedido con Francisco Anguiano, la Comisión Nacional de Depuración del Magisterio sí tuvo en cuenta lo manifestado por el cura de la iglesia bilbaína de San Vicente, por la secretaria de las maestras católicas de la capital vizcaína, por el director del *Pueblo Vasco* o por el del Hospital Civil de Bilbao. Todos ellos se habían mostrado reacios a la imposición de cualquier castigo, asegurando que era una mujer religiosa y «de orden». En atención a las circunstancias, Domínguez de Igoa debería haber sido absuelta de todos los cargos, pero, para no desautorizar de pleno a los responsables de las purgas del Magisterio en Álava y a sus informantes locales, la Comisión Nacional redujo el castigo a tres meses. Como pena accesoria, se ordenó también su traslado a la provincia que eligiera, aunque en este caso la petición procedía de la propia maestra, que entendía que lo mejor era dejar atrás Laguardia y auxiliar material y económicamente a sus padres, ambos con los 70 años ya cumplidos[119].

También fue sancionada otra maestra vizcaína, Teresa Iriondo Jayo. Se trata, sin embargo, de la única persona que sufrió persecución política en contra del criterio de la derecha local, absolutamente favorable a ella. La razón es sencilla: natural de Ondarroa, había militado en el PNV y no en ninguna organización de izquierdas. Así las cosas, Blas Landaluce y Julio Briones avalaron su conducta obviando cualquier mención a sus simpatías políticas e insistiendo en que era persona de derechas y muy devota. Era cierto, pero nada de ello era incompatible con ser nacionalista vasca, algo de lo que sólo informó en una pequeña nota Jenaro Quincoces, apostillando que leía «prensa separatista». Incluso la Guardia Civil ocultó su filiación política. En vano, porque la Comisión presidida por

---

[119] AGA, Educación, 32/13166.

Javier Mongelos formuló los siguientes cargos contra ella: ser de ideas nacionalistas, hacer manifestaciones hostiles al «Movimiento Salvador de España», exhibir elementos distintivos del PNV y acudir al *batzoki*.

La maestra se defendió de todo ello negando su oposición al golpe de Estado —que le había sorprendido en Ondarroa— y asegurando sentirse feliz con la llegada al pueblo de los nacionales para así poder regresar a Laguardia. No negó leer prensa nacionalista, aunque sólo «los ecos de sociedad y noticias de los pueblos». También reconoció «amar profundamente a mi país natal» (en referencia a Euskadi), pero consideraba que eso no implicaba ser nacionalista vasca. A su rescate y como avalistas acudieron los más significados carlistas, incluido el alcalde, que ya había informado positivamente sobre ella. La Comisión Depuradora de Álava, sin embargo, se mantuvo firme y forzó su destierro a cualquier escuela alejada del territorio vasco-navarro[120].

A Marcelo Llorente Aguinaco sólo se le pudo acusar de relacionarse con izquierdistas y de expresar su apoyo al gobierno de la República incluso después del 18 de julio de 1936. Ambos cargos, deducidos de los informes elaborados por las autoridades locales, eran bastante endebles. También los que se reformularon después de recibir una nueva denuncia de Honorato García acusándole de leer prensa de izquierdas y de votar al Frente Popular. Al igual que Victorio Arbulu y Elvira Domínguez, Llorente acusó a sus delatores de mentir, aunque, «como cristiano y caballero, perdono a los que dicen de mí frases que no he pronunciado». A la hora de examinar el expediente en su conjunto, la Comisión Depuradora volvió a enfrentarse al testimonio contradictorio de Jenaro Quincoces. Éste, a petición del maestro, aseguró el 6 de abril de 1937 que pagaba periódicamente la cuota del Culto y Clero, que no tenía ningún «ideario perturbador» ni militaba en partidos políticos y que su conducta en todos los aspectos era intachable. Sin embargo, el 1 de febrero de ese mismo año y a espaldas de Llorente le había acusado de ser lector del diario republicano *La Voz*, de votar a las izquierdas en la segunda vuelta de las elecciones de 1936 por pensar que el Frente Popular era «caballo ganador» y de que «su ideología religiosa es de criterio algo librepensador». Teniendo en cuenta todo ello, y «resultando que parece deducirse de los cargos y demás antecedentes que si bien no es una persona de ideas francamente izquierdistas, ha demostrado cierta volubilidad de opiniones que le han granjeado un ambiente hostil en el pueblo», resultó castigado con el traslado a cualquier otra localidad y escuela de la misma categoría «a fin de que no tenga carácter de sanción grave»[121].

---

[120] AGA, Educación, 32/13323.
[121] AGA, Educación, 32/13165.

También existió división de opiniones en el expediente abierto a Manuel Martínez de Antoñana, acusado de ser de izquierdas, asistir a actos públicos de partidos progresistas y leer prensa afín a la República, además de relacionarse únicamente con quienes le eran políticamente afines. Por supuesto, Martínez de Antoñana negó todo ello, declarándose lector de *Pensamiento Alavés*, *La Gaceta del Norte* y, especialmente, *ABC* por ser «un diario monárquico y por mis tendencias francamente derechistas». De hecho, añadía, en tiempos de la República el Gobernador Civil descartó nombrarle delegado gubernativo por considerarle hombre de derechas. Además, sus amistades siempre fueron «personas de orden, derechistas, residentes en Vitoria». En su alegato final de defensa se mostraba así de rotundo:

> Siempre ha sido mi criterio ser maestro nacional en la escuela nacional; educar a los niños, desarrollando en ellos las características de héroes y mártires de nuestra raza, estando poseído de que las esencias del alma española son Religión y Patria; y apartándome de la política, para ser el maestro de todos mis alumnos. Esperando de la Junta que si encontrara algo punible en mi actuación lo achaque a ignorancia o error, ya que más que la sanción que se impondría, sentiría haber ofendido o el suelo donde descansan los restos de mis padres o sus creencias sagradas que son las mías.

Como era el inculpado quien debía mostrar su inocencia y no la Comisión la que pudiera acreditar su culpabilidad, Martínez de Antoñana también necesitaba avales. Los pidió y alguno obtuvo, pero no en Laguardia. Al igual que en otras ocasiones, Jenaro Quincoces fue el informante más severo, negando haberle visto comulgar y asegurando que su actuación religiosa era «pobre». Aunque la Comisión no lo tuvo en cuenta, el arcipreste añadió, en referencia implícita a Julio Martín Fernández de Bobadilla, que «mantuvo estrecha amistad con un compañero suyo agitador izquierdista furibundo y completamente impío». En esta ocasión, ni siquiera Primitivo Ibáñez consideró que las acusaciones tuvieran enjundia, entendiendo que «su actuación política no ha sido significada como de izquierdas» y que, a pesar de mostrar «cierta frialdad religiosa en su conducta antes del Movimiento», se trataba de un maestro intachable al que sería suficiente con castigar sin empleo y sin sueldo durante dos meses[122].

---

[122] AGA, Educación, 32/13166.

El arcipreste Jenaro Quincoces (arriba) y el miñón Ramón Montoya (imagen inferior) fueron los destinatarios de un buen número de cartas en súplica de avales que, la mayoría de las veces, fueron desatendidas.

IX. EL EXPOLIO IRREGULAR

Una de las prioridades del Ejército de Franco fue disponer de los recursos necesarios para financiar una guerra que, fracasado el golpe de Estado, se presumía larga. Se entendía que el esfuerzo no podía ser equitativo y que quienes habían contribuido a la «anarquía» y al supuesto caos revolucionario que legitimaba discursivamente la asonada militar eran quienes debían pagar con su hacienda. Como no era posible diseñar una arquitectura impositiva que gravara de forma extraordinaria más a unos que a otros en función de supuestas responsabilidades políticas, se improvisaron suscripciones especiales de carácter «patriótico». Junto a donativos y retenciones «voluntarias», aquéllas convivieron con las multas gubernativas para sufragar los costes bélicos. Al objeto de canalizar la recaudación obtenida por todos los conceptos anteriores, la Delegación de Orden Público contó desde agosto de 1936 con una oficina al frente de la cual se situó como cargo técnico al delegado de Hacienda José Ordoño López de Vallejo y como responsable político a José Manterola, voluntario carlista. Sólo las colectas organizadas por la Milicia Ciudadana, autofinanciada, escaparon a la fiscalización directa del brazo represivo del Gobierno Civil.

A finales de aquel primer agosto de guerra, la Junta de Defensa Nacional estableció la obligación a todos los empleados públicos de firmar un manifiesto de adhesión para seguir cobrando haberes, reteniéndoles además un día de salario para contribuir a la Suscripción Nacional[123]. Antes de que se abriera esta suscripción, el gobernador civil ya había impuesto multas con diferentes pretextos, pero orientadas a la financiación de la guerra y bien publicitadas en la prensa para poner sobre aviso a la población[124]. El *Pensamiento Alavés* fue el medio utilizado para hacer llegar un nítido —y falso— mensaje a los simpatizantes nacionalistas: el PNV apoyaba a los sublevados en Álava. No era cierto, pero resultaba un arma de guerra eficaz, al menos en aquellos momentos[125]. De las cartas firmadas por los dirigentes del partido en nombre de éste se pasó a las de los militantes, alternándose con las noticias que llegaban sobre diso-

---

[123] Sobre la Suscripción Nacional y su impacto recaudatorio, cfr. DE PRADO HERRERA, María de la Luz: «Represión económica y control de funcionarios durante la Guerra Civil (1936-1939)», en CUESTA BUSTILLO, Josefina: *La depuración de funcionarios bajo la dictadura franquista (1936-1975)*, Fundación Largo Caballero, Madrid, pp. 312-326.

[124] Cfr. *PA*, 23-VII-1936 y 24-VII-1936.

[125] Como ya lo puso de manifiesto DE PABLO CONTRERAS, Santiago: «*Pensamiento Alavés*: un diario tradicionalista ante la Guerra Civil», en TUÑÓN DE LARA, Manuel: *Comunicación, cultura y política durante la II República y la Guerra Civil: II Encuentro de Historia de la Prensa*, UPV, Bilbao, 1990, pp. 227-241.

luciones de centros nacionalistas que «espontáneamente» decidían entregar sus fondos y sus enseres al Ejército[126].

En Laguardia, se ha visto más arriba, también se hizo propaganda sobre la adhesión a los golpistas de toda la derecha. El *Pensamiento Alavés* dio cuenta el 1 de septiembre de la reunión del gobernador y una «comisión del Centro Nacionalista Vasco que ofrece disolver su asociación y vender los enseres que posee para, una vez hecha la liquidación, entregar lo que de esta quede para la Suscripción Nacional». La literatura que envolvía la pretendida adhesión se parecía demasiado a la que se empleó en la cobertura informativa de hechos semejantes en Salvatierra, Santa Cruz de Campezo, Murguía o Araya. Un carácter distinto tenía la información que aquella pieza periodística dedicó al supuesto apoyo de los republicanos laguardienses a la sublevación militar. Según el diario conservador, «algunas personalidades» del «Centro Republicano de izquierdas» visitaron a Fernández Ichaso al objeto de emular a los nacionalistas vascos. A continuación, continuaba el testigo de aquellas «espontáneas» entregas, el gobernador se reunió en una de las dependencias del Consistorio «con todos los elementos de derechas» para decidir qué concejales deberían seguir ocupando sus cargos y cuáles no, con resultado «desfavorable para los de la minoría republicana», cesados de manera inmediata[127].

Lo que sucedió realmente fue que el Gobierno Civil se incautó de todos los bienes tanto del *batzoki* como del Centro Republicano, destinando lo recaudado por la venta de los mismos a la Suscripción Nacional. Durante toda la guerra los sucesivos delegados de Orden Público utilizaron dicha cuestación como medio de castigo a los nacionalistas vascos y, en menor medida, también a republicanos de cierta solvencia económica. Eso sí, esta vía recaudatoria se fue rediseñando con el tiempo. Con Alfonso Sanz y Mario Torres fue el resultado de mezclar el intento de asimilación e integración en el régimen con la multa pura y dura. Según un nacionalista alistado como voluntario en el Ejército, Sanz le obligó a donar mil pesetas para la Suscripción Nacional por su pasado nacionalista[128]. El 3 de febrero de 1937 la Junta Central de Guerra se felicitó por la recepción de una nueva aportación, de ciento veinticinco pesetas, por parte de «Aureliano Laorden, médico de Laguardia. Este señor ha hecho donativos importantes repetidas veces, tanto en especies, vino sobre todo en cantidad considerable, como en metálico, y merece por tanto especial mención y estímulo de los que se encuentran en condiciones de imitarle»,

---

[126] GÓMEZ CALVO (2014), pp. 236-238.
[127] *PA*, I-IX-1936.
[128] GÓMEZ CALVO (2014), p. 238.

en velada referencia a quienes, como él, habían simpatizado o militado en el Partido Nacionalista Vasco[129].

Desde marzo de ese mismo año y tras el nombramiento de Joaquín Pelegrí como delegado de Orden Público, la Suscripción Nacional y las colectas análogas sirvieron para permutar ingresos en prisión o para comprar la libertad. Pero con él en el cargo se cometieron también los mayores abusos en la utilización de la coacción económica como medio de castigo. Como denunciaron destacados industriales navarros, durante su paso por la Comandancia Militar de Tudela «después de imponer sanciones a elementos izquierdistas intentó hacer lo mismo aunque no con el carácter de sanción a los hacendados derechistas [...]»[130]. Fueron precisamente estas prácticas las que motivaron su reemplazo por José María Sarachaga, quien a partir de septiembre de 1937 quedó subordinado al nuevo gobernador civil, el navarro Eladio Esparza. Empezó entonces una campaña moralizadora a través de la cual se persiguió la blasfemia y el escándalo y se atacó con denuedo toda actitud tachada genéricamente de inmoral, lo que acabó afectando a sectores ideológicamente diversos. El celo inquisidor de Esparza, que apenas duró siete meses en el cargo, fue bien acogido en Laguardia y el 23 de septiembre de 1937 Luis Fernández Pérez, Pedro Presa Alonso y Guillermo Ibáñez Guerra fueron sancionados con doscientas pesetas el primero y cien los dos últimos, sin que consten los motivos[131].

Para esas fechas, sin embargo, la persecución económica ya se había regularizado en gran medida. El 10 de enero de 1937, dos años antes de la Ley de Responsabilidades Políticas, un decreto ley había venido a poner cierto orden en los procedimientos de confiscación económica. En virtud de aquél, se creó la Comisión Central de Incautación de Bienes a los partidos y organizaciones declaradas ilegales por los golpistas y de los particulares que por acción u omisión se hubieran opuesto al golpe. A tal

---

[129] *PA*, 3-II-1937.

[130] AIMNO, Fondo de la Comandancia Militar de Burgos, Caja 137. Paradójicamente macabro fue el hecho de que los innumerables crímenes de Pelegrí —ora en Navarra, ora en Álava— quedaran impunes y, sin embargo, su arbitrario modo de proceder en la imposición de sanciones económicas le costara la expulsión del cuerpo de la Guardia Civil primero y la pena de muerte después, castigo luego conmutado por la reclusión perpetua.

[131] La referencia a dichas sanciones se encuentra dentro de un listado remitido en 1938 por los distintos puestos de la Guardia Civil al Ministerio de Gobernación. En dichas relaciones sólo se incluían los castigos impuestos por motivación política, por lo que se entiende que estas multas obedecieron a razones ideológicas. Fuere como fuere, Luis Fernández y Pedro Presa nunca habían militado en partidos políticos ni asociaciones. Sí lo hizo Guillermo Ibáñez, miembro de la Asociación Laica de Padres de Familia. AHN, Fondos Contemporáneos, Dirección General de Policía, 757.

efecto comenzaron a operar también las comisiones provinciales, presididas por el gobernador civil, un magistrado y un abogado del Estado, todos nombrados por la Junta Técnica del Estado. La comisión provincial delegaba a su vez funciones en diferentes personalidades: en Álava, secretarios de ayuntamiento, jueces municipales y alcaldes, generalmente. La potestad sancionadora recaía en el general jefe de la Región Militar tras informe elevado por la Comisión y ante cuya decisión no cabía recurso[132]. Pocos días después, el Boletín Oficial de la provincia comenzaría a dar cuenta de los individuos que quedaban sujetos a expediente. Los poderes locales tenían cierto margen de actuación para la denuncia de individuos no incluidos en estos grupos, pero desde luego no en la medida alcanzada con la Ley de Responsabilidades Políticas. En el caso de Laguardia se abrieron ocho expedientes a otros tantos republicanos o socialistas: Francisco Castañeda Coca, Atilano Pérez de Viñaspre, Calixto Crespo, Teodoro López, Manuel Puelles, Miguel Tamayo Amelibia, Teodoro Aguillo y Lucio Martínez. Sin embargo, la excesiva burocratización de los procedimientos sancionadores sólo permitió la finalización de 271 de los 734 expedientes abiertos en la provincia, quedando pendientes todos los seguidos contra vecinos de la capital comarcal de la Rioja Alavesa[133]. Así las cosas, todos los citados se vieron sujetos a la incautación provisoria del conjunto de sus bienes en tanto que no se dictara sentencia.

Algunos, con certeza, no tuvieron conocimiento inmediato de la apertura del procedimiento de requisa e intervención de sus bienes. Los socialistas Teodoro Aguillo y Lucio Martínez por encontrarse en territorio leal a la República y Manuel Puelles por estar huido en Francia, a salvo de compartir destino con su hermano Luis. Sí se encontraban localizables los demás, aunque no todos residían en el pueblo. Tras la puesta en libertad de Calixto Crespo, continuaban presos Atilano Pérez de Viñaspre y el que fuera gestor provincial Teodoro López Casado, único de los detenidos en las redadas de agosto de 1936 que medio año después permanecía encerrado en Vitoria a disposición del Delegado de Orden Público de turno. Merece la pena detenerse en el caso de este último porque ejemplifica bien tanto las diferentes prioridades punitivas existentes entre el conglomerado civil golpista y el Ejército de Franco como las diferentes fases de la represión política sostenida por aquél y dirigida por éste. La razón por la que Alfonso Sanz primero y Mario Torres después no le

---

[132] *BOE*, 11-I-1937.
[133] De hecho, sólo un tercio (noventa y uno) de los expedientes finalizados por la Comisión Provincial de Incautación de Bienes se resolvieron con la imposición de sanción, ninguno de ellos contra vecinos de la Rioja Alavesa.

habían liberado era una escueta denuncia por parte de los habituales en estas lides: Blas Landaluce, Lorenzo Varela, Honorato García, Ramón Montoya y Zacarías Anguiano. Afirmaban lo siguiente:

> Anarquista. Ha proferido amenazas constantes de quemar las Iglesias. El más destacado de la retirada del Sagrado Corazón de Jesús en el Ayuntamiento. Inmoral. Concejal y gestor. Se distinguió en la organización de mítines, donde se exponían ideas extremistas[134].

Como tantas otras veces, de cierto no había más que lo innegable, es decir, los cargos desempeñados durante la Segunda República. López Casado no era, ni mucho menos, anarquista ni tampoco formaba parte de la facción republicana abiertamente anticlerical, francamente minoritaria y sin muchos adeptos más allá de Julio Martín[135]. En octubre de 1937 el entonces delegado de Orden Público José María Sarachaga decidió abrir diligencias contra el que fuera militante republicano al objeto de que los denunciantes mantuviesen, ampliasen o retirasen las acusaciones, pero ninguno de ellos se retractó. Alguno, caso de Zacarías Anguiano, fue aún más contundente, asegurando que su paisano Teodoro «era también uno de los dirigentes de las masas en cuanto significaba odio a las gentes de orden y amenazador constante de incendios de iglesias». Los problemas para el procesado aumentaron cuando, como hicieron los maestros, pidió que depusiera Jenaro Quincoces para que negara todas las acusaciones vertidas contra él. Lejos de ayudarle, el testimonio del sacerdote le hundió:

> Preguntado: Si conoce al encartado Teodoro López Casado sabe su ideología política y actuación que ha tenido antes y después de iniciado el Movimiento Nacional. Contesta: Que conoce al encartado por ser vecino y feligrés de esta parroquia de Santa María. Que su ideología política según el parecer del declarante es izquierdista de siempre. Que cuando en el Ayuntamiento se inició la retirada del Sagrado Corazón de Jesús en el grupo escolar Víctor Tapia el encartado fue dada su ignorancia y manejado con facilidad por los dirigentes políticos cree el declarante que este fuese el motivo que se destacase para acordar la dicha retirada aunque en concreto no le consta. Que desempeñó el cargo de concejal del Ayuntamiento y gestor de la Diputación. Que desde hace años ha estado completamente apartado de la cuestión religiosa y que en libro matrícula del año 1932 que es la última que se hizo hay una nota que dice que no cumplió con Pascua por pereza y por política y que a decir del declarante que es el encartado izquierdista de siempre se refiere a los años de la República y algunos antes que la precedieron.

---

[134] AIMNO, Fondo Álava, Caja 22, Exp. 364.
[135] A lo largo de su vida adulta Teodoro López Casado fue miembro, sucesivamente, de las cofradías de Santa Lucía, de la Cruz y de San Juan.

Que a juicio del declarante el encartado es una completa nulidad, analfabeto y de escasísima inteligencia, pero por eso precisamente y por falta de voluntad ha venido siendo hace varios años instrumento dócil de los elementos revoltosos e izquierdistas que han dirigido la política del pueblo y del distrito, y que era poco amante del trabajo[136].

La instrucción del expediente se dio por finalizada en abril de 1938 y el comandante encargado de la misma consideró que, a pesar de lo contundente de las acusaciones y «teniendo en cuenta que el encartado tiene 56 años», el más «pronto y eficaz castigo» debía ser de carácter pecuniario «en consonancia con sus recursos económicos». Cuando abonara la multa, y sólo entonces, debería ser puesto en libertad vigilada[137]. Elevada la propuesta al auditor militar, éste se mantuvo de acuerdo por entender que «no aparecen cargos» que pudieran tener encaje dentro del delito de rebelión militar, bastando con una «sanción de su conducta». Finalmente, el general jefe ratificó las propuestas de sus compañeros castrenses e impuso «una sanción económica proporcionada a los medios de fortuna, que me expresará el juez en relación valorada, al objeto de hacer la cuantía de la misma».

De forma inmediata, el Juzgado Militar notificó el acuerdo tanto a Teodoro López como al Ayuntamiento de Laguardia, exhortando al alcalde para que «previos los asesoramientos que estime pertinentes, informe al Juzgado sobre la potencia económica del encartado», debiendo reclamar al registrador de la propiedad una certificación de los bienes inmuebles y derechos reales inscritos a favor del encartado con expresión de su valor. También, claro, las posibles hipotecas, censos y gravámenes, solicitando la información necesaria a bancos y cajas de ahorros. En paralelo, y sin tiempo que perder, el 11 de mayo de 1938 Teodoro López fue interrogado en la prisión habilitada de Murguía para conocer el importe de todos sus bienes. Preguntado por ello, respondió que poseía una viña, ninguna cantidad en metálico ni en cuentas corrientes y que «vivía de lo que sacaba de la viña, pues son sólo matrimonio sin hijos, y con eso les basta». ¿Y qué rentas anuales proporcionaba la materia prima del vino?, le preguntaron. «Varía según los años, y que le saca un beneficio aproximado de dos a cuatro mil pesetas al año». A estas ganancias habría que sumar las obtenidas por la taberna de su propiedad, que según Zacarías Anguiano era donde «se reunían todos los izquierdistas para tratar de política». Su única carga económica eran las entre ocho y diez pesetas que mensualmente abonaba en concepto de alquiler de su vivienda.

---

[136] AIMNO, Fondo Álava, Caja 22, Exp. 364.
[137] Archivo de Álava, Fondo Histórico Provincial, Nanclares, Caja 45, Exp. 952.

El 3 de junio, sólo veinte días después del interrogatorio, el nuevamente alcalde José Ugarte se reunió en el Ayuntamiento con Jenaro San Pedro Carrera y Julio Briones para tasar la veintena de fincas de las que era propietario Teodoro López y que, estimaron, poseían un valor de trece mil quinientas pesetas. Tras hacer llegar esta información al Juzgado Militar de Vitoria, se estimó como sanción proporcionada la de cinco mil pesetas, forzándole a conseguir de forma inmediata una liquidez de la que carecía. Pasadas unas semanas, y tras deshacerse de algunas propiedades por debajo del valor real de mercado (once mil pesetas), recobró la libertad, pero no de manera plena: debía abandonar Laguardia y escoger cualquier localidad situada a ciento cincuenta kilómetros o más. Esta pena accesoria conllevaba su desarraigo definitivo y, de forma indirecta, le obligaba a seguir malvendiendo para afrontar una nueva vida lejos de allí, concretamente en la localidad soriana de Almazán. Pero en aquella España de próximos vencedores y para siempre vencidos sólo había sitio para los primeros y el estigma de su pasado republicano, unido a su avanzada edad, le impidió encontrar empleo. En atención a todas estas circunstancias, y dado que en su localidad de origen nadie iba a hacer nada por él ni por su esposa, fue el propio delegado de Orden Público el que autorizó a Teodoro López a instalarse en Calahorra «debido a su situación precarísima»[138].

X.   LA REGULARIZACIÓN DEL SAQUEO

La imposición de sanciones económicas no motivadas en la formación de un expediente fue una constante durante toda la guerra civil. La cantidad, eso sí, solía ajustarse a la capacidad del multado para responder de su bolsillo. Por ejemplo, en 1938 Dionisio Armentia abonó diez pesetas en el cuartel de la Guardia Civil, pero el 7 de septiembre de ese mismo año Martín López Angulo tuvo que responder pos su pasado político pagando con una sanción muy superior: mil quinientas pesetas. En el caso de Dionisio «la multa fue impuesta por blasfemia», siendo un agravante sus ideas izquierdistas; en el de López Angulo «fue porque le denunciaron de que había hablado mal del Glorioso Movimiento Nacional, pero que a él le dijeron que había sido por pertenecer a las izquierdas»[139]. En otras ocasiones con el pago en metálico no llegaba y, al contrario de lo sucedido con Teodoro López, el dinero no compró la libertad, sino que la pérdida temporal de ésta sirvió para suplir la insolvencia económica.

---

[138] AIMNO, Fondo Álava, Caja 22, Exp. 364.
[139] AIMNO, Fondo Álava, Caja 85, Exp. 1.278.

Fue lo que le ocurrió a Pablo Manero y a Domingo Arbulu Almarza, a quienes los vecinos de derechas habían sorprendido profiriendo frases contrarias a los franquistas. Insolventes, el 17 de agosto de 1937 fueron detenidos, enviados a Vitoria y condenados a dos meses de arresto el primero y a quince días el segundo[140].

A comienzos de 1939, con la guerra ya decidida y su final muy próximo, el Gobierno franquista entendió que resultaba urgente promulgar una legislación ajustada a las necesidades punitivas del momento. Al contrario que en 1936 o incluso 1937, no se trataba tanto de aniquilar al enemigo como de sancionar su expulsión del cuerpo social o de hacerle pagar por los «pecados» cometidos, con la Iglesia ejerciendo una fuerte influencia en esta nueva concepción. El 9 de febrero del que pronto sería primer año triunfal veía la luz la Ley de Responsabilidades Políticas. El texto legal contemplaba hasta diecisiete causas distintas de responsabilidad, un amplio abanico que abarcaba desde la de haber sido condenado por la jurisdicción castrense hasta la simple militancia en partidos integrados en el Frente Popular. Para las conductas sancionables se preveían tres tipos de penas: restrictivas de la actividad (inhabilitación absoluta o especial para el desempeño de cargos públicos), limitativas de libertad (extrañamiento, confinamiento y destierro) y económicas (pérdida total de bienes, pago de una cantidad fija o pérdida de unos bienes en concreto). En Álava todas las sentencias condenatorias lo fueron al abono de cantidades económicas, quedando la inhabilitación como pena accesoria y decretándose en una única ocasión la pérdida total de bienes y en otra la pérdida de la nacionalidad española, también contemplada como posible sanción[141].

La Ley de Responsabilidades Políticas derogó lo anteriormente legislado sobre responsabilidades civiles en el Decreto de 10 de enero de 1937 y los expedientes aún sin finalizar por las comisiones provinciales —entre los cuales se encontraban los ocho abiertos contra vecinos de Laguardia— fueron heredados por el organismo encargado de instruir los contemplados por la ley de 9 de febrero de 1939: un Tribunal Regional con sede en Burgos. En el conjunto de la provincia de Álava fueron incoados entre más de mil expedientes de Responsabilidades Políticas, lo que significa que un 1,15% de la población fue procesada por su militancia política o

---

[140] Archivo de Álava, Fondo Histórico Provincial, Caja 31, Exp. 471 y Caja 36, Exp. 1.266.

[141] Un abanico de sanciones limitado si se compara con Ourense, donde se impuso el destierro a diecisiete vecinos, o con Mallorca, donde se dictaron seis penas de extrañamiento. PRADA RODRÍGUEZ, Julio: *De la agitación*, p. 314 y SANLLORENTE BARRAGÁN, Francisco: «La actuación del Tribunal de Responsabilidades Políticas en Baleares», en BERAMENDI GONZÁLEZ, Justo: *Memorias e identidades. VII Congreso de la Asociación de Historia Contemporánea*, USC, Santiago de Compostela, 2004 (cd-rom).

sindical anterior entre 1931 y 1936. Por lo que sabemos hasta la fecha y tomando como referencia las provincias estudiadas y las estimaciones respecto de aquellas sobre las que faltan trabajos específicos, se trata del territorio español más castigado en virtud de esta jurisdicción represiva[142]. Por comarcas, Ayala fue la más perjudicada tanto en el global de las sanciones impuestas como en el número de expedientes abiertos. La razón es sencilla: sólo allí las autoridades civiles y militares (Guardia Civil) remaron en la misma dirección para evitar el triunfo del golpe de Estado, permaneciendo en pie el edificio político republicano durante once meses más.

Comoquiera que la ley fijaba un objetivo exclusivamente confiscatorio, la Rioja Alavesa se presentaba como un espacio geográfico en el que resultaba complicado extraer beneficios de entre las rentas de los hombres y mujeres contrarios al golpe de Estado. En Elciego, Labastida, Laguardia y en todos los restantes municipios de menor tamaño demográfico no abundaba el perfil habitual del alavés perseguido por la Ley de Responsabilidades Políticas: de clase media, relativa solvencia y afiliado al PNV o a Izquierda Republicana. Muy al contrario, en Labastida predominaba el anarquismo y en Elciego, el socialismo. Allí, al igual que en Laguardia y que en el conjunto de la Rioja Alavesa, el nacionalismo vasco era poco menos que anecdótico. Sin embargo, nueve de los treinta y cuatro bastidanos expedientados habían militado en el PNV, mientras que en Elciego se incoaron tantos procesos a socialistas como a nacionalistas, siendo mayores las multas a estos últimos. Paradigmático es el caso de Lapuebla de Labarca, donde prácticamente ningún vecino fue privado de libertad ni tampoco hubo asesinatos, a pesar de su proximidad con Fuenmayor y de las holgadas mayorías políticas republicanas habidas en democracia. Allí, donde el reparto de la tierra era más equitativo y el número de agricultores doblaba al de Laguardia, dieciocho vecinos fueron expedientados y sólo tres de ellos recibieron sentencia absolutoria. Las sanciones impuestas oscilaron entre ciento cincuenta y diez mil pesetas, y los quince que las sufrieron tenían en común su militancia en Izquierda Republicana y ser hombres de bastante solvencia, es decir, respondían al perfil punible del conjunto de la provincia.

Considerando el tamaño demográfico de Laguardia, no fueron muchos los expedientes de Responsabilidades Políticas instruidos contra vecinos de la localidad: un total de diez. Como sólo Manuel Puelles carecía de bienes, se dio la paradoja de que acumulando los cargos más graves (el intento de asesinato de Salvador Briones) fuera uno de los dos vecinos

---

[142] ÁLVARO DUEÑAS, Manuel: *Por ministerio de la Ley y voluntad del caudillo. La Jurisdicción especial de Responsabilidades Políticas (1939-1945)*, Centro de Estudios Políticos y Constitucionales, Madrid, 2006.

de izquierdas absueltos[143]. El otro, Atilano Pérez de Viñaspre, también libró cualquier sanción por la misma causa; lo único que tenía era una deuda de cinco mil pesetas[144]. El tercero de los paisanos absueltos fue Aureliano Laorden, a quien «nadie del pueblo molestó» tras el golpe de Estado, salvo dos vecinos que vieron en su pasado nacionalista una magnífica oportunidad de medrar profesionalmente: Eutimio García y Jesús Fernández González, médico y farmacéutico titulado (no ejerciente), respectivamente. Fallecido en 1941, el cuerpo social tradicionalista acudió al rescate de su viuda, recordando los servicios prestados al «Glorioso Movimiento Nacional», es decir, los pagos en especie y los generosos donativos al Ejército realizados en 1936 y en 1937. A pesar de acumular un patrimonio superior a las trescientas mil pesetas de la época, Laorden fue absuelto[145]. A quien sí le costó dinero su militancia en el PNV fue a Emilio Jiménez, secretario del *batzoki* y cuyos bienes se estimaron en once mil pesetas. Las pruebas, informes y antecedentes sobre los que se apoyó el expediente demostrarían que el 18 de julio de 1936 seguía afiliado al Centro Vasco de la villa, en cuya sede «todos los domingos se izaba la bandera vasco-separatista y en las elecciones se aconsejaba votasen los socios a los candidatos nacionalistas». Emilio, por temor a represalias, «después del Glorioso Movimiento Nacional prestó servicios ciudadanos y de armas a favor del mismo», afiliándose además al Sindicato Vertical[146]. Idéntico castigo recibió Miguel Tamayo, practicante, y que en aquel momento desempeñaba su profesión muy lejos de su Laguardia natal, en Sabadell[147].

---

[143] Archivo de Álava, Fondo Histórico Provincial, Responsabilidades Políticas (Manuel Puelles Gredilla).

[144] Sus acreedores eran Ramón, hermano de Álvaro Gortázar Manso de Velasco, y Guillermo Elío Molinuevo. Archivo de Álava, Fondo Histórico Provincial, Responsabilidades Políticas (Atilano Pérez de Viñaspre San Pedro).

[145] Don Aureliano, como todos llamaban al médico, se afilió también a la Falange tras el decreto de unificación del 20 de abril de 1937. Según la Guardia Civil, era «cacique» advenedizo, razón por la cual duró poco en el partido único, siendo expulsado del mismo. AGA 51/20545; Archivo de Álava, Responsabilidades Políticas (Aureliano Laorden Besga).

[146] GIL BASTERRA, Iñaki: *Jurisdicción Especial y represión franquista en Álava (1936-1942). Documentación del Tribunal de Responsabilidades Políticas para Álava,* Servicio de Publicaciones del Gobierno Vasco, Vitoria, 2006, pp. 432-433.

[147] Su hermano Desiderio también estuvo sujeto a expediente, pero fue absuelto por no haber militado en ningún partido ni haberse opuesto al golpe de Estado. En cualquier caso, y aunque también había nacido en Laguardia, los cargos ideológicos que se le atribuyeron (simpatizar y votar a las izquierdas) no guardaban relación con su localidad natal sino con las localidades en las que vivió y se desempeñó profesionalmente, es decir, Aramayona primero y Ezcaray después. Archivo de Álava, Responsabilidades Políticas (Desiderio Tamayo Amelibia).

El resto de expedientes iniciados por la Comisión de Incautación de Bienes se resolvieron entre 1940 y 1941 con sanciones pecuniarias y pena accesoria de inhabilitación para cargos políticos o en organismos dependientes de entidades políticas por un período de entre ocho y quince años. A un total de mil pesetas de multa fueron condenados Calixto Crespo y Teodoro Aguillo, ambos con bienes valorados en cantidades que multiplicaban por diez las sanciones recibidas. Mucho peor era la situación de Teodoro López Casado, al que prácticamente sólo le quedaban las rentas de las viñas de las que tuvo que deshacerse. A la sanción de cinco mil pesetas en 1938 se sumaron las mil que le impuso tres años después el Tribunal de Responsabilidades Políticas. Más alta fue la multa recibida por Francisco Castañeda, miembro del Comité de Izquierda Republicana y de la Asociación Laica de Padres de Familia. Al poco de comenzar la guerra, Castañeda huyó y se mantuvo escondido durante los meses siguientes para evitar que sus ideas le pasaran factura[148]. Evitó así una posible detención y también algo peor. Tasados sus bienes y los de su esposa en unas veinte mil pesetas, fue condenado a abonar el 10% en concepto de responsabilidad política. No obstante, la sentencia más desproporcionada fue la recibida por Lucio Martínez Arandia. En marzo de 1941, cuando aquélla fue dictada, el que fuera militante del PSOE estaba pendiente de ser enjuiciado en consejo de guerra, como se verá más adelante. Sus bienes eran más bien escasos, con tres fincas cuyo líquido imponible no pasaba de las doscientas pesetas. Sin embargo, el Ayuntamiento de Laguardia informó al Tribunal de Responsabilidades Políticas de que en una hipotética subasta por la venta de las tierras del encartado podrían obtenerse hasta veinte mil pesetas. Se trataba de una simple especulación, pero fue suficiente para que el fallo obligara a Martínez Arandia al pago de la mitad de la tasación de sus bienes raíces[149].

La apertura de expedientes contra personas que ya habían sido asesinadas fue una constante en toda España. También lo fue la resolución de aquéllos con sentencias condenatorias, debiendo hacerse cargo de la multa los herederos. En lo que hace a Álava y por su proximidad con Laguardia, basta el ejemplo de lo sucedido en Labastida. Sólo uno de los nueve vecinos absueltos había militado antes en la CNT o participado en la insurrección libertaria de 1933[150]. Entre los sancionados, sin embargo,

---

[148] Testigo anónimo (Entrevista del 27-VI-2023).
[149] GIL BASTERRA (2006), p. 434.
[150] Sobre los sucesos de Labastida, cfr. DE PABLO CONTRERAS, Santiago: «La CNT y los sucesos revolucionarios de Labastida de 1933», *Kultura*, 8 (1985), pp. 105-116. Quizá el último episodio del ciclo insurreccional anarquista entre 1931 y 1933 haya sido el que menos atención historiográfica ha despertado. Sigue siendo de referencia el clási-

destacaban tanto los cenetistas que sobrevivieron a las matanzas del verano de 1936 como quienes no tuvieron opciones y fueron asesinados. Entre estos últimos, destacan los casos de Agapito Vadillo y José Rodríguez, condenados al pago de quinientas pesetas cada uno. Ocurrió lo mismo con simpatizantes o militantes de Izquierda Republicana bien posicionados económicamente y asesinados también en 1936, como Eloy Lanzos, condenado a la misma sanción que Vadillo y Rodríguez. La viuda de Nicolás Ortego, el último vecino de Labastida en ser muerto por vecinos carlistas (julio de 1938), tuvo que responder de una multa de trescientas pesetas, a pesar de que sus bienes estaban valorados en apenas setenta y ocho. Es por ello que el hecho de que la viuda e hijos de Serviliano Etcheverry fueran condenados a pagar dos mil pesetas cinco años después de que fuera paseado en Zambrana no tenga nada de particular, aunque sí son significativos y reveladores los antecedentes del expediente sancionador abierto al boticario[151].

Respecto de la gestión de la farmacia, el asesinato de Etcheverry había tenido una consecuencia inmediata: la desprofesionalización del servicio. En 1936 el establecimiento regentado por el dirigente de Izquierda Republicana era cabeza de lo que entonces se llamaban partidos farmacéuticos. El de Laguardia, además del municipio homónimo, estaba compuesto por Elvillar, Leza, Samaniego, Lanciego y Cripán. La atención en todos ellos dependía de la botica de Etcheverry, que pasó a estar regentada por su viuda, Julia Amelibia. Esta situación, del todo anómala, fue denunciada por quienes vieron en la tragedia una jugosa oportunidad económica. El 16 de diciembre de 1937 Juana Aguado y su marido Rafael Moreno Sáenz, farmacéuticos en Sancti-Spíritus (Salamanca), se dirigieron en sendas cartas al Ayuntamiento para lograr la titularidad vacante en la de Laguardia. El escrito de Juana es fiel reflejo tanto del momento como de la mentalidad de quienes ya comenzaban a acariciar el triunfo bélico:

> Muy señor mío:
> Enterada de que esta titular del Partido Farmacéutico está aún servida por la viuda del farmacéutico Serviliano, ruégole me diga con toda franqueza y caballerosidad si no podría adjudicarle la titular a un farmacéutico que cual mi esposo la solicitase, ya que es de los buenos españoles como puede demostrarlo desde antes y después de iniciarse nuestro Glorioso Movimiento Salvador de esta madre

---

co de CASANOVA RUIZ, Julián: *De la calle al frente. El anarcosindicalismo en España (1931-1936)*, Crítica, Barcelona, 1997 (reeditado en 2010). Más recientemente y desde una óptica local que de forma magistral disecciona lo acontecido para comprender las consecuencias inmediatas, GIL ANDRÉS, Carlos (2006).

[151] GIL BASTERRA (2006), pp. 431-432.

España a la que los hijos bastardos como él que en esa vivían querían ver en ruinas, pero que gracias a Dios y a nuestro Caudillo cuya vida guarde muchos años la Providencia para bien de nuestra Patria, no lo han conseguido.

Por el hijo del teniente de la Guardia Civil de este puesto, el que es falangista, me informé del fin justiciero que llevó ese farmacéutico y antes quise adquirir los datos que ahora me ocupa esta misiva, pero a mi esposo le nombraron por la Inspección de Sanidad de esta provincia para esta plaza que, aunque es de muy buenos ingresos, el clima le sienta muy mal por ser muy duro y como nosotros estamos acostumbrados por llevar muchos años por esa región de Álava es por lo que me he decidido a dirigirme a usted para que lo antes que le sea posible me indique aquello que deseo. Mi esposo tiene excelente hoja de servicios, méritos y conducta intachable en todos sentidos, siempre militó en el campo tradicionalista, hoy unido a las JONS, y en Vitoria tiene infinidad de personas solventes lo mismo en el campo profesional como en el religioso que puedan informar a usted sobre la personalidad de mi esposo, y en Valladolid el Coronel Jefe de los servicios sanitarios de la 7.ª División don Francisco Moreno Sáenz puede también darles los informes que desee de mi marido, pues ya sabe usted lo que hay, un profesional solvente escasea mucho, y es justo que las plazas oficiales se cubran con los buenos hijos de la madre Patria que se sacrifican para hacer de ella una España grande y libre.

En espera de sus gratas noticias y pidiéndole de antemano disculpa por esta molestia la que nunca le agradecerá bastante su afectísima[152].

Comoquiera que el Partido Farmacéutico seguía descabezado, Julia Amelibia trató de resolver el problema nombrando regente al boticario titulado Adolfo Escribano Alba, próximo a la familia. El Ayuntamiento, sin embargo, siguió acosando a la viuda de Etcheverry para forzarle a vender la farmacia y poder sacar a concurso la plaza de titular. Cuando en febrero 1939 Amelibia reclamó el pago de diversas cantidades en concepto de recetas de beneficencia y artículos suministrados para autopsias judiciales realizadas en los tres años anteriores, el alcalde ni siquiera contestó. El propio presidente de la Mancomunidad de Municipios de Álava consideró que se trataba de una «descortesía» que, por otra parte, «implica el reconocimiento de su deuda». Unos meses después, en noviembre de ese mismo año, llegó la venganza: la Comisaría General de Abastos y Transportes, previa intervención del Ayuntamiento, multó con doscientas cincuenta pesetas a Julia Amelibia por cobrar los medicamentos a precios abusivos. Se preguntaba el alcalde cómo «la situación económica de dicha señora no puede ser más desahogada por su hacienda y producto de dicha Farmacia», lo que justificaría toda medida de castigo por no ser justo que viviera bien la esposa del «jefe de Izquierda Republicana, de los más avanzados, por lo cual fue fusilado». Fue la gota que colmó el vaso: semanas después, la farmacia fue vendida por una

---

[152] AML, Partido Farmacéutico de Laguardia (documentación no inventariada).

cantidad asequible a Jesús López de Baró, titulado riojano. Éste, sin embargo, apenas fue un testaferro de Carlos Laorden, hijo de Don Aureliano, combatiente voluntario y, al contrario que su padre, carlista de toda la vida. De esta forma, tan legal como ilegítima, la farmacia de la que había sido titular Etcheverry entre 1905 y 1936 pasó a manos de un vencedor a cambio de una cifra inferior a la de su precio de mercado[153].

---

[153] *Ibid.*

CAPÍTULO III

LA GESTIÓN DE LA VICTORIA

I.   AQUELLOS HOMBRES GRISES

En agosto de 1936 la Diputación alavesa decidió subsidiar a las familias de los combatientes voluntarios de primera hora de cualquiera de las milicias: Requeté, Falange y Acción Popular (CEDA), además del Ejército. A mediados de ese mes hasta treinta padres, madres o esposas de tradicionalistas de Laguardia ya habían solicitado acogerse a esas ayudas, cuyo importe oscilaba entre una y cuatro pesetas diarias. En algunos casos las necesidades eran muchas. El hijo homónimo de Dionisio Ugarte Nájera se alistó junto con su hermana Hipólita, que se unió a las Margaritas para coser trajes y realizar otras labores auxiliares. El matrimonio que formaban aquél y Rosa Olano Moreno no mandó más vástagos al frente porque los otros cuatro tenían aún edad escolar. Cruz Mateo Anzar, hijo de Domingo y Julia, presidenta del PNV en 1933, entró en el Requeté con la veintena recién cumplida, dejando a sus padres con sus tres hermanos de corta edad. En peor situación aún había quedado Isabel Portilla González, madre del voluntario carlista Tomás Mateo. Viuda y con ocho hijos (el pequeño de tan sólo 7 años de edad), quedó al frente de las tierras de labor. La Junta de Guerra le otorgó la pensión máxima. No obstante, el subsidio dejaba de percibirse cuando el voluntario pasaba a forzoso (por movilización de su quinta) o volvía a su hogar, ya fuera herido o muerto. Fue lo que ocurrió con un viejo conocido, Cayo López «Tabiques». Pobres de solemnidad, sus padres habían recibido tres pesetas diarias, de las que se vieron privados inmediatamente después del fallecimiento de Cayo en combate. De manera excepcional, y gracias a la intervención del alcalde de Vitoria Rafael Santaolalla, la pensión quedó restablecida[1].

---

[1]   Archivo de Álava, Fondo del Territorio Histórico, DH 5395; 5396; 5397 y 5398.

En cualquier caso, no todos los solicitantes lograron la compensación económica que demandaban. Cada expediente constaba de un doble filtro: local y provincial. En primera instancia, era el sacerdote de la parroquia de cada feligrés el encargado de informar sobre los bienes y necesidades de cada combatiente voluntario. Por supuesto, tanto Severino Marauri como Jenaro Quincoces no dudaron en calificar como necesitados a quienes realmente lo eran y a quienes no tanto. Sin embargo, el criterio final sobre la concesión o no dependía de la Junta de Guerra que, apretada por las escasez de recursos, revisaba con el mayor detalle posible si procedía o no ayudar a la familia en cuestión, lo que motivó un aluvión de respuestas negativas. Cuando así ocurrió, el Ayuntamiento de Laguardia y los carlistas más influyentes de la localidad mediaron para que los afectados pudieran acceder al subsidio. En algunos casos, el alcalde, secretario o algún concejal llegaron a escribir las cartas de protesta de su puño y letra, debido al analfabetismo de los solicitantes. Estas muestras comunitaristas de solidaridad horizontal apenas encuentran parangón entre el más de medio millar de expedientes de voluntarios de toda la provincia, convirtiéndose en una de tantas muestras cotidianas de cómo los mismos que casi sin descanso trabajaron por arrancar de raíz el liberalismo o el republicanismo construyeron, de forma paralela, una comunidad de la victoria mucho antes de que ésta se certificara.

Las experiencias de socialización bélicas y prebélicas fortalecieron unos lazos que no sólo se cubrieron de sangre en el frente, sino también muy lejos de los escenarios de guerra. El 26 de agosto de 1936 Faustino Gorbea, Eulogio Pérez y Félix García «Chopo», este último de Laguardia, irrumpieron en el domicilio del taxista Ángel Elorza, residente en el barrio vitoriano de Judizmendi y que en ese momento cenaba con su esposa María Gamito y sus hijos. Al oír los gritos, el vecino José Arteaga les recriminó: «No tenéis ningún derecho a llevároslo». Pero «Chopo», que pasaba por ser el menos escrupuloso y el más violento del grupo, no se quedó callado. «Ahora vas a venir tú también con nosotros», le contestó a José Arteaga. Muy enfadada, la esposa de Arteaga y paisana de Félix García le recriminó su actitud, consiguiendo que su marido quedara vivo, pero sólo él: esa noche fue la última en la vida de Ángel Elorza, cuyo cadáver apareció días después en Gamarra Mayor. De los sicarios poco más se supo. No consta que ningún Eulogio Pérez combatiera en el Ejército o en alguna milicia voluntaria durante la guerra civil, y del laguardiense «Chopo» sólo existe la certeza de que su alistamiento no se produjo en su localidad de origen. Más información disponemos sobre Faustino Gorbea, un comercial vitoriano de 23 años que entró en el Ejército el 13 de agosto de 1936, pero que no marchó al frente hasta casi dos años después. Durante ese tiempo prestó servicios diversos en su coche particular, algunos del mismo carácter del realizado en la aciaga noche en la que Ángel Elorza «desapareció». Aquel crimen no fue ordenado por Alfonso Sanz, quien se limitó a autorizar decenas de detenciones en su recién estrenado cargo de delegado de Orden Público. Ahora bien, los pistoleros sí contaron primero con la anuencia de Sanz y más tarde con su protección. Muy probablemente aquél fue el primer asesinato cometido por «Chopo» y sus compañeros de correrías, pero no el último. Fuera como fuere, los tres requetés que mataron a Elorza quedaron unidos para siempre por la misma relación de sangre que los responsables de los crímenes que ya entonces se habían cometido en Laguardia[2].

Los voluntarios carlistas que marcharon al frente y aquellos que lo hicieron más tarde o que jamás tuvieron que enfrentarse al enemigo, tenían una identidad y ésa es precisamente una de las grandes trabas con las que se encuentra cualquier investigación de índole local: ponerle nombre a los responsables directos e indirectos. No nos referimos a los eternos debates conceptuales que (casi) nunca trascienden lo académico, sino a la necesidad de atender tanto las circunstancias del sujeto paciente (las víctimas) como a las que rodeaban al sujeto agente (los victimarios). En Alemania las obras de Goldhagen (*Los verdugos voluntarios de Hitler*) y Browning (*Aquellos hombres grises*) suscitaron fuerte controversia intelectual (también entre ambos autores) respecto del papel de los alemanes corrientes en la Solución Final[3]. En España, sin embargo, siguen siendo escasos los trabajos que ponen el acento en los responsables o que, al menos, no los obvian ni los reducen a conjuntos indefinidos («el Ejército», «los caciques», «la Banca», etc.). Hace menos de una década de la publicación del trabajo de Fernando Mikeralena sobre los crímenes cometidos en Navarra en julio de 1936 y en los meses siguientes[4]. La obra, que indaga en la red de perpetradores navarros, se convirtió en polémica después de que el nieto de uno de los victimarios se querellara contra el autor al objeto de evitar que la reputación de su abuelo resultara dañada. Lo cierto es que, como el propio historiador navarro afirmaba en las primeras páginas de su libro, los hijos, los nietos o, ya a estas alturas, bisnietos de los vencedores (y de los vencidos) no tienen que ser ni sentirse herederos ideológicos de su pasado, y mucho menos responsables del

---

[2] AIMNO, Fondo Álava, Caja 15, Exp. 237; Archivo General Militar de Guadalajara (AGMG), ZOR/Álava (1933, L.2).

[3] El éxito de ambas obras dio lugar a su traducción a un buen número de idiomas, pero también de ediciones y reediciones. Las versiones originales, en BROWNING, Christopher: *Ordinary Men: Reserve Police Battalion 101 and The Final Solution in Poland*, 1992, y GOLDHAGEN, Daniel: *Hitler's willing executioners. Ordinary germans and the Holocaust*, 1996.

[4] MIKALARENA PEÑA (2015).

mismo. Más allá del apunte o reproche amarillista, carece de sentido llevar el presente hasta el pasado (o acercar éste a aquél) para sugerir continuidades. Desde luego, no fue eso ni lo que hizo Mikelarena ni cualquier otro investigador de la guerra civil. Huelga decir que este trabajo tampoco es la excepción[5].

Esa comunidad de la victoria, a la que aquí se pone nombres y apellidos evitando omisiones o el empleo de ridículas iniciales, se forjó, por supuesto, en el fervor patriótico de quienes creyeron que conquistarían Madrid en dos o tres días. Cuesta asumirlo desde el presente, pero la práctica totalidad de los requetés y algunos de los falangistas de Laguardia marcharon al frente de manera absolutamente voluntaria[6]. Muchos murieron en los campos de batalla, pero las balas que atravesaron sus cuerpos o las bombas que les alcanzaron mortalmente bien pudieron haberlo hecho sobre el cuerpo de los enemigos: en las trincheras se combate de frente y ambos contendientes están armados por igual. Todavía hoy parece necesario recalcar, cuando se invocan «todas las víctimas», que no es lo mismo ser asesinado en la retaguardia o sacado de una prisión al anochecer que haber perdido la vida en Villarreal, Guadalajara o Somosierra. Menos aún cuando el soldado caído marchó al frente sin más obligaciones que las autoimpuestas por razones ideológicas o de fe[7].

Otro de los lugares comunes en la historiografía sobre la represión franquista es que el Ejército, o los miembros de esta institución que se levantaron contra la República, coordinaron y dirigieron la violencia desde prácticamente el primer día[8]. Siendo así, los paisanos del bloque reaccionario apenas desempeñaron un papel subordinado, oscilando sus actitu-

---

[5] La polémica que suscitó el contenido de esta obra puede seguirse en *Noticias de Navarra*, 18-II-2021 (y en días sucesivos).

[6] Trabajos más recientes han recuperado la tesis según la cual en el bando golpista primó el alistamiento forzoso de hombres en absoluto comprometidos con las tesis contrarrevolucionarias. Al respecto, LEIRA CASTIÑEIRA, Francisco Jorge: *Soldados de Franco. Reclutamiento forzoso, experiencia de guerra y desmovilización militar*, Siglo XXI, Madrid, 2020.

[7] En este sentido, no deja de sorprender que en trabajos muy recientes sobre la represión y la violencia política desatada tras la sublevación del 36 aparezcan como víctimas soldados de reemplazo caídos en combate o incluso voluntarios carlistas y falangistas, presuponiendo coacción generalizada en su alistamiento. Una obra reciente en la que voluntarios golpistas fallecidos en combate y asesinados en la retaguardia por los compañeros de aquéllos aparecen mezclados como si sus circunstancias fueran análogas, es la de PESCADOR MEDRANO, Aitor: *Castejón, 1931-1945. Historia, represión y conculcación de derechos humanos*, Pamiela, Pamplona, 2023.

[8] GÓMEZ BRAVO, Gutmaro y MARCO CARRETERO, Jorge: *La obra del miedo. Violencia y sociedad en la España franquista. 1936-1950*, Ediciones Península, Barcelona, 2011.

des entre la adhesión más o menos expresa y la aceptación implícita, cuando no la más absoluta pasividad. De esta forma, el régimen de Franco se habría construido más sobre el sometimiento y el miedo que sobre un consenso bastante elevado, toda vez que los *rojos* habían pagado con su vida, su libertad, su hacienda o su silencio. Una de las mayores virtudes de los trabajos *micro* es precisamente conocer qué hay de cierto en todo ello. En las páginas precedentes se ha visto cómo el papel de la encarnación armada del Estado en las zonas rurales, esto es, de la Guardia Civil, fue secundario y estuvo siempre si no sometido, sí al menos subordinado a los deseos de venganza y revancha del bloque carlista. En un primer momento sucedió así porque no hubo guardias civiles en retaguardia durante los tres meses en los que se concentraron los asesinatos y se produjeron la mayoría de redadas y detenciones. Es más, la primera víctima mortal por razones políticas en una localidad como Laguardia fue un agente de la Benemérita que previamente había matado, tal vez por las mismas causas[9].

Una demostración más de que la Guardia Civil fue siempre por detrás del poder civil y del religioso son los sucesos de marzo de 1939, apenas unas semanas antes de que el Ejército Rojo cayera cautivo y desarmado. El día 4 de ese mes el soldado del Regimiento San Marcial y voluntario falangista Teodoro Angulo López, de permiso en el pueblo por encontrarse convaleciente de heridas de guerra, fue agredido por Vicente Arbulu Aguillo, sargento del Tercio carlista Virgen Blanca, Nicolás Argómaniz

[9] Es difícil, casi imposible, encontrar literatura que juzgue con rigor el papel de los *rojos* de la Guardia Civil durante la contienda bélica, principalmente en el País Vasco y Navarra. Un ejemplo lo encontramos en la toma de Beasain por los «nacionales», llevada a cabo el 27 de julio de 1936. Este episodio, calificado por los especialistas como uno de los «más negros de la Guerra Civil en Guipúzcoa», se cobró la vida de treinta y cinco vecinos, entre ellos la de los agentes de la Benemérita —vascos en todos los apellidos— que resistieron el empuje armado de los militares golpistas navarros. Sin embargo, en un trabajo reciente sobre la guerra civil y la represión en Beasain, esta circunstancia se despacha en apenas cuatro líneas. Llama la atención también que en el homenaje anual que el pueblo dispensa a las víctimas mortales de la masacre, se omitan las profesiones de las mismas. Contrasta todo ello con lo que sucede, sin movernos de la provincia, cuando se rememora el asesinato de sacerdotes en el entorno de Hernani en el otoño de 1936. Cfr. BARRUSO BARÉS, Pedro: *Verano y revolución. La guerra civil en Guipúzcoa*, RB, San Sebastián, 1996; KORTAZAR BILLALABEITIA, Jon: *Beasain. Oroimen Historikoa*, Aranzadi, San Sebastián, 2018; AIZPURU MURUA, Mikel: *El otoño de 1936 en Guipúzcoa. Los fusilamientos de Hernani*, Alberdania, San Sebastián, 2007. Un trabajo ya clásico es el de CERVERO CARRILLO, José Luis: *Los rojos de la Guardia Civil. Su lealtad a la República les costó la vida*, La Esfera de los Libros, Madrid, 2006. Una obra más reciente en la que se emite un juicio riguroso sobre la actuación del cuerpo armado en 1936 es la de RUIZ LLANO, Germán: *Militares y guerra civil en el País Vasco. Leales, sublevados y geográficos*, Beta III Milenio, Bilbao, 2019.

Grijalba, de la misma unidad que Arbulu, Ángel García Fernández, soldado de Artillería, Eusebio Anguiano Pipaón, cabo del séptimo Batallón
Arapiles, y Martín Antón Sáez, que en 1936 se había presentado como
voluntario del Requeté nada más tener noticias del golpe. Los agresores
habían estado esperando la llegada de Angulo a su domicilio, algo a lo
que éste no dio mayor importancia por estar acostumbrado a ser insul-
tado cada vez que volvía al pueblo. Esta vez, sin embargo, los carlistas
optaron por la vía de los hechos y, sin mediar palabra, Anguiano propinó
un garrotazo a Angulo, empezando el soldado falangista a correr campo
a través. Horas después consiguió regresar a su domicilio, pero pronto
fue localizado: «Baja o te vamos a sacar de la cama, que hoy te hemos de
matar», le amenazaron mientras rompían a pedradas los cristales. Esa
misma noche, los cinco requetés fueron a por otro izquierdista refugiado
en Falange: Luis Serrano López. Apuntándole con una pistola, Vicente
Arbulu le dejó claro que las balas estaban ahí para «levantarte la tapa de
los sesos».

Ni Angulo ni Serrano denunciaron los hechos por temor a represalias,
no de la Guardia Civil, sino de quienes manejaban en la sombra a los
agresores y «armaban todos los jaleos»: el concejal Ángel López, Domingo
«El Paganés» y Julio «Mingarra». Agredidos, agresores e instigadores
coincidieron tres días después en una bodega. También estaban allí el
carlista Paciente García Coca y su hijo, apenas un preadolescente al que
acompañaban varios pelayos de su edad[10]. Al final de la barra divisaron
a Angulo y Serrano, a quienes acompañaban sus amigos Teófilo Fernández Puente y Sabino Ugarte Serrano. La igualdad numérica entre ambos
grupos la deshizo Paciente García al llamar a Ángel López, que entró al
establecimiento gritando «a matar a estos canallas que si lo hubiéramos
hecho antes no tendríamos ahora que ir detrás de ellos». No era el mejor
momento para ir a por armas. «Paciente, viene la Guardia Civil», dijo
alguien. «Que vengan, aquí no manda nadie más que nosotros», respondió desafiante. En ese momento, a «Mingarra» le entró miedo y «para no
figurar» le dio su arma a Eusebio Anguiano. Los falangistas de nuevo
cuño que estaban a punto de ganar una guerra en la que las ideas de sus
padres republicanos terminarían derrotadas a balazos, huyeron en dirección al cuartel de la Benemérita. La persecución emprendida por los carlistas terminó cuando los agentes salieron en busca de éstos.

La cosa no quedó ahí. Indignado, minutos más tarde Ángel López fue
al cuartel y preguntó al agente Doroteo Gámiz por qué protegía a «individuos considerados rojos», en referencia a la cuadrilla de Teodoro Angulo
y Luis Serrano. A las protestas se sumaron «el Paganés» y «Mingarra»,

---

[10] Milicia juvenil del Requeté.

siendo necesario que el corneta de la Guardia Civil Prudencio Fernández de Arróyabe silenciara a los tres con un disparo al aire[11]. Lo cierto es que Fausto Albo estaba ya harto del tradicionalismo local en general y de quienes se creían dueños de la calle en particular. Lo mismo daban vivas al rey carlista delante de los agentes que espoleaban a requetés de permiso. Habían llegado incluso a utilizar a pelayos, caso de los hijos del sereno Aquilino Bezares o el mayor «de otro sereno que es medio tonto», amén de margaritas que no agredían, pero insultaban y aplaudían. Y estaba cansado también de tener que darle la razón a Paciente García: tal vez fuera cierto que allí no había más autoridad que la que establecían los carlistas más violentos, los mismos que el 9 de marzo habían matado todas las gallinas que el guardia Gámiz tenía en un cobertizo. Un escarmiento y, a la vez, un serio aviso. Bien es verdad, aseguraba Albo, que «no debe conceptuarse a todos los pelayos y requetés lo mismo» porque algunos sí serían «buenos y respectuosos [sic]», pero la mayoría creía que quien «no lleve boina roja es rojo» y que 1939 seguía siendo 1936. Los hechos relatados eran de innegable gravedad, pero el juez militar que instruyó la causa abierta a los requetés se puso de su lado y no del de los agentes de la Benemérita, archivando las actuaciones judiciales sin ni siquiera amonestar a los carlistas. Lo ocurrido evidenció también que quienes se sentían ganadores no iban a dejar correr nunca el pasado y que el triunfo militar les pertenecía a ellos y no a los advenedizos de última hora[12].

¿Quiénes eran esos vencedores? A lo largo y ancho de estas páginas han desfilado, nunca mejor dicho, decenas de nombres de personas que podían reclamarse triunfantes. Así lo hicieron, de hecho. Obviamente, en lo que hace al empleo de la violencia como arma política no todo el carlismo reaccionó de la misma manera. Tantos las fuentes orales como la documentación consultada dan cuenta de ciertas disensiones al respecto de este asunto. Ejemplo de ello puede ser el de Jerónimo de Marcos, uno de los tradicionalistas más significados y que ocupó el puesto de concejal tanto en la Segunda República como en el franquismo. Dos de sus hijos, Juan y Vicente, marcharon al frente: el primero, tan pronto como el 19 de julio de 1936 y el segundo tres meses después, terminada ya la faena en el campo. Aquel apellido tan ligado al carlismo local no tuvo,

---

[11] Preguntado por el origen de los desencuentros con los requetés, Fernández de Arróyabe contestó que se debían a la oposición de la fuerza armada a sus continuos desmanes, considerando también como tal la amenaza que sufrieron él y otro agente de ser acusados de reunión clandestina por estar tomando limonada en un bar del pueblo a altas horas de la noche. AIMNO, Fondo Álava, Caja 2, Exp. 22.

[12] Los incidentes de marzo de 1939 en AIMNO, Fondo Álava, Caja 2, Exp. 22; Archivo General Militar de Ávila (AGMAV), Caja 2.912, carpeta 56.

sin embargo, ninguna relación con los hechos que aquí se relatan. Es más, en una de las entrevistas que han servido como soporte documental de este trabajo se menciona de forma espontánea a los De Marcos como ejemplo de que los crímenes, las depuraciones profesionales, los cortes de pelo a mujeres, las sanciones económicas o las penas de cárcel pudieron haberse evitado[13]. Como en Oyón, sin ir demasiado lejos.

No obstante lo anterior, las rupturas sociales o las fricciones vecinales siempre fueron un factor determinante a la hora de explicar el grado de violencia, particularmente los crímenes y encarcelamientos. Si atendemos a los resultados electorales, a Laguardia le deberían haber correspondido menores cifras cruentas. Así sería si se toman aquéllos sin más filtro, obviando la complejidad que opera en pequeños espacios de convivencia. En este punto, bien puede compararse la amplísima mayoría conservadora de la villa con las no menos importantes victorias de la izquierda en Lapuebla de Labarca, ya mencionadas anteriormente. ¿Qué pasó durante la República en esta última localidad, una de las primeras en izar la bandera tricolor en Álava? En el verano de 1932 se produjo, por vez primera vez en el pueblo, un incidente entre paisanos que trascendió lo cotidiano y se convirtió en excepcional por su dimensión política. El 24 de agosto se celebraba en la villa la festividad de San Bartolomé, amenizada por los acordes del Himno de Riego interpretado por la Banda municipal. Al paso de los músicos por el domicilio de Abdón Muro, un militante carlista del pueblo, éste se sintió molesto con los acordes republicanos y pretendió acallar a los intérpretes y ridiculizar a su vez el himno nacional percutiendo con un palo un cajón de madera. No hubo agresión a los músicos ni palabras malsonantes, ni siquiera un reproche entre ambos, pero fue suficiente como para que el concejal republicano Víctor Garrido se presentara indignado ante Muro para pedirle que no perturbase el orden y se retirara a su domicilio. Abdón Muro, lejos de sentirse obligado a acatar las órdenes del edil, golpeó con su improvisado instrumento musical a aquél, acudiendo en auxilio del maltrecho gobernante local Benigno Manero, Raimundo Garrido, Galo Fuertes, Gabriel Gómez de Segura y Víctor Espada. El combate fue igualado en armas puesto que éstos acudieron con palos, pero, evidentemente, muy poco equilibrado en número: los cinco vecinos dejaron tan lastimado a Muro como éste había dejado a Víctor Garrido, necesitando ambos dos y cinco semanas de recuperación, respectivamente.

En los dos años que siguieron al incidente del verano de 1932 la lucha partidista comenzó a introducir nuevos elementos de división propios de la coyuntura política. Así, en una reunión del Círculo Republicano de

---

[13] Testimonio de Concha Díaz de Greñu Martelo (1-IV-2017).

la localidad celebrada poco después de las elecciones municipales de 1933 se decidió mostrar solidaridad con los vecinos que habían sufrido «represalias de la derecha», sin que conste en qué consistieron éstas; tal vez coacciones electorales. Si así fue, una nueva muestra de irregularidad democrática, sí, pero en un contexto en el que resulta poco menos que un hecho anecdótico si se recuerda que, ese mismo año y tras las elecciones a Cortes de noviembre, se produjo un nuevo intento insurreccional de la CNT que, triunfante en pocos lugares y de forma efímera, se cobró nuevas víctimas, entre ellas el guardia civil de Labastida Pedro Garrido. Esta localidad, sin embargo, se encontraba tan cerca geográficamente como lejos, muy lejos, de Lapuebla de Labarca en aspectos decisivos como el clima social. Más acusado aún es el contraste con Fuenmayor, donde sí abundaban los anarquistas. Lo cierto es que en 1933 y en los años posteriores, en el pueblo se continuaba debatiendo sobre mojones, heredades y recolección de la uva, quizás «cosas de aldeanos» para un observador de la urbe, pero, desde el prisma de una comunidad agrícola, alta y decisiva política en una comunidad dependiente de las faenas agrícolas, de su condicionamiento climático y de la introducción de mejoras técnicas que aumentasen la productividad.

Fue en noviembre de 1934 cuando los sucesos ocurridos dos años antes llegaron a los tribunales. Se sentaron en el banquillo Abdón Muro y los cinco paisanos intervinientes en la reyerta. Presente en el juicio se encontraba también Víctor Garrido, elegido alcalde en las urnas un año antes y cesado en los despachos —por mor del conflicto de los ayuntamientos vascos— meses antes de la vista judicial por el gobernador civil en medio de un ambiente de claro enfrentamiento entre los republicanos de Lerroux y los de izquierdas, mayoritarios entre los republicanos de Lapuebla de Labarca y del resto de Álava. Eran ya tiempos de división, de enfrentamiento, de crispación. El juicio por los hechos se celebró el 28 de noviembre de 1934 con Guillermo Elío como defensor de Abdón Muro y Gabriel Martínez de Aragón en calidad de letrado de los otros cinco inculpados. Elío, naturalmente, negó que las lesiones que sufrió Víctor Garrido fueran causadas por su patrocinado. Al contrario, acaso, se preguntaba, «¿no es verosímil […] que podría [sic] ser que Víctor Garrido pudiera ser agredido por sus mismos amigos al ir estos a pegar a Muro y al encontrarse el primero entre Muro y sus amigos?». Porque, prosiguió, «la realidad nos dice que hubo dos bandos y dos hombres heridos en la riña, que en ella hubo la natural confusión y tumulto, y que por ello con la mano puesta en la conciencia, no se puede decir quién fuera el autor de las heridas ocasionadas a ambos». Por su parte, Martínez de Aragón, un tanto desconcertado, terminó su intervención pidiendo la libre absolución de sus defendidos y, sin realizar ningún tipo de alegato que enfrentar al de su colega, concluyó antes de que finalizara la vista que era necesario remontarse:

> [...] a los orígenes del suceso y desentrañar las pasiones que los originaron; pasiones que no son de política de ideales sino a lo sumo de esa política local que existe en los pueblos, política de división, de dos bailes, de dos bandos [...]

No sabemos qué sentencia se dictó finalmente, pero de lo que no cabe duda es de que Gabriel Martínez de Aragón apuntaba en la dirección precisa: aquel enfrentamiento más que puramente ideológico, fue una riña entre paisanos adscritos a bandos vecinales que la política moldeó, pero no creó; existían antes de 1931. Ésa es la gran diferencia con Laguardia, donde los camorristas del Círculo Tradicionalista defendieron desde mayo de 1931 el que consideraban su espacio natural y donde la violencia no obedecía a «pasiones pueblerinas», o no al menos de la misma manera. Al contrario que en Lapuebla de Labarca, la democracia y la universalización del cuerpo electoral hicieron aflorar las diferencias que anteriormente apenas estaban en un estado latente. Esto no significa que los asesinatos fueran inevitables o que el nivel de represión fuera proporcionado, pero sí explica las notables diferencias o el hecho de que el sangriento verano de 1936 en Fuenmayor no traspasara el norte de sus fronteras[14].

Con la intención de saber quiénes fueron los perpetradores y qué lógicas sostuvieron la violencia, en este libro las peleas y trifulcas de origen político habidas entre 1931 y 1936 ocupan tanto espacio como la documentación disponible lo ha permitido. Provocadas casi siempre por carlistas, todos los procesados por su participación en los altercados se alistaron voluntariamente tan pronto circularon las primeras noticias del levantamiento militar. Otros, así lo narró en primera persona Jenaro San Pedro Martínez, no marcharon al frente hasta pasadas varias semanas, cumpliendo en ese tiempo labores parapoliciales como las de búsqueda y detención de izquierdistas huidos. Su testimonio y el de otros requetés citados como declarantes en informaciones gubernativas o en consejos de guerra coincidían en remarcar la absoluta independencia con la que operaron en el verano de 1936. Lo corroboran las fuentes orales, ninguna de las cuales apunta a la participación del estamento militar. No sólo eso, sino que los propios entrevistados confirman que la represión se ejecutó desde abajo, sin necesidad de dirección ni estímulo por parte de autoridades civiles supramunicipales.

---

[14] Un extenso relato sobre los incidentes habidos en Lapuebla de Labarca y su caracterización, en GÓMEZ CALVO (2014), pp. 58-65, 268-277 y 314-318.

II.   LOS CAMORRISTAS Y SUS PATROCINADORES

Otro de los lugares comunes en la historiografía sobre la violencia política en la retaguardia franquista tiene que ver con el papel desempeñado por el «cacique», entendiendo esta figura no tanto como la del protector tradicional —Víctor Tapia, en el caso de Laguardia—, sino como el del hombre poderoso que hacía y deshacía en las sombras, manejando cual títeres a pobres ignorantes engañados. Los conflictos acaecidos entre 1931 y 1936 no guardaban relación alguna con la profundización de la brecha socieconómica que generaba la proletarización de pequeños agricultores empleados en Bodegas Palacio o en grandes extensiones vitivinícolas. En este punto, conviene detenerse en los perfiles de los vecinos que estuvieron implicados reiteradamente en denuncias, delaciones y Juntas de investigación, e incluso en algunos crímenes como el de Nicolás Santamaría.

Es el caso de Salvador Briones, Honorato García, José Ugarte, Julio Martelo y Domingo Viñegra. Ninguno de aquellos apellidos destacaba entre los grandes contribuyentes fiscales del municipio, dedicándose a la explotación de fincas propias y ajenas. Quizás el más humilde de todos ellos era Honorato, que laboraba donde podía para completar los ingresos que le reportaba su condición de sacristán de Jenaro Quincoces[15]. Tampoco pertenecían a las generaciones más jóvenes del pueblo; de hecho, sólo Salvador Briones contaba con menos de treinta años en 1936. No se trataba por tanto de mocetones sin conocimiento que se liaron la manta a la cabeza en un contexto nacional (y europeo) de brutalización de la política. Muy al contrario, todos eran plenamente conscientes de lo que hacían y no soltaron el pie del acelerador de la violencia ni siquiera en contextos más relajados como el de la posguerra, tiempo en el que siguieron participando con entusiasmo en los procesos de delación y purga ideológica.

---

[15] A su modestia económica, Honorato García unía un carácter tosco y bastante primario. Una de las personas entrevistadas relata una anécdota reveladora. Pocas semanas después de su nombramiento como alcalde, en 1943, «estuvo en el pueblo Jesús Viana, que los Viana tenían muchas fincas, de toda la vida. Bueno, pues en presencia de todos coge Viana y le suelta a Honorato: ¡hombre, si te han hecho alcalde! Ni tú podías llegar a más ni Laguardia a menos. Y Honorato ahí, ¡jajaja!, riéndose». Testigo anónimo (27-VI-2023). Según Antonio Mijangos (5-VI-2023), después de la guerra su padre (Aniceto Mijangos, concejal carlista) y otros tradicionalistas «que podríamos llamar civilizados», se desvincularon de quienes querían seguir ajustando cuentas con los republicanos, caso de «el *Gollete* y el Honorato, el alcalde. Mi padre solía decir sí, soy amigo, pero no quiero tratos con ellos. Esto (la violencia y su perpetuación) no es lo que queremos».

Los días 18, 19 y 20 de julio se celebraba en la España «liberada» el segundo aniversario del golpe de Estado. En algunas localidades de la Rioja Alavesa la algarabía no podía ser mayor. Fue el caso de Labastida, donde los requetés del pueblo, en guardia permanente a la caza de los anarquistas desaparecidos dos años antes, celebraban el descubrimiento del principal escondite de los topos, así como la muerte de León y Nicanor Quintana por sendas enfermedades contraídas o agravadas en la fuga monte a través. La tierra no se tragó a nadie en Laguardia, pero la Falange fue un refugio bastante socorrido para quienes tenían motivos para el miedo. Los incidentes relatados de septiembre de 1936 y marzo de 1939 marcaron el principio y el final dentro de una escalada que no cesó en los años centrales de la guerra y que estuvo jalonada por todo tipo de episodios similares. Valga como ejemplo lo sucedido el 8 de diciembre de 1937 cuando el jefe de las Milicias falangistas, Luis Carlos Albo Llamosas, se negó a que sus camaradas desfilaran junto a los pelayos[16]. Domingo Viñegra fue uno de los primeros carlistas en recriminarle su actitud, pero Albo no se arredró y a los pocos días y en compañía de otros cuatro falangistas —entre ellos un hijo del guardia Doroteo Gámiz— hizo mofa del viejo lema tradicionalista pintando en las paredes del frontón «Por Dios y la pata de un buey». La escalada de enfrentamientos prosiguió con la colocación de banderas rojinegras en el cuartel de la Guardia Civil y en la Cárcel, hecho denunciado por los requetés y que terminó en un enfrentamiento personal entre Luis Carlos Albo y Honorato García[17].

La batalla que libraban los hijos de los guardias civiles y el resto de falangistas de Laguardia era, sin embargo, meramente cultural y simbólica. Tal vez por sentirse minoría, su dialéctica nunca pasó ni a los puños ni a las pistolas. Distinto fue el caso de la cuadrilla de «agitadores y provocadores» que lideraban Salvador Briones, Julio Martelo «Mingarra» y Domingo Viñegra «el Paganés». A veces los tres solos y otras acompaña-

---

[16] Hijo del Teniente Fausto Albo Elorza, la familia emigró en la posguerra a Basauri, localidad de la que Fausto fue alcalde durante casi veinte años. El 9 de junio de 1976 Luis Carlos, a la sazón jefe local del Movimiento Nacional, fue asesinado por ETA cuando se dirigía al Instituto de Enseñanza Media de Basauri en el que se desempeñaba como profesor. Casi cuarenta años antes, el 25 de junio de 1937, su tío paterno Salvador Albo Elorza, brigada de la Guardia Civil y leal a la República, se había convertido en el primer miembro de la familia asesinado por causas políticas después de que milicianos anarquistas segaran en Castro Urdiales su vida y la de otros ocho agentes de la Benemérita considerados de adscripción dudosa. Trataban así de evitar que pudieran unirse a las tropas de Franco. PÉREZ PÉREZ, José Antonio: *Historia y memoria del terrorismo en el País Vasco (1968-1981)*, Confluencias, Madrid, 2021, pp. 249 ss.

[17] Los incidentes (y los entrecomillados) que se relatan en ésta y en las siguientes páginas, en AIMNO, Fondo Álava, Caja 33, Exp. 584.

dos de pelayos de corta edad a los que manejaban a su antojo, resultaba habitual encontrárselos en todos los bares y tabernas agotando las reservas de vino antes de insultar y zarandear a cualquier vecino conceptuado como rojo. No obstante, los momentos más propicios para sus exhibiciones de fuerza solían coincidir con la entrada de las tropas franquistas en ciudades hasta ese momento leales a la República. El 18 de julio de 1938 el sino de la guerra ya estaba claramente teñido en azul y ni las autoridades locales ahorraron en fastos ni los camorristas mencionados en la creación de disturbios con la fiesta como coartada.

Según el atestado instruido en los días posteriores, a las 20:00 horas de aquel 18 de julio Salvador Briones y sus comparsas Martelo y Viñegra «empezaron a cometer desmanes dando por las calles gritos de vivas y mueras y cantando canciones por ellos improvisadas, llegando a obligar a retirarse a la cama a varios vecinos que en nada molestaban, cacheando por su cuenta a otro y empleando en estos hechos frases que de una manera clara y terminante demuestran el equivocado concepto que tienen de las Autoridades y sus Agentes». En el Gobierno Militar de Álava sorprendía que fueran «siempre las mismas personas las que se encuentran en hechos de esta naturaleza, ya sea gritando, cantando o maltratando a distintas personas del pueblo, ya apedreando ventanas con la consiguiente rotura de cristales [...]». Los sucesos del día 18 prologaron a los que tendrían lugar veinticuatro horas después, cuando Briones y sus socios irrumpieron en el Círculo de Falange Tradicionalista y de las JONS para lanzar unos cohetes y, aprovechando los momentos de distracción, acudir a la casa de Juliana González para insultar a ésta y a su hijo, falangista de 17 años y, deducían sin demasiado fundamento, de izquierdas. A la casa de Juliana no fueron solos, sino que se rodearon de un pequeño ejército de niños de entre 9 y 14 años dirigido a su vez por las no tan jóvenes Clara y María San Pedro Martínez, calificadas por el instructor militar como provocadoras imprescindibles para la extensión de los disturbios. ¿Cómo resolver los problemas? Con sanciones económicas de pequeña cuantía (cincuenta pesetas) para las hermanas San Pedro, Viñegra y Martelo. En cuanto a Briones, se entendía que la única manera de cortar de raíz la violencia era desterrarle de la localidad para siempre, obligándole además a abonar una multa de medio millar de pesetas.

La Justicia Militar, sin embargo, quiso ampliar las actuaciones y acabó por llamar a declarar a casi treinta vecinos. Entre ellos estuvieron todas las autoridades del pueblo, ya fueran militares (Fausto Albo), civiles (José Ugarte y Honorato García) o eclesiásticas (Jenaro Quincoces y Severino Marauri). Los hechos que se consideraron probados al término de la investigación fueron los siguientes. Por un lado, que el 18 de julio Briones, Martelo y Viñegra entraron borrachos y «de manera altanera» en la taberna de Primitivo Martínez. De allí desalojaron a todos los presentes, pero sus órdenes no fueron obedecidas Víctor López Gorostiaga, «que había sido de matiz izquierdista». Se preguntaba éste quiénes eran ellos para regular horarios, pero la respuesta recibida fue escueta: «fuera los rojos y los comunistas». Lo cierto era que, a espaldas de la Guardia Civil, Honorato García había convertido a los camorristas del pueblo en una suerte de fuerza pretoriana con plenas competencias en materia de Orden Público. Por sus actuaciones, fueran las que fueran, deberían responder sólo ante García y, si acaso, ante el alcalde, José Ugarte en ese momento. Ambos, García y Ugarte, intervinieron para evitar la imposición de sanciones a sus tres protegidos y prorrogar así su poder omnímodo del que ellos eran cómplices.

También se consideró probado que al día siguiente Clara y María San Pedro acudieron hasta la casa del barrio de La Rachuela en la que vivían Juliana González y su hijo. Les gritaron «comunistas» a la vez que cantaban una coplilla burlona con la que festejaban la aparición y muerte de los «topos» de Labastida, razón por la cual Juliana les llamó «sinvergüenzas». El alboroto no finalizó entonces porque las hermanas San Pedro replicaron a Juliana, a la que llamaron «zorra» y «puta». El resto de implicados en los incidentes fueron Gregorio López Gorostiaga, que se había encarado con los carlistas para defender a su hermano, Esteban García, falangista y amigo de Víctor, y un vecino de Juliana, Félix Fernández Valle. Éste había sido imputado después de que la noche del 19 de julio de 1938 bajara al portal a llamar «sinvergüenzas» a Clara y María San Pedro, quienes previamente habían afirmado que Félix y sus padres eran unos «canallas y unos sinvergüenzas y que por ser rojos los tenían que haber fusilado a todos». Cuando Clara y María se marcharon, la madre de ambas, Emiliana Martínez, se dirigió a la hermana de Félix, Justina, y le espetó lo siguiente: «eres una puta que zorrea desde los 14 años y ya tienes siete hijos».

Los hechos probados se resolvieron sin penas de cárcel y con multas, tal y como sugirió la autoridad militar al comienzo de la instrucción. Sin embargo, y en contra del criterio de Fausto Albo y de la Guardia Civil, las sanciones económicas —de cien pesetas la más alta— se extendieron también a los republicanos. En cuanto a la pena de destierro, se mantuvo para Salvador Briones, pero se extendió también a Víctor López Gorostiaga, que había sido exonerado de toda responsabilidad por el teniente Albo. El castigo fue el mismo, pero no partían con los mismos condicionantes: Víctor era un «rojo» que tenía que empezar de cero en Vitoria, pero Salvador era hermano de «mártir». En noviembre de 1938, el flamante alcalde de Bilbao José Félix de Lequerica reservó una plaza de funcionario del Cuerpo de Arbitrios para Briones, que desempeñó el puesto hasta su jubilación[18].

Con todo, lo más interesante de las actuaciones abiertas a raíz de estos incidentes no fueron tanto las penas ni los nombres de los implicados como la información que desprendieron las declaraciones de diferentes vecinos y autoridades y que, aunque no fueran estimadas por el juez, sí ofrecen pistas con respecto al modo en el que se practicó la violencia en la retaguardia. La Justicia Militar recibió seis informes sobre la conducta pública y privada de Salvador Briones, Julio Martelo y Domingo Viñegra. Como se ha dicho, los elaborados por José Ugarte y Honorato García no merecen mayor consideración en tanto que cómplices de todas sus correrías. Tampoco el de Jenaro San Pedro Carrera, juez municipal, padre de Clara y María y a cuyo hijo homónimo recordamos buscando y deteniendo a republicanos e izquierdistas escondidos en el monte[19]. Más interesantes son los elaborados por la Guardia Civil, la Comandancia Militar e incluso el de Jenaro Quincoces, pieza clave para comprender la institucionalización de la violencia.

Remontándose todos a los sucesos del 29 de marzo de 1936, explicaban que Salvador Briones abandonó Laguardia dos meses después con destino a Valencia. De haber permanecido en el pueblo, y como veíamos más arriba, debería haber abonado una multa de dos mil pesetas o, en caso de insolvencia, ingresar en prisión por tercera vez en cinco años. El 18 de julio, tras tener noticias del golpe y constatar que tanto la ciudad del Turia como Madrid permanecían leales a la República, marchó a la capital para alistarse en las milicias republicanas, ser enviado al frente y así poder huir a territorio golpista a la primera ocasión, que se presentó ese mismo verano. Pudo alistarse y combatir con los suyos, pero en Vitoria —y en Laguardia— se estimó que podría cumplir servicios «más eficaces» en retaguardia. De vuelta en el pueblo, se le asignó el mando

---

[18] Muchos años después, sin embargo, volvió al pueblo. La dictadura agonizaba y Salvador no entendía que en esas cuatro décadas muchos cambios operaron lentamente, también entre el brazo espiritual del franquismo: la Iglesia. Antonio Mijangos (5-VI-2023), sacerdote en su Laguardia natal a finales de la década de 1970, recuerda que ya en democracia tres vecinos «me vienen a la sacristía, uno de ellos un Briones que tirotearon, pero no mataron (en la República). Estos señores vienen a entrevistarse conmigo en la sacristía y entonces me dicen que estoy siguiendo una manera de trabajar contraria al espíritu de mi padre. Hablas mucho de justicia social y de la explotación en las grandes bodegas, y tu padre recuerda que era carlista. Querían volver a la oveja al redil de su padre».

[19] El teniente Albo fue el único que se atrevió a responsabilizar de la violencia a más personas que a los que no tenían problema en dejarse ver en cualquier altercado. Fue él quien recordó al Juzgado Militar de Vitoria que «el Paganés» era cuñado de Ugarte y que todos los alborotadores eran «muy amigos» del alcalde y de Honorato García. También del juez municipal, que no podía ser parte en un caso que afectaba también a sus hijas.

informal de las patrullas que velaban por el orden, esto es, decidir quiénes debían ser detenidos. No contaba ya con el auxilio del fallecido «Tabiques» ni tampoco del de otros viejos compañeros de trifulcas, enrolados pronto en el Requeté y enviados al frente. Sin embargo, se hizo acompañar de dos viejos conocidos como Julio Martelo y Domingo Viñegra. El primero «blasfemo y borracho habitual» y el segundo «un completo inculto, casi todos los días cargado de vino» que, por razones de edad, fue exonerado de marchar a una guerra a la que Martelo ni siquiera manifestó intención de acudir.

Auxiliados por pelayos, margaritas o en solitario, Briones, «Mingarra» y «el Paganés», implantaron «durante el Movimiento [...] el terror a sus convecinos y nadie se atreve a denunciar las salvajadas que con ellos cometían». No obstante, a la altura del verano de 1938 a la Guardia Civil le constaba al menos una paliza propinada en diciembre de 1936 al entonces jefe de Falange Teodoro Coca y la detención en las mismas fechas de Luis Aguileta (sin filiación política antes de la guerra) y Gregorio Santamaría (PNV), a quienes llevaron a la cárcel y amenazaron con fusilar. En febrero de 1937 Dionisio Irazu, de familia republicana, regresó del frente para asistir al funeral de su madre, pero Domingo Viñegra sacó su pistola y amenazó con matarle allí mismo, no pudiendo siquiera asistir a la ceremonia. Ya en el invierno de 1938 la víctima de la ira indiscriminada de los camorristas fue Julio Martínez, que se encontraba comiendo con otros dos amigos cuando Salvador Briones lamentó no portar la pistola «para matarte a ti y a tu perro».

Jenaro Quincoces manifestó su hartazgo en un informe confidencial enviado al Juzgado Militar, pero se opuso a la aplicación de un «castigo severo» para evitar la creación «de otro estado de cosas más desagradable y más peligroso, pues no se puede negar que los así castigados tendrían a su lado a toda la masa del pueblo y aun a no pocas personas sensatas, y lo que hoy es una pugna política que termina a veces en francachela de los unos con los otros, degeneraría acaso en una guerra enconada en la que nos veríamos envueltos todos». La alternativa, a su juicio, sería una simple reprimenda por parte de las autoridades provinciales. Por su parte, el sacerdote de San Juan Severino Marauri reconoció que en Salvador Briones «pueden más el asesinato de su hermano y el recuerdo de las persecuciones sufridas que la prudencia y la templanza». En su opinión, también sería suficiente con una llamada de atención para no «ahondar más en las diferencias ni dar satisfacción al rencor que algunos tienen en sus almas almacenado y que, tal vez, atrincherados en el anónimo, hurgarán las heridas de Briones recordándole antiguos agravios».

¿Por qué decayeron las peticiones de los sacerdotes? Fundamentalmente porque la autoridad militar amplió incluso el duro informe que había elaborado la Guardia Civil. Carlista intransigente y contrario a la disolución de los principios tradicionalistas en un franquismo homogeneizador, Salvador Briones se encontraba entonces al servicio de José María Elizagárate, presidente de la Diputación y del partido único en Álava. A sus órdenes y a las del farmacéutico vitoriano Lorenzo de Cura repartió en la primavera de 1938 unas postales con la fotografía de Francisco Javier de Borbón, exhortando a las mujeres a que gritaran exclusivamente «Viva al Rey» en los actos oficiales[20]. En cualquier caso, desde su regreso al pueblo había recorrido «con pistola colgada al correaje los pueblos de Lanciego, Cripán y Elvillar comunicando ciertas órdenes recibidas desde Vitoria para los Ayuntamientos, de manera clandestina». Según el informe de los militares, a los actos intimidatorios relatados por la Guardia Civil habría que sumar el apedreamiento de la casa de Benedicta Ibáñez Conde y de la detención, en abril de 1938, de Domingo Fernández Tobera, «al que después de amenazarle diciéndole si le pegaban cuatro tiros o le llevarían preso [sic], le obligaron a cantar en la plaza del pueblo y dar unos gritos y mueras, mandándole después a su domicilio con el susto correspondiente»[21].

En definitiva, y en esta consideración sí existió cierto consenso por parte de los informantes, «media docena de individuos sin la fanfarronería de Briones» seguían a éste desde mucho «antes de estallar el Glorioso Movimiento Nacional», régimen durante el cual se forjaron «como verdaderos provocadores y agitadores» de cada uno de los incidentes. Salvador y sus violentos acompañantes habrían comenzado sus correrías en 1933, fecha a partir de la cual no hubo «en este pueblo riña ni barullo en que no se hayan encontrado». Hasta 1938 se les dejó hacer y, ya lo hemos visto, a «Mingarra» y a «el Paganés» no se les cortó las alas hasta la posguerra[22]. Por su parte, los patrocinadores locales de sus andan-

---

[20] CANTABRANA MORRÁS, Iker: «Lo viejo y lo nuevo: Diputación-FET de las JONS. La convulsa dinámica política de la leal Álava (Segunda parte: 1938-1943)», Sancho el Sabio, 22 (2005), pp. 139-169 (p. 145); DE PABLO CONTRERAS, Santiago: «Falange y Requeté en Álava. Divergencias en la retaguardia franquista durante la Guerra Civil», Kultura, 3 (1992), pp. 93-103.

[21] Fernández Tobera no tenía ninguna vinculación política conocida, ni tampoco nadie de su familia, como sí era el caso de Benedicta Ibáñez, cuyo hermano Julio simpatizaba con el PSOE. Al respecto, véase infra.

[22] Julio Martelo «Mingarra», quien ni siquiera poseía tierras propias antes de la guerra civil, pasó más bien desapercibido al término de la misma. No así «El Paganés», debajo de cuyo domicilio y durante la dictadura «todos los domingos se juntaba una cuadrillica, el último núcleo carlista que quedó, siempre con la boina colorada». Testimonio de Antonio Mijangos (5-VI-2023).

zas —José Ugarte y Honorato García— o se mantuvieron en el poder o incluso ascendieron después[23]. Como las autoridades militares reconocieron, la violencia ejercida por unos y tolerada por los otros fue infinitamente superior a la sucintamente recogida en las líneas precedentes. Pocos, muy pocos, se atrevieron a denunciar a quienes el teniente Fausto Albo calificó de «verdaderos matones y dueños por lo tanto para hacer en el pueblo cuanto les venga en gana, dándoselas incluso de Autoridades».

Es posible que la banda de Briones no fuera la única que atemorizó al vecindario sospechoso durante la guerra civil e incluso después. Algunos de los entrevistados para este trabajo aseguran que los promotores de la Sociedad de Amigos de Laguardia, el notable y hacendado Álvaro Gortázar y el pintor Carlos Sáenz de Tejada, ofrecieron importantes gratificaciones a los requetés que, de permiso en el pueblo, se prestaban a propinar palizas y atemorizar al enemigo, habitualmente reconvertido en falangista. Algunos se negaron, pero otros sí aceptaron el encargo. Fuera como fuere, es difícil que existieran grupos organizados al margen del que formaron Salvador Briones, «Mingarra» y «el Paganés», aunque sí resulta verosímil que, de forma puntual, requetés incontrolados emularan a los camorristas habituales por intereses crematísticos y de promoción social dentro la pirámide informal del terror.

La violencia política en Laguardia a lo largo de los años treinta y cuarenta del pasado siglo XX no se entiende sin quienes fueron alcaldes en distintas etapas. A diferencia de lo ocurrido en otras geografías, el poder local civil dispuso de un amplio grado de autonomía respecto del poder militar, imponiéndose a éste. De izquierda a derecha, Blas Landaluce, Honorato García y José Ugarte «Gollete».

---

[23] Honorato dejó la política al cesar como alcalde, en 1948. Sin embargo, José Ugarte volvió al Ayuntamiento (como edil) en 1952, permaneciendo seis años en el cargo.

III.   CAUTIVOS Y DESARMADOS

Los vencedores reforzaron su mayoría social porque los perdedores tuvieron que refugiarse entre aquéllos, sin que ni siquiera de esa forma lograran evitar palizas, insultos, apedreamientos o amenazas de muerte. Peor suerte corrieron, claro está, quienes con más decisión habían militado en opciones republicanas o abiertamente izquierdistas.

Entre 1938 y 1941 los juzgados militares de Vitoria abrieron diligencias para «esclarecer la actuación con relación al Glorioso Movimiento Nacional» de todos los vecinos de izquierdas que, huidos justo antes o poco después del golpe de Estado, habían regresado voluntariamente al pueblo o se encontraban localizados. Se trataba de Teodoro Aguillo, su hijo Luis, Lucio Martínez y Cipriano López, que no sólo tenían en común haber residido en la «Vizcaya rojo-separatista», sino también su condición de militantes o simpatizantes del PSOE desde la primavera del 36. Como se recordará, en las actas de la Junta de Investigación habían aparecido por primera vez los nombres de todos ellos, a excepción de Luis Aguillo. El estamento militar acusó recibo de copia de aquellas reuniones, pero desestimaron la posibilidad de actuar contra la inmensa mayoría, ya fuera porque habían sido asesinados (Julio Martín) o porque estaban aún en paradero desconocido, caso de los socialistas refugiados en territorio republicano. Es verdad que el juez militar llamó a todos los inculpados a declarar, pero los más de doscientos folios de diligencias previas se resolvieron con una deducción de testimonio para la imposición, cómo no, de posibles sanciones económicas. Por el contrario, sí se consideraron más graves las acusaciones contra Aguillo, Martínez y López.

Teodoro Aguillo tenía ya 52 años cuando, mes y medio después de la sublevación militar, marchó a Bilbao con sus hijos. No era consciente de que la provincia vizcaína aún no había sido liberada, declaró tras ser arrestado en Santander tras la caída de esta ciudad en manos franquistas. Hasta allí había llegado evacuado como un ciudadano más porque, por razones de edad, nunca llegó a coger un arma. Las primeras averiguaciones sobre su conducta durante la guerra y antes de la misma se realizaron allí donde fue detenido, sin que nadie de Laguardia llegase a tener conocimiento. En el juicio declararon vecinos de Bilbao afectos a los golpistas, coincidiendo en calificar su conducta como «irreprochable». Los saturados juzgados militares de la capital vizcaína resolvieron pronto las actuaciones, dictando auto de sobreseimiento en 1938. Aguillo, sin embargo, no regresó a su localidad natal. Tampoco nadie de su familia, salvo su anciana madre. Tras más de dos años en libertad, a oídos de algunos tradicionalistas llegaron noticias de que no había cumplido

castigo alguno. No tardaron en ponerlo en conocimiento del Juzgado
Militar de Vitoria a través de diferentes cartas y notas informativas entre
las que destacó, sin lugar a dudas, la remitida el 31 de julio de aquel 1940
por el entonces jefe del partido único Honorato García. Decía, literalmente, lo siguiente:

> Era afiliado al Partido Republicano Radical Socialista, siendo presidente de
> dicho Centro, distinguiéndose siempre en sus discusiones y en ideas más avanza-
> das que todos los demás: propagandista y dirigente en cuantas elecciones se cele-
> braron durante la República. Subió varias veces a Vitoria a hablar con autoridades
> para que lo harían diputado, pero viendo que no lo conseguía formó un círculo
> Comunista perteneciendo a él Lucio Martínez y sus 3 hijos, que lo aprobechaban
> [sic] para juegos prohibidos y ver si así podrían dar incremento a dicho centro por
> lo que no podían conseguir. En dicho centro siempre tenían la bandera Comunista
> puesta en el balcón. El día primero de Mayo al amanecer salieron repartiendo pro-
> paganda y coaccionando al vecindario para que no fueran al campo porque si
> salían los iban a denunciar por ser la fiesta del trabajo.
>   Al llegar el Glorioso Movimiento desapareció del pueblo acompañado de los 3
> hijos, y al poco tiempo se obtubo [sic] noticias que habían pasado a la zona Roja
> encontrándose dicho Señor en Bilbao en la que por referencias se sabe que hizo
> propaganda contra algunas personas de derechas que allí se encontraban y como
> este señor pretendía ser Jefe o algún alto cargo para no trabajar, por eso no estraña
> [sic] que haría esas cosas y otras más para conseguir sus deseos. De todas maneras,
> estas cosas y otras más se podían creer en él por ser hombre de malas condiciones.

En la nota, rubricada sin dejar lugar a dudas respecto de la escasa formación que ya denotaba la propia redacción, García se limitaba a especu-
lar, sin concretar quiénes eran esas personas de derechas ni de qué manera
había conseguido semejante información. Tampoco aclaraba cómo era
posible que, de haber algo de cierto en todo ello, hubiera sido absuelto previamente. Temiendo que los militares volvieran a desestimar la posibilidad de encarcelarle, se dirigió entonces a su camarada jefe local de la Falange
de Castro Urdiales para que diera fe de un suceso acaecido casi una década
antes, concretamente en el verano de 1933. En esa fecha, Teodoro Aguillo
y el secretario del PRRS de Laguardia, Hilario Amelibia, firmaron una carta
de recomendación al veterinario republicano Marciano Martínez García
a fin de que pudiera optar a la vacante disponible en la localidad cántabra.
Resultó que, durante la guerra civil, Marciano vivía en Madrid, donde se
había convertido en un «canalla, ladrón y criminal» tras haber matado al
veterinario de Arganda (afín a las derechas) para poder así ocupar su plaza.
Se deslizaba así la idea de que Aguillo era corresponsable de un crimen
cometido tres años después de perder el contacto con el inculpado.

Dos semanas más tarde, el 17 de agosto, Honorato entró en más detalle. Los denunciados por Aguillo habrían sido el ya fallecido Castor San

Pedro y Víctor Tapia, a quien la guerra sorprendió en Laguardia de procedencia. El jefe de la Falange local pretendía responsabilizar a Aguillo de las 150.000 pesetas con las que el Gobierno de Euzkadi sancionó a Tapia, como si éste no fuera sobradamente conocido ya no sólo en Vizcaya, sino también en el conjunto de España. Requerido Honorato para que acudiese al cuartel a ampliar la información, declaró ante Doroteo Gámiz que lo que exactamente le habría dicho Aguillo a San Pedro tras encontrárselo en el Bilbao republicano fue «¿todavía andas tú por aquí», lo que podrían atestiguar Vicenta Coca Oraá e Isabel Portilla. Los testimonios de ambas, muy especialmente el de Vicenta, no podían ser más de parte; no en vano, Castor San Pedro, fallecido antes del final de la guerra, era su tío. Él no pudo ser testigo de una victoria bélica a la que contribuyeron en primera persona el marido de Vicenta, Telesforo San Pedro Mateo y también los hijos del matrimonio, Francisco y Ángel, enviados al frente con su padre[24].

Como era costumbre, nadie en Laguardia declaró a favor de Aguillo, por más que la denuncia fuera tan rocambolesca como imposible de verificar. Sí lo hizo Julio Íñiguez, falangista y presentado como excautivo de los *rojos*. Íñiguez era paisano suyo, pero no tenía ningún arraigo ni tampoco familia en el pueblo, razón por la cual no tuvo problema en manifestar que «no ha tenido parte, directa ni indirecta, y no ha influido ni poco ni mucho, durante el período rojo». Más claro aún fue Félix Martínez, bilbaíno y también falangista. Reconoció que, siendo él de derechas y Aguillo de izquierdas, al conocerle tuvo miedo de «sus manejos», pero «pronto quedé convencido de que dicho señor Aguillo era un verdadero ciudadano español [...] nunca peligroso para la Causa Nacional». Negó que mantuviera relaciones con «marxistas», tampoco participó en saqueos ni detenciones ni calumnió «a personas adictas al Glorioso Movimiento Nacional». Su actuación simplemente «estaba consagrada en cuidar a sus hijas Dolores y Teodora y sus nietas». Ambos avales, remitidos al juez militar instructor Ángel Cañedo Argüelles en febrero de 1941, redujeron a la nada la condena: un año de prisión, ya casi cumplido mientras esperaba el fallo[25].

Por quien nadie respondió con tanta convicción fue por su hijo Luis, el único de los socialistas que había sido encarcelado antes de acabar la guerra, concretamente, en 1938. El 20 de agosto de ese mismo año prestó

---

[24] Se especuló también con la existencia de un tercer perseguido, Leoncio Armentia, a quien Teodoro Aguillo habría espetado que figuraba el primero en la lista de vecinos de derechas a ser fusilados.

[25] El fiscal, sin embargo, había pedido veinte años de cárcel, ignorando los testimonios de los combatientes falangistas y otorgando entera credibilidad a los vecinos de Laguardia. AIMNO, Fondo Álava, Caja 85, Exp. 1.278.

su primera declaración en Bilbao, donde se hallaba detenido. Desde allí negó su participación «en actuación alguna que fue llamada la quinta del dicente en marzo de 1937», resultando herido semanas después y evacuado a Avilés, «donde se entregó a las Fuerzas Nacionales». Tampoco tuvo inconveniente en reconocer su militancia socialista, aunque la circunscribía a la esfera sindical. Guillermo Elío y Jesús Fernández podrían avalarle. El primero, sin embargo, negó conocerle personalmente. Sabía que «existe una familia Aguillo Avillera», pero nada más. Quien no podía negar que había tratado con él era Jesús Fernández, en cuyas tierras trabajaba Luis. Sin embargo, tampoco dijo nada que no fuera de dominio público, es decir, que trabajó hasta cobrar las peonadas de agosto y después huyó a Bilbao. Los que sí tenían mucho que contar sobre él eran los carlistas. El 20 de enero de 1938 Doroteo Gámiz envió al Juzgado Militar las declaraciones que habían prestado en el cuartel los vecinos «de reconocida solvencia» Ángel López, el agricultor Atilano Coca Pérez de Viñaspre y el alguacil Prudencio Canónigo Santiago, todos ellos tan «afectos al Movimiento Nacional» como desafectos al hijo de Teodoro Aguillo. Un día antes, Blas Landaluce había propuesto a otros dos enemigos íntimos de las izquierdas, Lorenzo Varela y Ramón Montoya, que se sumaran al linchamiento. El único que apenas le conocía era el cabo de Miñones, pero los demás declarantes no ahorraron en calificativos. Atilano y el concejal Ángel López le creían «capaz de haber hecho en la zona roja lo mismo que han hecho sus correligionarios en la misma». No tenían ninguna prueba ni tampoco hubo ninguna denuncia contra él por parte de derechistas bilbaínos, así que era pura especulación. Por su parte, Lorenzo Varela y Prudencio Canónigo también cultivaron la ucronía; «Si este pueblo hubiera estado en poder de los *rojos*, el encartado hubiera desempeñado alguno de los principales cargos en razón a su destacada política».

El 8 de agosto de 1939, casi dos años después de que empezaran las actuaciones judiciales, el fiscal militar consideró que «no existen en autos pruebas de actuación desarrollada por el procesado», pero por haber realizado en su localidad natal «activísima propaganda de izquierdas» y marchar voluntariamente a «zona roja», procedía «imponerle la pena de reclusión mayor a muerte, y accesorias». Mientras tanto, la celebración del consejo de guerra se iba posponiendo *sine die*, tanto que hubo que esperar al 29 de marzo de 1940. Para entonces la acusación ya había rebajado sus pretensiones iniciales, solicitando «sólo» la pena de 20 años y 1 día. La defensa, por el contrario, entendía que la mayoría de los cargos eran ideológicos y que su actuación en la guerra había sido la de cualquier joven movilizado de manera forzosa. Finalmente, el tribunal encontró un punto medio entre las peticiones de las partes, sentenciándole a la pena de 12 años y 1 día de prisión[26].

Luis Aguillo no coincidió en la cárcel con su padre puesto que, cuando éste ingresó a la espera de juicio, aquél fue trasladado. Sí lo hizo con Lucio Martínez Arandia, que el 3 de febrero de 1940 fue arrestado por orden del comandante del puesto de la Guardia Civil de Basauri. Su conducta, argumentó, resultaba «sospechosa», razón por la cual solicitó a Laguardia más información. Sin embargo, no era un recién llegado a la localidad ni, menos aún, un desconocido para los agentes del puesto de la Benemérita. Lucio había viajado hasta allí el 18 de julio de 1936 en el autobús de pasajeros que recorría cada sábado el trayecto que unía Laguardia con Bilbao, pero no pudo completarlo: los primeros ecos de la asonada militar habían llegado a Vitoria, continuando a pie. Al amanecer del día siguiente, fue detenido en Ubidea por milicianos de izquierdas y llevado a Bilbao al objeto de cerciorarse de si el motivo del viaje —visitar a su hermana Juana por un asunto de herencias— era cierto. Comprobada la veracidad de su declaración, quedó en libertad y no fue movilizado hasta cinco meses más tarde, cuando recibió una rápida instrucción en el cuartel de Artxanda. Incorporado en enero de 1937 al Batallón Azaña, combatió en Aramayona, en la comarca vizcaína de Arratia y finalmente en Bermeo, donde resultó herido en una pierna. Evacuado antes de la entrada de los nacionales en Bilbao, siguió haciéndoles frente en Barcelona primero y en Albacete después. Cuando esta ciudad cayó en manos franquistas, fijó su residencia definitiva en Basauri con la única obligación de presentarse semanalmente en el cuartelillo para firmar.

¿Por qué había sido detenido tanto tiempo después? Por la misma razón que en fechas análogas se decretaba el procesamiento de Teodoro Aguillo: presiones recibidas desde Laguardia. Según Blas Landaluce, su paisano socialista no se fue por casualidad, sino que permaneció huido en los montes hasta que, tras esquivar las batidas del Requeté, consiguió «pasarse a Bilbao al lado de los marxistas». No obstante, fue de nuevo un informe de Honorato García el que resultó determinante para que su arresto se convirtiera en una detención formal y su pase inmediato a disposición del Juzgado Militar de Vitoria. De acuerdo con él, quien fuera militante socialista fue:

> El que más demostró su entusiasmo por la República, hasta llegó a decir que se tenía que vengar de los carlistas y correr la sangre por el pueblo estando él a la cabeza, por lo cual como era el que más se distinguía dando gritos contra todo lo

---

[26] AIMNO, Fondo Álava, Caja 78, Exp. 1.149; Archivo de Álava, Fondo Histórico Provincial, Nanclares, Caja 63, Exp. 450.

más sagrado de la Religión y con intención de vengarse como lo había manifestado le pagaron una pichanda de poca importancia, pero creyendo que sería mucho
y no lo era los médicos le dieron de alta[27]. No conformándose con ello, le trajeron
médicos de fuera para contrarrestar a los médicos del pueblo. Por casa de dicho
señor pasaron todas las Autoridades del pueblo y algunos de Vitoria como si fuese
uno de los más héroes de la Provincia. Él era siempre un levantisco y comprometedor al no pasaban [sic] a por su lado sacerdotes o gentes de derechas.

A falta de avales como los de Aguillo, el 25 de marzo de 1941 Lucio
Martínez Arandia fue condenado a cinco años de prisión[28]. Dos semanas antes de que se dictara sentencia, el Juzgado Militar de Vitoria había
abierto una información para valorar qué castigo podría merecer el contenido de una carta enviada por Lucio desde la cárcel y que, para burlar
la censura postal, había sido entregada al recién excarcelado Manuel Cal-
derón Gil, «El Gitano». La misiva, escrita el 16 de diciembre del año anterior y que nunca llegó a su destino, iba dirigida a su tía, Lucía Alcarraz
Celaya. Habría sido, sin duda, un aval inmejorable. Nacida en el seno de
una familia con posibles de Laguardia, Alcarraz se había casado con el
militar riojano Bonifacio García-Escudero de la Torre, fallecido en 1937
como general de brigada honorario y un sinfín de distinciones por méritos de guerra. Dos de sus hijos, Luis y José, servían en el Ejército, alcan-
zando este último durante la dictadura de Franco la misma graduación
que su padre. También hizo carrera castrense Daniel, hermano de Lucía
y quien, como su cuñado, en 1940 era general de Brigada. Aunque la des-
tinataria de sus palabras fuera su tía, realmente a quien pedía ayuda Lucio
era a Daniel. Lo hacía en los siguientes términos:

> Apreciables tíos:
>
> Alégrame mucho disfruten de la más completa salud, así como yo disfruto por
> ahora aunque en prisiones militares. Después de once meses de prisión y silencio,
> les dirijo estas letras para darles a conocer mi situación y cansado de estar en pri-
> siones por sus íntimos amigos y fanáticos de la miseria y del hambre, sus conoci-
> dos Briones y demás comparsa, causantes de los asesinatos de mi anciana madre
> y cuñado[29], son ahora los que trabajaron mi detención e incautación de bienes,
> pero llegan tarde. Para la próxima vuelta no desearía estar en prisiones, y esto sólo
> el Tío Daniel bien puede hacerlo. Estoy creído [sic] que antes de yo decirles ya lo
> sabían que estaba aquí, pero caso que no, ahora ya lo saben que no después no

---

[27] Se refiere aquí a la paliza recibida en mayo de 1931, a consecuencia de la cual permaneció un mes postrado en la cama.

[28] AIMNO, Fondo Álava, Caja 85, Exp. 1.278.

[29] Ninguno de los dos fue asesinado, pero emplea este verbo para relacionar como
causa última de sus muertes el conocimiento de las penalidades por las que él estaba
pasando.

digan que nada les he hecho. Les doy una explicación de lo ocurrido. En el mes de agosto me sobreseyeron la causa y fueron Briones y otros boinas rojas los que impidieron mi libertad en Septiembre. El capitán Ayala propuso mi libertad, y el gamberro capitán Cañedo (Argüelles, juez instructor) y esos pobres de Laguardia salieron al paso para que yo no salga.

Bueno, estoy cansado de esa gentuza, y esto lo puede ventilar el tío Daniel. Les dirijo estas líneas para si algo quieren hacer. Sé que somos de distintas ideas y por ello cojo en negativo, con la creencia de que nada harán, y por eso quiero que lo sepan; llegó la hora de la verdad. Si algo quieren hacer, les ruego no se entrevisten con Briones, ese apellido está cumplido, aunque ahora hagan santos la muerte de mi madre y cuñado tienen que pagarla. Sobre la incautación de bienes, tampoco miren nada, esos están produciendo a un mil por uno, así que lo único es salir de aquí, si quieren lo hacen. Espero le entregue la carta a mi tío Daniel para que él vea lo que quiera hacer. Al recibir estas letras me supongo que harán muchos cálculos, pero no tiene ninguno; no tiene más que anotar las fechas del 18-7-36 por la fecha que se aproxima. Con esto no les obligo a nada, pero sí saber si quieren hacer algo o si quieren seguir aplaudiendo a esos degenerados de Laguardia.

Quieren mayor vergüenza que lo ocurrido a mi hermana con esos sectarios[30], pues es imposible bajar a pagar la contribución y decirle al alcalde que allí no tenemos nada y que allí no me esperarán si esto cambia. Éstos son los católicos que no saben el mandamiento que dice no desear los bienes ajenos. Bueno, en breve me toca a mí, y no se extrañarán porque los socialistas no sabemos doctrina. En esta carta no tiene más contenido que mi libertad, no crean que les pido dinero, pues eso no me falta, así que si mandan algo de esa procedencia no lo admitiré y si no trae procedencia tampoco; sólo lo admito de mi hermana. No les molesto más, porque esto sería interminable. Con recuerdos para todos y espera de la suya que espero conteste el tío Daniel[31].

Sólo el alcalde Blas Landaluce y la familia Briones aparecían señalados directamente como responsables de su procesamiento por un lado y del expediente que, en paralelo, le había incoado el Tribunal de Responsabilidades. No obstante, sus tíos podían entender sobradamente quiénes eran esos «otros boinas rojas», «fanáticos» y «gentuza». Su osadía le costó cuarenta y cinco días de prisión incomunicada. Aunque antes de que acabara 1941 se encontraba ya en régimen de prisión atenuada —cumplida en su domicilio de Basauri—, no recobró la libertad plena hasta el 3 de febrero de 1945[32].

---

[30] Aunque no lo menciona en la carta, su hermana se había dirigido a Honorato García y a los Briones (José acabaría convirtiéndose en alcalde de Laguardia en 1962 y hasta 1966) para esquivar la incautación de bienes que pesaba sobre Lucio vendiendo ella las tierras de éste para disponer de liquidez en tiempos de incertidumbre. Por supuesto, le negaron tal posibilidad.

[31] AIMNO, Fondo Álava, Caja 22, Exp. 367.

[32] Archivo de Álava, Fondo Histórico Provincial, Nanclares, Caja 108, Exp. 328.

Quien sí manifestó su voluntad de regresar al pueblo fue Cipriano López. El 26 de junio de 1939, pensando que la victoria golpista habría amansado a los carlistas, se presentó en el cuartelillo de Laguardia, «causando gran sorpresa en todo el vecindario», según manifestó entonces Blas Landaluce. Ante la Guardia Civil Cipriano se limitó a narrar sus peripecias en los tres años que duró el conflicto bélico. A Cipriano «le sorprendió el alzamiento nacional en Portugalete», pero allí no sirvió «en ninguna de las unidades rojas». Tras la caída de Vizcaya, fue evacuado primero a Cantabria, después a Asturias y más tarde, tras llegar a Francia en barco, a Barcelona. Poco después encontró trabajo en Valencia, pero tras caer enfermo ingresó en un sanatorio albaceteño. Ya restablecido, regresó porque no era «autor de ningún delito», manifestando que «tampoco posee bienes ni sus familiares». La alcaldía y la Jefatura local de Falange comunicaron su reaparición al Juzgado Militar de Vitoria por si en la capital alavesa consideraban procedente la reapertura de la denuncia colectiva de febrero de 1937 y que incluía también a Cipriano. La petición fue estimada y en octubre de 1939 comenzaron a declarar más y más vecinos.

El primero en hacerlo fue el labrador carlista Manuel Ayala Muguruza, quien afirmó que «observa buena conducta en todos los órdenes y siempre está sobre su negocio», pero que en lo que respecta a sus creencias era «antirreligioso» y había sido «gran propagandista del Frente Popular». El comerciante Luis Grisaleña Salazar repitió las palabras de Ayala casi literalmente, mientras que el tercer compareciente, el doctor Eutimio Rojo, sí trató de salir en su defensa contando que «estaba arrepentido de sus ideas anteriores», algo que ni el propio Cipriano había dicho. En realidad, ninguno de los tres testimonios tenía valor exculpatorio porque tampoco podían negar lo evidente, es decir, su pasado político. El propio Rojo había formado parte de la Junta de Investigación que le denunció por primera vez, por lo que desdecirse era cuanto menos complicado. Así las cosas, y ante el temor a un posible archivo de la causa por parte de la Justicia Militar, Blas Landaluce y Honorato García volvieron a hacer todo lo que estaba en su mano para evitarlo.

El alcalde convocó sendas reuniones en el Ayuntamiento, ambas celebradas la tarde del 7 de diciembre de 1939. A la primera acudieron los dos alguaciles: Balbino Casales Martínez y Prudencio Canónigo Santiago. El primer edil les había llamado a ellos como «agentes de mi Autoridad», pero Landaluce sabía bien que ambos hablarían mucho y mal de Cipriano. Al advenimiento de la República, recordaba Prudencio, Cipriano dijo «que había que subir al Ayuntamiento y expulsar a todos los componentes del mismo y empleados, no dejando ni tintero». Por esa razón, Prudencio «quedó suspenso de tal cargo, por no ser adicto a la República, siendo repuesto por el Ayuntamiento ejerciente en el Glorioso Movimiento

Nacional». Por si esto fuera poco, en actos oficiales del Ayuntamiento «el informado Cipriano se lucía con proferir las palabras de *Viva la República, Abajo el Clero*, blasfemando tanto como todos sus adictos del Santo Nombre de Dios». Por su parte, el alguacil iba más allá y aseguraba que no era cierto que se hubiera arrepentido. Él mismo le había oído decir cuatro meses atrás que «si la guerra se ha ganado por las Derechas ha sido por consecuencia del hambre sufrida por sus adictos como Izquierdas». Tampoco había renunciado a sus ideas laicistas en tanto que «antes del Movimiento como durante el mismo y hoy le repugnaba la Iglesia, la Religión Católica como cuanto de ella dependía, continuando actualmente en la misma situación».

Poco después de que lo hicieran los dos funcionarios municipales, se personaron en dependencias del Ayuntamiento Hipólito Velar San Pedro —antiguo somatenista y padre de combatiente—, Bartolomé Amelibia «Morlones» y José Briones Barreiro, ambos requetés. Acusaron a Cipriano López, no ya de republicano convertido al socialismo, sino de anarquista, habiendo gritado a favor del comunismo libertario e «insultando a las Autoridades Civiles, Eclesiásticas y Militares, y a cuantas personas como de Derechas no eran de su agrado, oyéndole publicar desde el Balcón del Centro Republicano en el que celebraban las reuniones que la Capilla de la Virgen del Pilar establecida en la Parroquia de San Juan de esta villa había de ser destinada para Cabaret». También declararon que en el asesinato frustrado de Salvador Briones también había participado Cipriano y que la causa abierta por los sucesos de aquel ya lejano 29 de marzo de 1936 «fue sobreseída con toda ilegalidad». Justo después, Blas Landaluce redactó un informe en el que no ahorró calificativos para con su vecino izquierdista. Había sido «blasfemo, repugnándole completamente la Religión [...] y continúa en la misma fe que antes tenía». Como tal, «demostraba y se le justifica ser uno de los más interesados en que las Autoridades de la República practicasen todos los hechos más repugnantes y salvajes contra el Partido Derechista, y que antes del Glorioso Movimiento se personó en Vitoria informando con arreglo a su idea lo peor que podía de toda persona derechista, por lo cual el encargado de la Cárcel o Depósito Municipal, persona muy caracterizada y digna», fue cesado por orden del Gobernador Civil.

En paralelo, Honorato García había terminado otro parte acusatorio en los mismos términos que los del alcalde, pero añadiendo que Cipriano había sido el responsable último de la clausura del Círculo Tradicionalista. Además, sostenía, era mentira que el 18 de julio estuviera en Portugalete sino en La Rioja, lo que significaba que habría marchado a zona republicana voluntariamente. Se vanagloriaba también de haber sido el primero en avisar de su regreso al pueblo, dando «cuenta al Comandante del Puesto de la Guardia Civil, manifestándole que como estaba enfermo no se podía hacer nada», y sin especificar en este punto qué fue lo que pidió a los agentes que hicieran con él. Todo lo aseverado por el entonces jefe de Falange podía ser ratificado por tres vecinos para quienes los pasillos del Juzgado Militar de Vitoria no guardaban secreto alguno en esas fechas: José Ugarte, Lorenzo Varela y Tomás Arbulu. Al primero se le preguntó si «es cierto que excitaba los ánimos de las juventudes izquierdistas, siempre que tenía ocasión para armar conflictos a las personas de derechas». Ugarte dijo no poder responder a eso con exactitud, pero tenía «sospecha» de la implicación de Cipriano en la clausura de los locales tradicionalistas. Tampoco le constaba «de una manera fehaciente si perseguía a la Iglesia, pero que sospecha que sí porque siempre le ha oído cantar y hablar en contra de la Iglesia terminando con una blasfemia». El siguiente en declarar fue Lorenzo Varela, que tenía bastantes más ganas al antiguo militante socialista que el propio «Gollete». No en vano, fue Varela a quien despidió el gobernador de su puesto de trabajo en la Cárcel a consecuencia de una denuncia conjunta de Teodoro Aguillo, Julio Martín y el propio Cipriano López. El que fuera jefe del Requeté dijo haber «oído que en Bilbao fue miliciano y no sabe si ostentó cargos», algo radicalmente falso. Sabía bien que, acabada la guerra, a los tribunales militares les interesaba más dirimir supuestas responsabilidades por lo sucedido en la retaguardia republicana que por asuntos de alcance local anteriores al 18 de julio. El último en declarar fue Arbulu, quien lo hizo a las 20:00 horas de aquel 11 de diciembre de 1939, es decir, dos después que Ugarte y una más tarde que Varela. Esa cronología explica su declaración, calcada a la que recién había escuchado de Varela. Apenas cambió algunas palabras, intentado parecer más creíble. Por ejemplo, respecto a la participación o no de Cipriano en alguna labor de auxilio al Ejército republicano, se aventuró a decir que «ha oído que le han visto vestido de miliciano»[33].

Por fin, el 15 de diciembre la sala escuchó al encartado. Cipriano López sólo reconoció su militancia política republicana, negando haber sido anarquista, haber promovido el cese de Lorenzo Varela o haber sido «miliciano rojo» o vestir uniforme. Le avalaron derechistas con los que había tenido trato en Portugalete y también propietarios para los que trabajó durante su estancia en la zona levantina. Unos negaron rotundamente que hubiera sido miliciano y los otros dieron fe de que había trabajado sin reproche alguno y sin que las diferencias ideológicas fueran obstáculo. El tribunal, sorprendido por las abismales diferencias entre los testimo-

---

[33] AIMNO, Fondo Álava, Caja 22, Exp. 357.

nios de sus vecinos y los de aquellos que habían convivido con él lejos de
Laguardia, se dirigió por carta a Honorato García para saber si se ratifi-
caba o no en sus informes, a lo que éste respondió afirmativamente. El
juez instructor quería saber concretamente si había «combatido con los
marxistas», como habían deslizado Honorato y dos de sus testigos. ¿De
dónde procedía ese rumor?, le preguntaron los militares al jefe del partido único. La persona que le vio en Portugalete, manifestó, «fue la
vecina de esta localidad doña Rosario Santamaría Martínez». Así las cosas,
el 30 de marzo de 1940 Rosario acudió hasta el Ayuntamiento a responder a las preguntas que el alcalde, como autoridad delegada del Juzgado
Militar, debía hacerle. Para no contaminar la declaración, desde Vitoria
se había declarado «incompatible» a Blas Landaluce por entender, dados
los precedentes, que era parte especialmente interesada en condenar a
Cipriano López. Así las cosas, fue Jaime Beiztegui quien ejerció como
primera autoridad del municipio. Ante él, Rosario Santamaría desmintió
a Honorato y a quienes reprodujeron sus palabras. Ella «nunca le vio vestido de miliciano ni unido a los rojos, que siempre que en la villa de Portugalete lo vio, donde también la declarante se encontraba, fue vestido
de paisano y para mayor prueba con zapato blanco». El teniente coronel
instructor dio por cerradas las diligencias con este último testimonio,
concluyendo que «el inculpado fue de inclinaciones izquierdistas, poco
religioso, pero de conducta moral, pública y privada buena, sin que se le
pueda achacar ningún hecho delictivo en contra del Alzamiento Nacional ni contra persona alguna, no prestando servicios con los rojos». Resu-
miendo, nada había que imputarle al margen de cargos «corrientes de
lucha política en un pueblo de pasiones enconadas», decretándose su
plena libertad sin responsabilidad[34].

---

[34] También en posguerra fue juzgado Luis Calvo Ruiz, hijo del herrero y, como su
padre, militante de Izquierda Republicana. Como se ha dicho más arriba, permaneció
un largo tiempo en prisión hasta que en 1937 los militares consideraron que sería más
útil combatiendo en el frente. Sin embargo, y tal y como había hecho semanas después
del golpe de Estado, su voluntad era bien distinta, evadiéndose en Toledo para luchar en
el Ejército leal. Lo hizo en los frentes de Valencia, Aragón y Cataluña, hasta que éste
territorio cayó de lado franquista en las postrimerías de la contienda. En el juicio declararon contra él Honorato García, Blas Landaluce, Manuel Ruiz de Ocenda y Tomás
Arbulo Peciña, todos ellos habituales en estas lides. Sin embargo, quien se empleó con
más dureza contra él fue Emilio Aguillo, enemistado con el encausado por cuestiones
ajenas a la política. Los testimonios recogidos, unidos a la habitual dureza con la que se
juzgaba el delito de deserción, llevaron al tribunal a condenar a muerte a Luis Calvo. No
obstante, en última instancia la última pena le fue conmutada por la de reclusión perpetua. Archivo General e Histórico de la Defensa, Fondo Tribunal Militar de Toledo,
Caja 9.063.

IV. LAGUARDIA EN GUARDIA

> Laguardia, de tan leal historia carlista, no ha tenido nunca necesidad de seña-
> lar en piedras y bronces el ejemplo de sus mayores, que al servicio de Dios, Patria,
> Fueros y Rey todo lo dieron tantas veces con una generosidad incomparable. Pocas
> villas más trabajadas nunca de las acometidas liberales o de los manejos socialis-
> tas, disfrazados unos y otros con las monsergas más capciosas. Pero inútilmente.
> Nuestros boinas rojas riojanos inundaron en los primeros días el cuartel de Her-
> mandad Alavesa y demostraron siempre ser dignos sucesores de los que trajeron en
> jaque a los guiris de antaño y de hogaño. Y sin homenajes ni rótulos más que en el
> corazón y en las intimidades de su espíritu, mantuvieron con toda su proeza la
> más noble y firme de las intransigencias, y la convicción de que aquello por lo que
> sus padres murieron o padecieron vejámenes y cárceles fue por amar la justicia y
> aborrecer la iniquidad.

> *Pensamiento Alavés*, 3-I-1940

¿En qué momento esas pasiones enconadas dieron paso a un tiempo distinto? La pregunta tiene difícil respuesta, si es que realmente existe alguna. Podemos asegurar que la guerra civil comenzó con el fracaso del golpe de Estado, es decir, inmediatamente después del 18 de julio de 1936. Sin embargo, ni siquiera existe consenso para poner fecha final a la dictadura militar de Franco. ¿El 20 de noviembre de 1975, con su muerte? ¿Tras las primeras elecciones a Cortes, un año y medio después? ¿O con el referéndum constitucional del 6 de diciembre de 1978? Lo mismo puede decirse de la etapa abierta con la muerte del autodenominado Caudillo, es decir, con la Transición Democrática. En este caso, no sólo es controvertida la fecha de su inicio, sino también la de su culminación, que algunos historiadores y politólogos llevan hasta el 23-F y que otros incluso extienden hasta la histórica mayoría socialista en octubre de 1982.

Sea como fuere, de lo que no cabe duda es de que el fin de la contienda bélica en España primero y las sucesivas derrotas de Alemania e Italia en los campos de batalla europeos después, transformaron radicalmente la concepción de las estrategias de imposición y coerción política del bloque reaccionario que conformaban no sólo el Ejército y la Iglesia, sino también un poderosísimo aparato civil, como corresponde al resultado electoral bipolar que arrojaron las elecciones de 1936. En la década de los cuarenta los crímenes extrajudiciales desaparecieron y, ya en los cincuenta, las ejecuciones eran excepciones y limitadas a sucesos posteriores a los acontecidos entre el golpe de Estado y 1939, en tanto que se entendía que las responsabilidades que pudieran derivarse ya habían sido ventiladas de una u otra forma. También habían acabado las depuraciones profesionales, un proceso de sustitución política que dio lugar a una Administración clientelar en la que la afinidad ideológica reemplazó a la competencia profesional. Las saturadas cárceles también se vaciaron de «políticos», entrando en su lugar los «sociales», especialmente después de que las sucesivas reformas de la Ley de Vagos y Maleantes ampliaran los tipos punibles.

En una época en la que el Gobierno de Franco era más un administrador del miedo que un generador de nuevas políticas punitivas, la misma Guardia Civil que el dictador llegó a plantearse hacer desaparecer por el apoyo mayoritario que dispensaron a la República sus oficiales se convirtió en instrumento eficaz de control social. Por esta razón, a medio plazo fueron desapareciendo micropoderes casi autónomos como el que en Laguardia se había asentado en torno al carlismo más cerril. Por poner un ejemplo, en la década de 1940 entrar en la propiedad de un agente de la Benemérita y matar a sus gallinas en ningún caso quedaría impune, con independencia de la ideología de los atacantes. Lo que ocurrió en la posguerra en zonas rurales en las que hasta entonces el poder militar había estado subordinado al civil y/o eclesiástico fue que, por primera vez, la Guardia Civil se arrogó en exclusiva todas las competencias para mantener, en un sentido muy amplio, el orden. Eso sí, en ese nuevo tiempo de sometimiento a los patrones morales de los vencedores y de imposición coercitiva de la Paz de Franco, los combatientes, los denunciantes habituales y también los requetés que sólo empuñaron armas en descampados nocturnos para poner fin a la vida de paisanos esposados o maniatados, se reciclaron en pequeño e improvisado ejército de informantes.

En 1941 el recién creado Servicio de Información de la Guardia Civil elaboró tres fichas de vecinos de Laguardia que podían convertirse en una amenaza y cuyos nombres, llegados a este punto, resultan ya familiares. Se trata de Guillermo Ibáñez, Jesús Jiménez y Guillermo Zabala. El primero había sido multado por razones políticas, el segundo perdió su empleo en el Ayuntamiento por idénticos motivos y el último fue detenido cuando intentaba esquivar su alistamiento, del que no escapó en un primer momento, pero sí desertando cuando estaba en el frente. De Ibáñez y Jiménez los informantes decían que aún podían ser «peligrosos para la Causa Nacional», pero quien realmente les preocupaba era Zabala… a pesar de encontrarse aún en paradero desconocido. De él se censuraba tanto su vida privada («jamás se dedicó a ocupación alguna», «su conducta moral fue bastante deplorable», «era un vago profesional») como su significación política antes de la guerra civil. Al respecto, no faltaron las contradicciones; lo mismo había organizado «mítines y manifestaciones callejeras» que se abstenía de tomar parte pública por «carecer de dotes para ello»[35].

Es significativo que no se hayan conservado fichas o expedientes policiales de posguerra de todos los vecinos que fueron condenados a penas de prisión o que sólo recobraron la libertad cuando pudieron acceder al chantaje económico de los vencedores. Es posible que se hayan perdido, pero lo más probable es que nunca llegaran a hacerse porque los vencidos nunca regresaron o lo hicieron muchos años después, cuando otra generación gestionaba el botín moral de la victoria bélica. En 1945, acabada la Segunda Guerra Mundial y con el régimen de Franco aislado internacionalmente, en el pueblo se elaboraron detallados informes de hombres y mujeres tan jóvenes que, en la mayoría de los casos, ni siquiera habían podido votar durante la Segunda República: si la tortilla se daba la vuelta, como esperanzaban los republicanos y temían sectores afines al régimen, el presente y el futuro pasaba por ellos.

Vicente Aguillo Hidalgo, jornalero de apenas 27 años en 1936, podía ser «peligroso», pero las causas no quedaban claras. Había sido «elemento destacado y propagandista» de Izquierda Republicana, pero sin meterse «para nada con las personas derechistas» y sin mostrar oposición al golpe de Estado, que afrontó «en actitud pasiva». Navaritano de origen, Rufino Blanco Albéniz no aparece en ningún listado de afiliados a Izquierda Republicana y tampoco en ninguna de las tantas denuncias, individuales y colectivas, interpuestas contra vecinos de izquierdas. Sin embargo, cuando ya habían sido paseados, encarcelados, desterrados o multados quienes sí militaron, sus paisanos de derechas le calificaron como «elemento muy destacado y propagandista [...], agitador de masas y camorrista; perseguía a las personas de derechas. Durante el Movimiento y después de él ha permanecido en actitud pasiva influyendo con elementos de su partido y es uno de los que espera el cambio de Régimen. Su conducta pública y privada es regular y en cuestión de religión, muy mala». Tampoco sufrieron represalias políticas inmediatas ni Julio Ibáñez Conde ni Rufino Martínez Angulo, ambos de la quinta del navaritano. El primero habría simpatizado con el PSOE y también, a decir de sus paisanos carlistas, fue «destacado agitador camorrista», aunque por miedo «se amoldó a las circunstancias», esperando la pronta caída del franquismo. Por ser hombre de derechas, Martínez Angulo no podía haber sido pendenciero o provocador, pero «con anterioridad al Glorioso Movimiento Nacional perteneció al Partido Nacionalista Vasco. Fue elemento muy destacado y propagandista entusiasta de su partido, llevando las

---

[35] AGA, Fichero general del Servicio de Información de la Guardia Civil, expediente de Guillermo Zabala Ugarte.

candidaturas a domicilio en período de elecciones. Iniciado el Movimiento, su actitud fue pasiva, amoldándose a las circunstancias». Eso sí, al igual que todos los demás era «peligroso»[36].

Los hermanos Arbulu Almarza también eran muy jóvenes. Cuando Franco finiquitó la democracia por las armas, Mateo tenía 27 años, Emilia 24, Teodoro 19 y Domingo 16. Este último, ya lo veíamos, fue internado en 1937 en la cárcel de Vitoria por gritar contra el régimen cuando se encontraba en compañía de su amigo Pablo Manero. Doce meses después de su arresto fue movilizado y marchó al frente para encontrarse con sus dos hermanos varones que ya llevaban tiempo sirviendo en el Ejército[37]. De todos ellos, antes del golpe de Estado sólo Mateo había mantenido un fugaz coqueteo con el Partido Republicano Radical. En cualquier caso, de quien se informaba en 1945 no era de él sino de sus tres hermanos menores. El más pequeño y el único con antecedentes era considerado «desafecto al régimen actual» y reincidente en sus muestras de escasa adhesión a los pilares del Régimen. No «recientemente ha sido denunciado por blasfemo». Respecto a Teodoro, la ficha elaborada por la Guardia Civil ahondaba en un aspecto de la represión que sólo un análisis detallado de los expedientes militares permite (y no siempre) estudiar: la imposición de castigos extraordinarios por razones políticas. Fue lo que le ocurrió tras ser «recargado en el servicio militar por su mal comportamiento y clasificado después de licenciado como extremista y desafecto a la Causa Nacional», algo nada anecdótico en una España en la que los informes de buena conducta eran necesarios para absolutamente todo. Por su parte, la única hermana de los tres soldados forzosos, Emilia, cargaba aún con el estigma de una vida privada opuesta a la norma, toda vez que «estuvo casada por lo civil y los hijos que tuvo con su primer marido no fueron bautizados hasta después del Movimiento»[38].

Más joven aún que todos los Arbulu Almarza era Julio Fernández Puente, quien apenas había cumplido los quince años en 1936. En la posguerra tanto él como sus familiares eran considerados simpatizantes de izquierda, por lo que, al igual que Teodoro Arbulu, fue licenciado del Ejército por ser considerado sospechoso[39]. Su caso, y también el de su

[36] AGA, Fichero general del Servicio de Información de la Guardia Civil, expediente de Rufino Martínez Angulo.

[37] Archivo de Álava, Fondo Álava, Caja 31, Exp. 471.

[38] AGA, Fichero general del Servicio de Información de la Guardia Civil, expediente de Emilia Arbulu Almarza.

[39] En 1941 Víctor Puelles López de la Calle, hijo de Luis y sobrino de Manuel Puelles, solicitó permanecer en el Ejército para tratar de hacer carrera militar y ganarse la vida en Barcelona, donde se encontraba destinado. Enterada la alcaldía de Laguardia, un in-

familia, explica cómo no pocas veces el celo inquisitorial de las derechas terminaba creando izquierdistas entre quienes, simplemente, habían permanecido ajenos a la irrupción de la política. A comienzos de 1937 se había asentado en la Rioja Alta y algunas localidades de la Rioja Alavesa un contingente de soldados italianos del *Corpo de Truppe Voluntario* (CTV). Recordados por combatientes nacionales como cobardes y faltos de ardor guerrero, entre la población civil causaron una impresión más diversa. En lo que respecta a la administración de la violencia en retaguardia, diferentes testimonios recogidos a uno y otro lado de la frontera que separa La Rioja de Álava coinciden en calificar a los reclutas italianos como «bellísimas personas»[40]. En Laguardia, donde permanecieron acantonados en el complejo escolar Víctor Tapia y alojados en la fonda de Bienvenido Martínez, no dudaron en proteger a éste de un destino incierto cuando una partida de requetés acudió a su establecimiento para llevarlo preso[41]. Por estos hechos y, sobre todo, por el rechazo que la versión española del fascismo suscitaba entre los tradicionalistas, en Laguardia despertaron más rechazo que simpatía. En 1939 el Ejército italiano esculpió en mármol una placa funeraria en la que aparecían grabados doce nombres de soldados del CTV muertos en combate. Los cuatro extremos ya habían sido perforados para su colocación en la Iglesia de Santa María, pero en este punto tropezaron con la oposición de Jenaro Quincoces, quien retiró la placa y la sepultó cerca del viejo coro del templo religioso, dónde aún se conserva[42].

La presencia italiana fue también la causa del primer desencuentro de Julio Fernández Puente con el régimen. El 30 de octubre de 1938 Julio paseaba en compañía de su amigo Pedro Martínez Martínez y de las hermanas Julia y Josefina Coca Aguillo. Hacia las 21:30 horas un cabo italiano le pidió que marchara, a lo que Julio se negó. Inmediatamente, el cabo le propinó un puñetazo, comenzando una pelea que sólo terminó cuando aparecieron en el lugar los agentes Doroteo Gámiz y Prudencio Fernández de Arróyabe. La venganza no se hizo esperar: en compañía

---

forme negativo de antecedentes políticos familiares frustró sus propósitos. Testimonio de María Pilar Orive Crespo (19-IX-2023).

[40] Gil Andrés (2006), pp. 336-347.

[41] Testimonio de Juantxu Martínez Uzquiano. En este punto, recuérdese el largo historial violento de la partida de vengadores y camorristas liderada por Salvador Briones.

[42] Más fácil fue para todos tributar homenaje al protomártir nacional por excelencia, José Calvo Sotelo. El 31 de agosto de 1940 se erigió en su honor una estatua en el paseo de El Collado. «Para ejemplo de los presentes y perpetua memoria de los venideros», rezaba la inscripción en su parte final. La iniciativa había partido de la Asociación de Amigos de Laguardia, que en los años posteriores se beneficiaría de generosas subvenciones de la Diputación de Álava.

de Pedro, Julio Fernández apedreó a los italianos el 2 de noviembre. Tres días más tarde la guarnición italiana sufrió otro ataque a pedradas. Por encontrarse en las inmediaciones y dados los antecedentes, la Guardia Civil detuvo a Julio Fernández, pero las hijas de Justo Coca reconocieron que su hermano Félix había tenido un encontronazo con centinelas del CTV, razón por la cual no era descabellado pensar que el responsable hubiera sido él[43]. Los hechos fueron elevados a información militar al objeto de dictaminar qué responsabilidades podrían deducirse de lo ocurrido. Por una parte, y dado el ascendiente carlista de la familia Coca, no se hizo el menor esfuerzo por averiguar si Félix había participado en el segundo apedreamiento, por lo que se pasó directamente a indagar sobre el pasado de Pedro y de Julio[44].

Respecto del primero, las autoridades locales coincidieron en informar que era un adolescente de derechas, «pero de carácter comprometedor y pendenciero, habiéndose fugado varias veces del domicilio paterno, siendo su conducta regular». Jenaro Quincoces también remarcaba que era «uno de los muchachos que más frecuentaba los sacramentos», pero que entonces y ahora parecía un «anormal, habiendo intentando varias veces el informante que sus padres le recluyeran en el Reformatorio de Amurrio». Eso sí, en 1936 y a pesar de ser un poco más que un niño, nadie rechazó su alistamiento en el Requeté. De hecho, le dieron un arma, pero como aún era joven para ir al frente, se le permitió su uso en retaguardia, sirviendo como requeté auxiliar. Respecto a Julio Fernández, decían los tradicionalistas que era «adicto a Izquierda Republicana, con tendencias comunistas, muy blasfemo, y en cierto altercado con otro vecino de la localidad pronunció las palabras de Viva el Comunismo». Era todo tan disparatado que incluso el nada apaciguador Quincoces tuvo que poner algo de sentido común en el asunto: «El decir vago de la gente es que es comunista, aunque esa calificación se la dan a cualquiera que sea contrario a un partido determinado». La Delegación de Orden Público también matizó a la derecha local, recordando que, aunque pudiera simpatizar con las izquierdas, «se afilió a Falange, observando siempre buena conducta, tanto pública como privada». Fernández, añadía el informe, «tenía al estallar el Movimiento Nacional de 14 a 15 años, fue uno de tantos chicos con poca educación y menos cultura [que] poco después vino a esta capital prestando algún servicio en la Jefatura o Secretaría de

---

[43] Félix, Juan y Eloy, los tres hermanos varones de Julia y Josefina Coca, combatieron en la guerra. Activo militante tradicionalista, Félix permaneció en la retaguardia un tiempo, formando parte del Requeté Auxiliar. Por su parte, Juan sí marchó al frente al poco de comenzar la guerra. Eloy, por último, esperó hasta la movilización de su quinta. Archivo de Álava, Fondo del Territorio Histórico, DH 12692.

[44] AIMNO, Caja 72, Exp. 1.060.

FET y de las JONS y más tarde parece estuvo prestando servicios en el frente en una Centuria de Álava de donde, reclamado por su madre por menor de edad, regresó hacia septiembre último. A partir de ese momento su conducta fue buena hasta que fue detenido por el hecho de autos»[45].

Tampoco fue fácil regresar, especialmente si la vuelta se producía de manera temprana. Francisco Etcheverry Amelibia, único hijo varón de Serviliano, había abierto farmacia en Grajal de Campos (León) un año antes de la guerra civil. En la localidad leonesa se relacionó con lo más granado de la izquierda en la comarca, entre ellos Benito Pamparacuatro, alcalde de Sahagún entre 1931 y 1934. Tan endeble cargo fue suficiente como para motivar su detención el 27 de julio de 1936 y su procesamiento dentro de la macrocausa 80/36 de León, seguida contra un centenar de vecinos «por su intervención en el movimiento revolucionario marxista en contra del Ejército Nacional». Muchos de los encausados no llegaron a comparecer porque, al igual que el propio Pamparacuatro, ya habían sido «desaparecidos» antes de iniciarse el proceso judicial. Finalmente, el 3 de junio de 1937 y mientras la España nacional lloraba el accidente aéreo que costó la vida al general Mola, Francisco Etcheverry y otros cuarenta y tres vecinos de la comarca de Tierra de Campos escuchaban la sentencia: perpetua, en el caso del hijo del boticario de Laguardia[46].

Trasladado al fuerte navarro de San Cristóbal, Francisco permaneció encerrado hasta que en 1940 le fue conmutada la pena. De vuelta a su pueblo natal, la pretensión de Francisco Etcheverry de recuperar su oficio chocó contra el interés de Carlos Laorden, a quien recordamos habiendo comprado la farmacia de Serviliano merced a las dificultades que atravesaba la viuda de éste. Tanto el Ayuntamiento como Laorden argumentaron que la reglamentación nacional en materia farmacéutica impedía que pudieran coexistir dos farmacias en una localidad de tan sólo 2.300 habitantes, pero lo cierto era que por decreto y desde enero de 1941 en los municipios con menos de cinco mil vecinos la autorización para el establecimiento de boticas facultaba al Delegado Provincial de Farmacia para que decidiera si era procedente o no otorgar una nueva licencia[47].

---

[45] Su padre, Toribio, se encontraba incapacitado *de facto* por problemas mentales, asumiendo Luisa, su madre, toda la responsabilidad del hogar. Su actitud en posguerra, en AGA, Fichero general del Servicio de Información de la Guardia Civil, expediente de Julio Fernández Puente.

[46] MARTÍNEZ ENCINAS, Vicente (2006).

[47] A pesar de que los componentes de Junta de Investigación formada en febrero de 1937 eran perfectamente conscientes del paradero de Francisco Etcheverry en ese momento, no dudaron en informar a las autoridades militares de que el hijo de Serviliano estaba «siempre metido en líos, (era) un provocador contra las derechas». Esa animadversión no remitió una vez acabada la guerra. AIMNO, Fondo Álava, Caja 85, Exp. 1.278.

Un mes después de la introducción de la reforma legal, Francisco Etche-verry tomó el testigo de su padre y compitió con Laorden hasta que, quince años después, éste abandonó el pueblo y el local farmacéutico[48].

Hasta su marcha, Carlos Laorden fue también miembro del Patronato de la entonces llamada Institución Carmelo Etchegaray, es decir, la Colo-nia Escolar de Laguardia. Puesta en pie por el Ayuntamiento de Bilbao, su origen se sitúa en la misma época que las más conocidas de Pederna-les, Gorliz o Pobeña, es decir, en la década de 1920. El objetivo de las mismas era, en un momento con tasas de mortalidad infantil preocu-pantes, mejorar la salud de los niños con menos recursos a través del fomento de la actividad física y/o su traslado temporal, a espacios en los que respirar aire de mejor calidad. También combatir su paupérrima dieta, abundando los reportajes de prensa en los que niños y niñas mos-traban sus rostros más sonrosados y su cuerpo algo menos huesudo tras meses de buena alimentación[49]. Durante la guerra civil, la Colonia se vio afectada por la instalación de los italianos en el edificio, que pasó así a convertirse en cuartel provisional. Sin embargo, cuando la el conflicto bélico terminó y el Ayuntamiento de Bilbao recuperó el edificio, las ins-talaciones se encontraban en un estado pésimo. El consistorio laguar-diense, machacado económicamente desde tiempo inmemorial y rematado en su ruina por la guerra, se desentendió de cualquier arreglo hasta que, en 1947, la alcaldía de Bilbao destinó dos millones y medio de pesetas a las obras de acondicionamiento, permitiendo su reapertura dos años más tarde.

Antes del golpe de Estado, la población escolar de la colonia acudía dos horas a clase y disfrutaba el resto de la jornada alternando recreo, deporte y excursiones. El director en aquel tiempo era el padre de Carlos Laorden, Aureliano, y su modelo de gestión fue bien acogido entre niños y padres. Don Aureliano falleció en 1941, pero para entonces y aunque los objetivos seguían siendo los mismos, el modelo de gestión había cam-biado completamente[50]. El Ayuntamiento dejó de nombrar director, asu-

---

[48] AML, Partido Farmacéutico de Laguardia (documentación no inventariada); *Bo-letín Oficial del Estado* (*BOE*), 6-II-1941. La fortuna de Carlos Laorden había aumentado sustancialmente con la apertura de la farmacia. Lo resumía gráficamente Antonio Mi-jangos (5-VI-2023): «su padre, el médico, viene de Elciego y se convierte en terratenien-te, con tres o cuatro peones fijos y yugada. Carlos estudia Farmacia, pero se hace un gran comerciante, vende vinos y productos fitosanitarios, y hace una riqueza impresionante».

[49] La regulación inicial de su funcionamiento, en *Reglamento para el régimen y ad-ministración de la Colonia Escolar de Bilbao en Laguardia*, Ayuntamiento de Bilbao, Bilbao, 1921.

[50] No obstante, su desempeñó como director se vio interrumpido en otoño de 1937, fecha en la que el nuevo Ayuntamiento franquista de Bilbao le expulsó del cargo por nacionalista vasco. Como sucedió con su expediente de responsabilidades políticas, los

miendo el cargo el alcalde de turno y situando al frente una administradora, cuatro maestras, dos empleadas de cocina, dos lavanderas, planchadora, costurera y otras diez sirvientas. El personal lo completaban dos auxiliares-vigilantes, reflejo meridiano de la concepción de la Beneficencia por parte del régimen franquista. En cuanto al personal masculino, un guarda, un hortelano y un peón del Ayuntamiento de Bilbao se encargaban del buen estado de sus exteriores a la par que un sacerdote hacía lo propio con las almas y conciencias de los internos. Los niños que pasaron por allí en esta segunda etapa no guardan tan grato recuerdo ni del gobierno de la institución ni de la dureza de los castigos. La Colonia Escolar de Laguardia desapareció a la vez que la propia dictadura, pero el hambre acompañó la cotidianeidad de los vecinos durante buena parte de aquellas cuatro décadas grises. El nombre de la villa es hoy sinónimo no sólo de la belleza arquitectónica y paisajística que siempre le han acompañado, sino también de bonanza económica merced a la sobreexplotación turística y a la producción vitivinícola. Pero ayer, es decir, en el ecuador del pasado siglo xx, las cosas eran bien distintas y la desnutrición no sólo deterioraba la salud de los niños del Gran Bilbao, sino también de los nacidos en la localidad riojano-alavesa[51].

En muchos casos, esa hambre no fue otra cosa que la consecuencia más directa del amplio repertorio de violencia política desplegado por los ganadores de la contienda civil. Terminada la Segunda Guerra Mundial en Europa y en vísperas de la rendición de Japón, Eloísa García Hervás, viuda de Luis Puelles Gredilla y en aquel momento exiliada en Bilbao, inició los trámites para inscribir a quien había sido su marido en el Libro de Defunciones del Registro Civil de Laguardia. Al dolor del crimen, se sumaba la responsabilidad de cuidar de los primeros cuatro hijos del matrimonio y de un quinto al que Luis nunca llegó a conocer por hallarse su mujer encinta en el momento de su detención y posterior asesinato. Eloísa nunca creyó que siguiera vivo, pero sí confió en, al menos, tener noticias sobre el lugar en el que fue asesinado. Junto a los dos hijos mayores de Luis, nacidos de un primer enlace del que enviudó tempranamente, comenzó a intentar «dar con su paradero», pero todo fue en vano «a pesar de las pesquisas practicadas». De su precaria situación económica daba fe una carta que la Unión Diocesana de Mujeres dirigió al

buenos informes llegados desde Laguardia le permitieron regresar al puesto poco después. Archivo de Álava, Fondo Histórico Provincial, Responsabilidades Políticas (Aureliano Laorden Besga).

[51] GONDRA REZOLA, Juan: «La colonia escolar de Laguardia durante la posguerra», *Bilbao*, 2004 (junio), p. 38.

Juzgado de Laguardia en súplica de un papeleo ágil y rápido. Hacían constar lo siguiente:

> Eloísa García Hervás desea conseguir para sus cinco hijos la pensión que el Gobierno concede a los huérfanos de la revolución y de la guerra. Como para ello es necesaria la inscripción de defunción de su marido D. Luis Puelles Gredilla, le ruego encarecidamente se sirva hacer las oportunas diligencias para concedérsela. De dicha inscripción se necesitan tres partidas, pues como los huérfanos se encuentran recogidos por sus familiares en tres provincias distintas (Álava, Vizcaya y Santander) es necesario hacer la documentación por triplicado. Si es que se necesita certificación de vecindad, testigos o algún otro requisito le agradeceré mucho le indique el modo de hacerlo ya que se trata de persona humilde y por tanto ignorante de estas cosas[52].

Como testigos de su detención Eloísa citó a Lucas Victoriano Castañeda, al funcionario municipal destituido Julián Armentia Fernández y a Teodoro López Casado, apresado el mismo día que Luis Puelles. Su desaparición la acreditarían dos vecinos de Vitoria: Gonzalo Montoya Lafuente e Isaac Vara Pastrián. Tanto Montoya como Vara aseguraron saber «por referencias» que la pista de Puelles se perdió en la tarde-noche del 6 de octubre. Oídos ambos, de forma inmediata se procedió con el trámite de inscripción.

---

[52] Juzgado de Instrucción de Laguardia, Expedientes de inscripción fuera de plazo.

De la intransigencia del carlismo local dieron cuenta incluso los soldados italianos hospedados en Laguardia, retratados en la foto superior en 1937. En la imagen inferior, un grupo de margaritas junto a un requeté de la localidad riojano-alavesa.

EPÍLOGO

SOBRE CUÁNDO TERMINÓ AQUELLO

Apenas quedan doce años para que se cumpla el centenario del golpe de Estado que precedió aquel largo tiempo de silencio, circunstancia que hace más complicada la recogida de fuentes orales del período, incluso las de segunda generación. Cuando se consigue acceder a ellas, aparecen nuevos hándicaps que, en cierta manera, hipotecan esos posibles testimonios. En lo que se refiere a este libro, un testigo de la época pidió el anonimato porque en varios pasajes reflexionaba sobre las penurias sociales y económicas de Laguardia hasta bien entrada la década de los sesenta. Sorprendido por la causa, pregunté cuál era exactamente el problema; «me dejarían de hablar si alguien lee que yo he dicho que fuimos pobres. ¡Con lo que somos ahora!». En el espejo del pasado nunca nos encontramos cómodos y filtrar los recuerdos no deja de ser una manera de aligerar cargas. En otros casos persiste ya no el miedo a los perpetradores, sino a lo que puedan opinar sus descendientes, como si fuésemos capaces de legar a nuestros hijos algo más que pertenencias y rasgos genéticos. Así, ese mismo entrevistado afirmó lo siguiente:

> En Laguardia esto lo lee todo el mundo, y el que no lo lee se entera, que es peor. Ten en cuenta que esos por los que me preguntas (requetés de *primera hora*) están todos muertos, y también sus hijos. Muchos yo casi ni conocí; se fueron a Bilbao porque aquí no había trabajo. Pero igual viven sus nietos, que yo alguno conozco, que vinieron a trabajar en el vino. Y esos nietos son padres también. De repente leen que su bisabuelo hizo esto y aquello, y que yo lo he dicho así. Pues claro, eso no. Que una cosa es escribir, qué te diría yo, de la guerra de la Independencia, que ya son doscientos años, pero de la guerra civil… Al final es como reabrir heridas.

Cuesta creer, sin embargo, que alguna vez esas heridas hubieran llegado a sanar. Siguiendo con las metáforas médicas, más bien lo que sucedió fue que se dejó secar la sangre hasta la formación de una postilla que, tal vez, permanezca realmente entre las generaciones de edad más avanzada. Sea como fuere, el período iniciado el 18 de julio de 1936 dista mucho de ser el del tiempo presente, y esta afirmación es perfectamente válida también para Laguardia. Es difícil marcar un día e incluso un año concreto para la transición de la dictadura a la democracia. Es tan tentador como erróneo utilizar como referencia el 20 de noviembre de 1975. Horas después de la muerte de Franco, el último alcalde del régimen, Faustino López de Foronda, convocaba un pleno extraordinario para trasmitir el pésame de la Corporación a la familia, acordando «celebrar en sufragio por su alma solemnes honras fúnebres dedicándole un funeral a tener lugar en la Parroquia de Santa María de los Reyes, presidiendo el mismo todas las autoridades locales e invitando a dicho acto piadoso a toda la comunidad». Otra fecha, en este caso de alcance local, podría ser aquella en la que el pueblo normalizó lo que ya lo era en Vizcaya, Guipúzcoa y la práctica totalidad de Álava, es decir, que la *ikurriña* ondease en el balcón municipal junto al resto de banderas oficiales. Una plataforma vecinal lo había solicitado, así que los concejales no pudieron eludir el debate. El 11 de agosto de 1977 Faustino López de Foronda entró al Ayuntamiento como alcalde, trató los diversos puntos del orden del día y, cuando llegó el momento de aprobar o no el izado de la bicrucífera, cedió el testigo a Manuel Fernández Pérez y abandonó el salón de plenos para evitar ser quien oficializara un reclamo al que se oponía[1].

En cualquier caso, el que era párroco de Santa María cuarenta años antes ya había apuntado en esa fecha que la violencia política había sido un ingrediente consustancial de la comunidad al menos desde la guerra de la Independencia. Según Jenaro Quincoces:

> Todo (la guerra de 1936-1939) es la continuación de la pugna tradicional entre carlistas y liberales antes, entre carlistas y republicanos después y entre carlistas y rojos ahora[2].

Se trataba de una violencia endógena, en ocasiones influenciada por los marcos geográficos supralocales (provinciales, regionales o incluso nacionales), pero que había dividido al pueblo en bandos y banderías de dimensión desigual (mayorías conservadoras, minorías progresistas) durante siglo y medio. Siendo así, quizás pueda decirse que el franquismo en Laguardia (que no, obviamente, los franquistas) expiró el día que los ecos de otra espiral de violencia política, en este caso exógena, se dejaron sentir tímidamente en el pueblo. Fue lo que sucedió el 1 de junio de 1978, cuando un comunicante en nombre de ETA llamó a la redacción de *Egin*

---

[1] AML, Libros de actas de plenos.
[2] AIMNO, Fondo Álava, Caja 33, Exp. 584.

señalando que en las Bodegas Palacio «se está haciendo de menos al obrero», dando cuarenta y ocho horas de plazo para que les fueran reconocidos sus derechos. En caso contrario, «la organización estaría obligada a emplear la lucha armada contra el jefe de personal»[3]. Significativamente, ni siquiera el diario *abertzale* pudo «tener una confirmación sobre ningún posible conflicto laboral ocurrido en la empresa mencionada».

El episodio recién descrito encerraba una clave política novedosa: la pugna banderiza derecha-izquierda trocaba en otra de oposición de identidades nacionales. Ha de recordarse aquí que en la guerra civil y en la inmediata posguerra se hizo frecuente que los carlistas se enfrentaran a entidades supramunicipales cuando éstas propusieron sanciones a empleados nacionalistas vascos, considerados por los tradicionalistas «personas de orden», aunque «con matices regionalistas». A lo largo de la dictadura este discurso fue modificándose, al punto de que el nuevo chivo expiatorio dejó de ser la izquierda:

> Nos transmitieron no tanto que los republicanos eran contrarios a España, sino enemigos de Dios y de la Iglesia. Eso sí. Lo de la unidad de España y eso, nada. Pero más tarde quedó un poso, ya de ver al PNV como un partido traidor. Tiene un fondo… Es una cosa como rara. El PNV ha sido un partido católico, pero que en la guerra no defendió a la Iglesia Católica, sino a sus enemigos. Eso se dijo pasados los años, claro[4].

El «pueblo moral», así las cosas, comenzó a definirse ya no tanto en términos de fe religiosa, sino de España y anti-España: en la primera cabían todos los que no comulgaran con el nacionalismo vasco, es decir, la anti-España. La patria chica era una réplica local de la nación española, en la que la huella de la violencia se borraba mediante el silencio[5]. El muñidor de esta estrategia fue el primer alcalde de la democracia, Javier San Pedro. Regidor hasta su muerte con un único paréntesis de cuatro años, consiguió su victoria más holgada en 1983, doblando en concejales (seis frente a tres) al PNV[6]. Fue entonces cuando comenzó, muy lejos de allí, la «guerra

---

[3] *Egin*, 2-VI-1978.

[4] Testimonio de Antonio Mijangos (5-VI-2023).

[5] Lo facilitaba también el éxodo (primero ideológico, luego laboral) de «familias enteras. Mi padre contaba que para ver gente de Laguardia había que ir a Vitoria, al barrio de Zaramaga: ahí vivían muchos de los que se fueron». Juantxu Martínez Uzquiano (5-VI-2023).

[6] Fallecido en el año 2000, San Pedro procedía de una familia de indudable pedigrí carlista. Tanto su abuelo (Jenaro San Pedro Carrera) como su padre (Jenaro San Pedro Martínez) han aparecido de forma recurrente en este libro. También, en menor medida, sus tías María y Clara. Ese abolengo tradicionalista también fue un sello de sus candidaturas, especialmente en los primeros años, con la presencia de los apellidos Briones,

de banderas», así denominada después de que el ayuntamiento guipuz-
coano de Tolosa decidiera retirar de la balconada municipal la española,
devolviéndola después al ministro del Interior José Barrionuevo[7].

En la memoria reciente queda lo ocurrido en el pueblo durante las
fiestas patronales de aquel 1983. La noche del 24 al 25 de junio dos jóvenes de localidad, ambos miembros de la cuadrilla *Biasteriak*, se unieron
a otros cuatro de Amorebieta y Vitoria para encaramarse al balcón del
Ayuntamiento con la intención de prender fuego a la enorme bandera
bicolor que lo decoraba de extremo a extremo. La escena fue observada
desde su domicilio por Javier San Pedro y por una militante del PSOE.
Aquéllos y éstos se enzarzaron en una discusión no exenta de gritos,
insultos y empujones, interviniendo la Guardia Civil[8]. Los hechos levantaron cierta expectación porque coincidieron con la celebración del
Dantzari Eguna, razón por la cual habían acudido centenares de jóvenes
guipuzcoanos, vizcaínos, navarros o de otras localidades de Álava. La
polémica incluso se extendió a Vitoria después de que el alcalde, José
Ángel Cuerda, decidiese contratar a uno de los mozos como monitor en
colonias de verano[9].

Tal vez fuera la primera ocasión en el siglo xx en la que un episodio
violento por razones políticas no enfrentaba entre sí a miembros reconocidos de la comunidad, ni tampoco a la derecha con la izquierda, que
en esta ocasión formaron improvisada alianza. Para entonces habían
cambiado muchas más cosas en Laguardia. La población se había reducido en casi ochocientos vecinos desde 1930 y la edad media de los residentes era bastante más alta que antes de la guerra. La miseria, incluida
la que asolaba las arcas municipales, dio paso también a la abundancia
alrededor del vino y del turismo. La violencia, el miedo y el silencio
impuesto por las armas también provocaron un cambio mucho más significativo en lo que a este trabajo se refiere: la desaparición de la cultura
liberal y republicana, reducida a la mínima expresión[10]. Teniendo todo

Viñegra o Coca. La primera vez que aspiró a la alcaldía lo hizo bajo el paraguas de la
UCD, en 1979. Desaparecido el partido de Adolfo Suárez y bajo las distintas marcas de
la derecha hasta la unificación de ese espacio político, revalidó el triunfo en 1983 y 1987.
En 1991 no se presentó, pero sí lo hizo en 1995 y 1999, logrando de nuevo amplias mayorías.

[7] En la memoria de aquella generación, sin embargo, se recuerda más lo sucedido
dos semanas después en Rentería, cuando su primer alcalde socialista decidió colocar la
bicolor junto a la ikurriña en el inicio de las fiestas de la Magdalena.

[8] *Deia*, 26-VI-1983; *Egin*, 26-VI-1983.

[9] Archivo Municipal de Vitoria, Libros de Actas de Plenos.

[10] Sólo en tres ocasiones durante los últimos cuarenta y cinco años ha conseguido
representación la formación más representativa de ese legado cultural y político: el Partido Socialista. En todos los casos, lo hizo logrando un único edil.

ello presente, bien podría conjugarse el miedo que nuestro informante anónimo mostraba a la Historia en los dos últimos siglos: Laguardia no es ya la de 1812 ni la de las tres guerras carlistas. De entonces ya no queda nadie. Sí viven laguardienses nacidos en 1936 o incluso antes, pero tampoco queda nada del tiempo que les vio nacer ni de las décadas en las que fueron a la escuela, encontraron sus primeros trabajos o se casaron. En definitiva, el período aquí tratado está tan cerrado como cualquiera de los antedichos, y como tal se ha abordado aquí.

BIBLIOGRAFÍA

AGUIRRE GONZÁLEZ, Jesús Vicente: *Aquí nunca pasó nada. La Rioja, 1936*, Santos.

AIZPURU MURUA, Mikel: *El otoño de 1936 en Guipúzcoa. Los fusilamientos de Hernani*, Alberdania, San Sebastián, 2007.

ALCALDE FERNÁNDEZ, Ángel: «La tesis de la brutalización y sus críticos: un debate historiográfico», *Pasado y Memoria*, 15 (2016), pp. 17-42.

ÁLVARO DUEÑAS, Manuel: *Por ministerio de la ley y voluntad del Caudillo. La jurisdicción especial de Responsabilidades Políticas (1939-1945)*, Centro de Estudios Constitucionales, Madrid, 2006.

ARIAS GONZÁLEZ, Luis: *Gonzalo de Aguilera Munro. XI Conde de Alba de Yetes (1886-1965). Vidas y radicalismo de un hidalgo heterodoxo*, Ediciones de la Universidad de Salamanca, Salamanca, 2013.

ARÓSTEGUI SÁNCHEZ, Julio: *El carlismo alavés y la guerra civil de 1870-1876*, Diputación Foral de Álava, Vitoria, 1970.

BARRUSO BARÉS, Pedro: *Verano y revolución. La guerra civil en Guipúzcoa*, RB, San Sebastián, 1996.

— *Violencia política y represión en Guipúzcoa durante la guerra civil y el primer franquismo (1936-1945)*, Hiria, San Sebastián, 2005.

BORDES MUÑOZ, Juan Carlos: *El servicio de Correos durante el régimen franquista (1936-1975). Depuración de funcionarios y reorganización de los servicios postales*, Cinca, Madrid, 2009.

BROWNING, Christopher, *Aquellos hombres grises. El Batallón 101 y la Solución Final en Polonia*, Edhasa, Barcelona, 2019 [1992, en inglés.]

CABANELLAS BENITO, Jorge: *Historia de los Miñones de Álava*, El Gallo de Oro, Bilbao, 2022.

CANTABRANA MORRÁS, Iker: «Lo viejo y lo nuevo: Diputación-FET de las JONS. La convulsa dinámica política de la *leal* Álava (Segunda parte: 1938-1943)», *Sancho el Sabio*, 22 (2005), pp. 139-169.

CASANOVA RUIZ, Julián: *De la calle al frente. El anarcosindicalismo en España (1931-1936)*, Crítica, Barcelona.

CERVERO CARRILLO, José Luis: *Los rojos de la Guardia Civil. Su lealtad a la República les costó la vida*, La Esfera de los Libros, Madrid, 2006.

Del Castillo, Michel: *El crimen de los padres*, Ikusager, Vitoria, 2005.

De Pablo Contreras, Santiago: «La CNT y los sucesos revolucionarios de Labastida de 1933», *Kultura*, 8 (1985), pp. 105-116.

— *La Segunda República en Álava. Elecciones partidos y vida política*, UPV-EHU, Bilbao, 1989.

— «*Pensamiento Alavés*: un diario tradicionalista ante la Guerra Civil», en Tuñón de Lara, Manuel: *Comunicación, cultura y política durante la II República y la Guerra Civil: II Encuentro de Historia de la Prensa*, UPV, Bilbao, 1990, pp. 227-241.

— «Falange y Requeté en Álava. Divergencias en la retaguardia franquista durante la Guerra Civil», *Kultura*, 3 (1992), pp. 93-103.

De Prado Herrera, María de la Luz: «Represión económica y control de funcionarios durante la Guerra Civil (1936-1939)», en Cuesta Bustillo, Josefina (coord.): *La depuración de funcionarios bajo la dictadura franquista (1936-1975)*, Fundación Largo Caballero, Madrid, 2009.

Egaña Sevilla, Iñaki (coord.): *1936, Guerra Civil en Euskal Herria*, Aralar, Andoain, 1999.

— *Los crímenes de Franco en Euskal Herria*, Txalaparta, Tafalla, 2009.

Enciso Viana, Emilio: *Laguardia decimonónica*, Diputación Foral de Álava, 1987.

Escobal, Patricio: *Las Sacas*, Roldana Editorial, Pamplona, 1981 [1974].

Fernández Redondo, Iñaki: *El fascismo vasco y la construcción del régimen franquista*, PUV, Valencia, 2021.

Gil Andrés, Carlos: *Lejos del frente. La guerra civil en la Rioja Alta*, Crítica, Barcelona, 2006.

— «La zona gris de la España azul. La violencia de los sublevados en la guerra civil», *Ayer*, 76 (2009), pp. 115-141.

Gil Basterra, Iñaki: *Jurisdicción especial y represión franquista en Álava (1936-1942)*, Gobierno Vasco, Vitoria, 2006.

Goldhagen, Daniel: Los verdugos voluntarios de Hitler. Los alemanes corrientes y el Holocausto, Taurus, Madrid, 1997 [1996, en inglés].

Gómez Bravo, Gutmaro y Marco Carretero, Jorge: *La obra del miedo. Violencia y sociedad en la España franquista. 1936-1950*, Ediciones Península, Barcelona, 2011.

Gómez Calvo, Javier: *Matar, purgar, sanar. La represión franquista en Álava*, Tecnos, Madrid, 2014.

— «Historia de Galarreta: de la dictadura de Primo de Rivera a la guerra civil (1923-1939)», *Sancho el Sabio*, 27 (2007), pp. 101-129.

— «La depuración de funcionarios en la Diputación de Álava (1936-1940), *Historia Contemporánea*, 40 (2010), pp. 95-126.

— *La represión franquista en Iruña de Oca*, Ayuntamiento de Iruña de Oca, Iruña de Oca, 2019.

— *Esclavos de Orduña (1937-1941)*, Beta III Milenio, Bilbao, 2024.

GONDRA REZOLA, Juan: «La colonia escolar de Laguardia durante la posguerra», *Bilbao*, 2004 (junio), p. 38.

GROSS, Jan Tomasz: *Vecinos. El exterminio de la comunidad judía de Jedwabne*, Crítica, Barcelona, 2002 [2001].

IBÁÑEZ ARGOTE, Primitivo: *La masonería y la pérdida de las colonias*, Ediciones Antisectarias, Burgos, 1938.

— *Yo vi ejecutar al «Buen Ladrón» del siglo XX*, Imprenta Egaña, Vitoria, 1955.

KORTAZAR BILLALABEITIA, Jon: *Beasain. Oroimen Historikoa*, Aranzadi, San Sebastián, 2018.

LARRETA AYESA, Asun: *Juan Larreta Larrea. El compromiso personal y familiar de un maestro represaliado (1881-1936-2023)*, Pamiela, Pamplona, 2023.

LARRUMBIDE MORENO, María Paz: *La forja de una identidad. Araya, pasado y presente*, Diputación Foral de Álava, Vitoria, 2020.

LEIRA CASTIÑEIRA, Francisco: *Soldados de Franco. Reclutamiento forzoso, experiencia de guerra y desmovilización militar*, Siglo XXI, Madrid, 2020.

LLANOS JUSTA, Tomás: *Se los llevaron el camión. Guerra civil y represión en Casalarreina (La Rioja). Una historia de retaguardia*, Piedra de Rayo, Logroño, 2015.

LÓPEZ CRISTÓBAL, Santiago: «Evolución del Ayuntamiento de Vitoria durante la dictadura de Primo de Rivera (1923-1930)», *Primeras jornadas de Historia Local*, San Sebastián, 1988, T. II, pp. 691-710.

MARTÍNEZ, Encarna: *Recuerdos de Laguardia. Imágenes de un pueblo*, Diputación Foral de Álava, Vitoria, 1994.

— *Laguardia-Biasteri. Retazos de historia en el siglo XX*, Vitoria, 1994.

— *Recuerdos de Laguardia. Imágenes de un pueblo*, Diputación Foral de Álava, Vitoria, 1998.

— *Laguardia Biasteri. Retazos de historia en el siglo XXI*, Ed. Autor, 1998.

MARTÍNEZ ENCINAS, Vicente: *Grajal de Campos: la década conflictiva (1930-1939)*, Diputación de León, León, 2006.

MARTÍNEZ MENDILUCE, José Antonio y MARTÍNEZ MENDILUCE, Luis: *Historia de la resistencia antifranquista en Álava (1939-1967)*, Txertoa, San Sebastián, 1998.

— *Historia de la resistencia antifranquista en Álava (1939-1967)*, Txertoa, San Sebastián, 1998.

MORENTE VALERO, Francisco: «La depuración franquista del Magisterio Público», *Hispania*, 208 (vol. 61), pp. 661-688.

— *La Escuela y el Estado Nuevo. La depuración del Magisterio Nacional (1936-1943)*, Ámbito, Valladolid, 1997.

MIKELARENA PEÑA, Fernando: *Sin piedad. Limpieza política en Navarra 1936. Responsables, colaboradores y ejecutores*, Pamiela, Pamplona, 2015.

MOSSE, George L.: *Soldados caídos. La transformación de la memoria de las guerras mundiales*, Prensas Universitarias de Zaragoza, Zaragoza, 2016.

Peñalba Sotorrío, Mercedes: *Entre la boina roja y la camisa azul. La integración del Carlismo en Falange Española Tradicionalista y de las JONS (1936-1942)*, Gobierno de Navarra, Pamplona, 2013.

Pérez Pérez, José Antonio: *Historia y memoria del terrorismo en el País Vasco (1968-1981)*, Confluencias, Madrid, 2021.

Pescador Medrano, Aitor: *Castejón (1931-1945). Historia, represión y conculcación de derechos humanos*, Pamiela, Pamplona, 2023.

Prada Rodríguez, Julio: *De la agitación republicana a la represión franquista*, Ariel, Barcelona, 2006.

Preston, Paul: *El Holocausto español. Odio y exterminio en la guerra civil y después*, Debate, Madrid, 2011.

Rey, Tino: «Otoño sangriento del 36 en Laguardia», *El Correo*, 12-II-2018.

Rivera Blanco, Antonio: *La utopía futura. Las izquierdas en Álava*, Ikusager, Vitoria, 2008.

Rivera Blanco, Antonio y De Pablo Contreras, Santiago: *Profetas del pasado. Las derechas en Álava*, Ikusager, Vitoria, 2014.

Ruiz Llano, Germán: Álava, una provincia en pie de guerra. Voluntariado y movilización durante la Guerra Civil, Beta, Bilbao, 2016.

— *Militares y guerra civil en el País Vasco. Leales, sublevados y geográficos*, Beta III Milenio, Bilbao, 2019.

— «El Somatén y la Unión Patriótica en Álava (1923-1930)», *Historia Contemporánea*, 68 (2022), pp. 115-137.

Sánchez León, Pablo: «Esa tranquilidad terrible. La identidad del perpetrador en el "giro" victimario», en *Memoria y Narración. Revista de estudios sobre el pasado conflictivo de sociedades y culturas contemporáneas*, 1 (2018), pp. 167-183.

Sanllorente Barragán, Francisco: «La actuación del Tribunal de Responsabilidades Políticas en Baleares», en Beramendi González, Justo: *Memorias e identidades. VII Congreso de la Asociación de Historia Contemporánea*, USC, Santiago de Compostela, 2004 (cd-rom).

Ugarte Tellería, Javier: *La Nueva Covadonga insurgente. Orígenes sociales y culturales de la sublevación de 1936 en Navarra y el País Vasco*, Biblioteca Nueva, Madrid, 1998.

Ugarte Vicuña, Julio: *Odisea en cinco tiempos*, Itxaropena, Zarautz, 1987.

Viñas Martín, Ángel et al.: *Castigar a los rojos. Acedo Colunga, el gran arquitecto de la represión franquista*, Crítica, Barcelona, 2022.

VVAA: *Reglamento de la Milicia Ciudadana de Vitoria*, Vitoria, 1937.

FUENTES

ARCHIVOS MUNICIPALES Y PROVINCIALES

— Archivo de Álava.
— Archivo Municipal de Laguardia (AML).
— Archivo Municipal de Lanciego (AMLAN).
— Archivo Municipal de Oyón (AMO).

ARCHIVOS ESTATALES

— Archivo de la Dirección General de la Guardia Civil.
— Archivo General de la Administración (AGA).
— Archivo General e Histórico de la Defensa.
— Archivo General Militar de Ávila (AGMAV).
— Archivo General Militar de Guadalajara (AGMG).
— Archivo Histórico Diocesano de Vitoria.
— Archivo Histórico Nacional (AHN).
— Archivo Intermedio Militar Noroeste (AIMNO).
— Centro Documental de la Memoria Histórica (CDMH).

OTROS ARCHIVOS Y CENTROS DE DOCUMENTACIÓN

— Archivo Asociación de Víctimas La Barranca.
— Archivo de la Audiencia Provincial de Vitoria.
— Archivo Histórico de Euskadi.
— Archivo Personal de Antonio Mijangos Martínez.
— Archivo Personal de Fernando Domínguez Álvaro.
— Biblioteca Nacional de España.
— Fundación Sancho el Sabio.
— Juzgado Municipal de Laguardia.
— Registro Civil de Elciego.
— Registro Civil de Laguardia.

HEMEROTECA

— *Álava Republicana.*
— *Boletín Oficial del Estado (BOE).*
— *Heraldo Alavés (HA).*
— *La Libertad (LAL).*
— *Pensamiento Alavés (PA).*
— *Noticias de Navarra.*

FUENTES ORALES

— Antonio Mijangos Martínez (5-VI-2023).
— Bernarda León Sáez de Samaniego (5-VII-2023).
— Concha Díaz de Greñu Martelo (I-IV-2017. Disponible en Archivo Personal de Antonio Mijangos Martínez).
— Juantxu Martínez Uzquiano (5-VI-2023).
— María Pilar Orive Crespo (19-IX-2023).
— Testigo anónimo (27-VI-2023).

ANEXOS

Resultados electorales Segunda República (Cortes Generales)

1931 (28 de junio)

Com. Tradicionalista (CT)	Republicanos-socialistas (CRS)	PNV
272	232	16

1933 (19 de noviembre)

CT	CRS	PNV	Partido Repub. Radical	PCE	Radical-Socialistas
601	40	73	199	1	34

1936 (16 de febrero)[1]

CT	Frente Popular	PNV	CEDA
589	291	48	85

FUENTE: Elaboración propia.

---

[1] Se consignan sólo los resultados de la primera vuelta, más abierta y disputada.

Carta de los Requetés de Laguardia a las Margaritas de la localidad. Septiembre de 1936

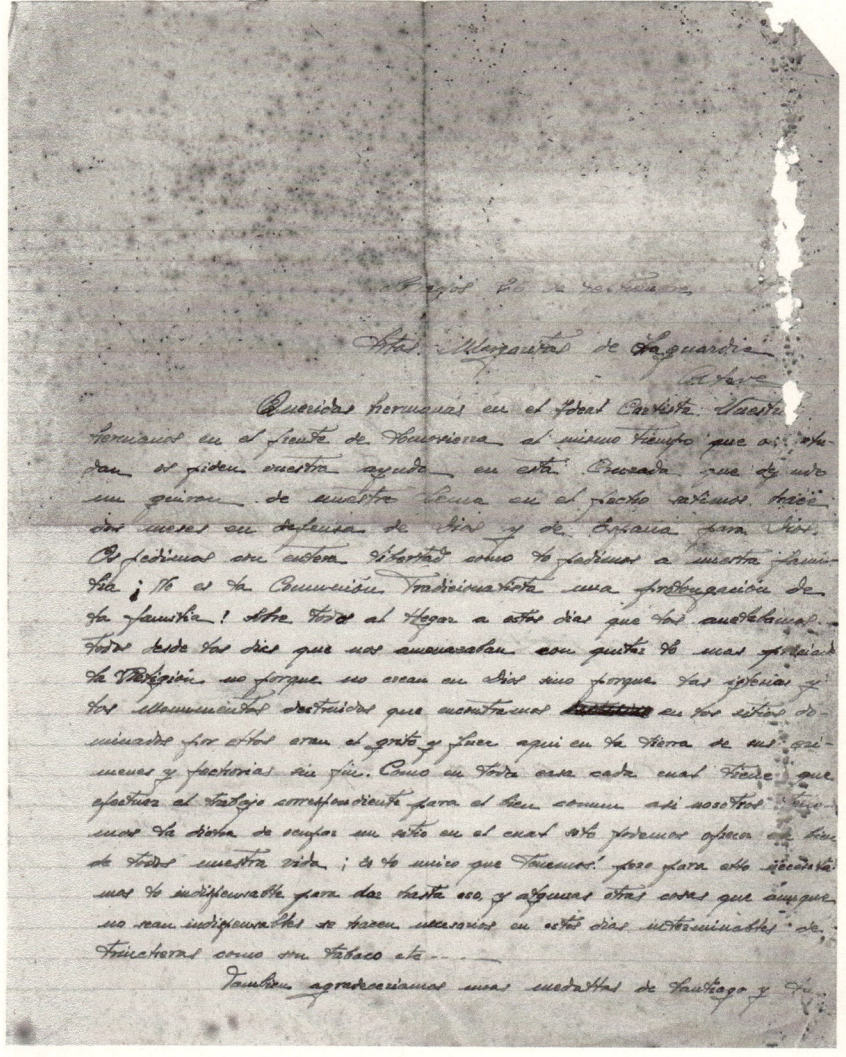

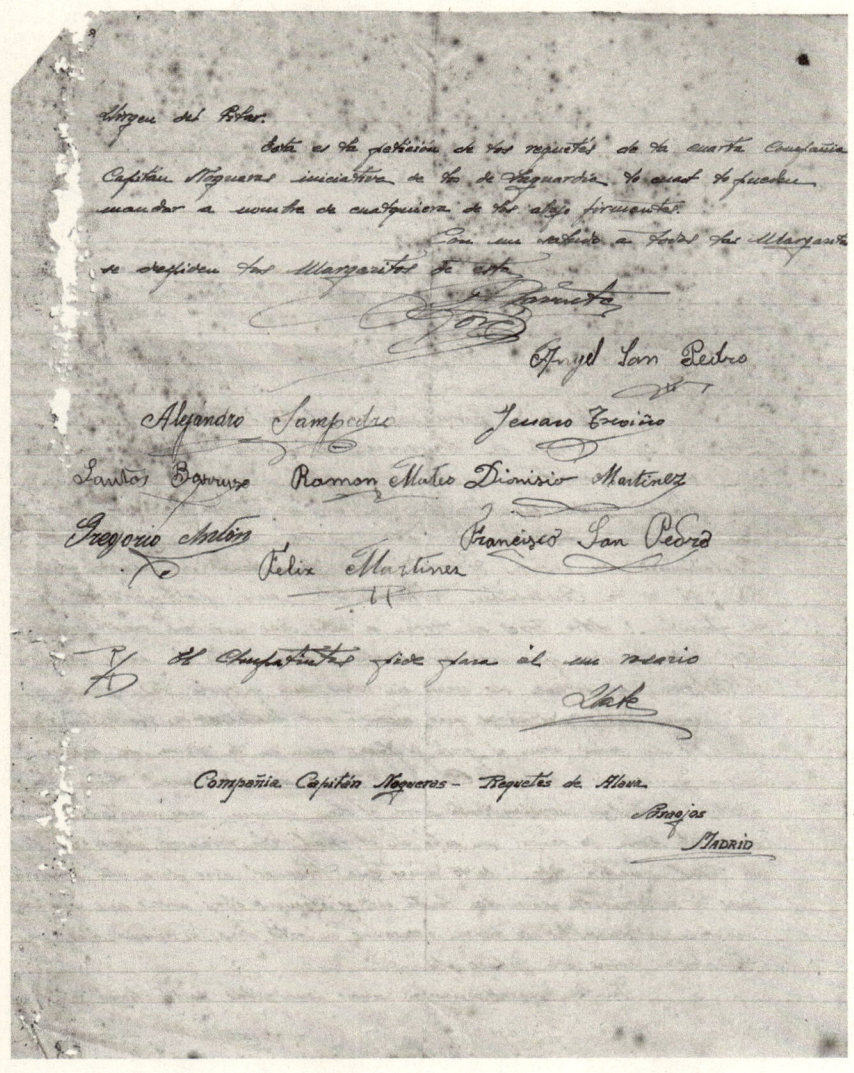

FUENTE: Fundación Sancho el Sabio, Fondo Asociación de Amigos de Laguardia.

El comandante Luis Rabanera Amite-Sarobe se dirige a sus hijos
justificando el golpe de Estado y la necesidad de combatir

Carta de Luis el 28 de Julio de 1936

Queridísimos hijos: Corto la carta de vuestra madre, un momento que tengo libre para deciros, que Carlitos está en Falange y sigue en Vitoria, aunque hace dos días que no le he visto, pues aunque le dijimos viniera a casa para comer etc., se conoce que ellos se las arreglan muy bien y no necesitan de nada. Ya sabeis que de los 500 hombres que salieron de aquí el domingo, 400 eran Requetés (Manuel entre ellos) y 100 entre renovación y Falangistas. Los Requetés están en Somosierra y unos dicen han ido a Guadalajara y otros dicen siguen en Somosierra. Yo quería ir con ellos y apesar de varios intentos me ha suplicado y ordenado el General me quede aquí, y no hay mas remedio que obedecer, pues dice 1 soy necesario aquí. Cada día estoy con mas entusiasmo y dispuesto al Sacrificio y pido a Dios no me falte este espíritu hasta el triunfo final Yo, mi mujer, mis hijos, mis nietos, mis hermanas, los seres mas queridos, so en estos momentos cosa secundaria ante lo que significa este Movimiento Todo por Dios y por España; y la Familia, la hacienda, todo lo personal, hay que relegarlo a segundo término.

La muerte, si Dios lo dispone así, es una suerte y un premio, puesto que por El luchamos, y ante esta consideración, no hay que preocuparse de otras cosas.

El triunfo es seguro, aunque vaya dilatándose mas de lo que la genera lidad de las gentes creían. Es fuerte el enemigo y por eso no ha podido destruirsele en un par de días. ¡Que aberración la de los Nacionalistas creyendo que si triunfaran ellos, van a conseguir la independencia'

Malditos, Malditos y Malditos. Ya les llegará su hora.

Ya he visto a Pedro Murua etc. Ya me ocuparé de ellos, pero en estos m mentos lo primero es ir cada uno a donde le manden. Se quedan en los Re quetés los tres o cuatro que se me han presentado.

Adios hijos. Gritad conmigo. ¡Viva España' que es decir Viva Dios y Espa ña y no os preocupeis de otra cosa.

Se me olvidaba deciros, que Javier fue a Puente Larrá seis u ocho días con el chico de Acha. Están muy bien atendidos, haciendo servicio del sal to de agua y exploraciones por la Peña de Orduña. Hoy habrán estado ac tuando con parte de la guarnición de aquí, (que ha ido a Murguía, para ha cer un recorrido sobre los montes de Orduña) y habrá vuelto a Puenta La rrá por la noche.

Mandar esta carta a las tías de Laguardia, pues yo no tengo tiempo de escribir otra segunda carta.

Muchos besos de vuestro Padre.

FUENTE: Fundación Sancho el Sabio, Fondo Asociación de Amigos de Laguardia.

Poema apologético de la sublevación compuesto por Pedro Saralegui
Ruiz, poeta calagurritano y en 1936 secretario
del Ayuntamiento de Laguardia

EL 19 DE JULIO

Oigo, Patria, tu aflicción
y escucho el grito salvaje
de una raza que es linaje
de aprobio, ruina y baldón.
   Sobre tu invicto pendón
miro nobles intenciones
y oigo surgir las canciones
henchidas de santa fé
que en Falange y Requeté
guardaban sus corazones.
   Lloras porque te han herido
los que a Moscú te vendían,
a ti que te desacían
las manos de un invertido,
a ti que no has conocido
en luchas trances amargos
y que hoy libre de letargos
lanzas el grito de guerra
para limpiar nuestra tierra
de azañas, prietos y largos.
   Doquiera hay un pueblo hispano
y un banco su anuncio enseña,
allí está González Peña
robando, pistola en mano;
desde el solar asturiano
que fué nido del logrero,
hasta el Madrid hechicero,
hoy digno de mejor sino,
no hay dieta, paga o destino
que no lo cobre Cordero.
   Temblaron las camarillas,
de la justicia a sus tratos
y para huir como gatos
hicieron alcantarillas;
nadie escapó a las rencillas
destos robadores de oro
y hasta llegó su indecoro
a traspasar la frontera
metidos en la perrera
o en una jaula de toro.

Siempre obrando cual vampiro
estafaron a traición,
Bruno, Remigio, Trifón,
Indalecio y Teodomiro.
   En el campo de su giro
no cabe el honrado modo
por que lo sembraron todo
de ruina y desolación,
que es en ellos condición
hundirse en sangre y lodo.
   Y aún hubo un maldito Azaña
que desta cuadrilla al frente,
armó a la marxista gente
contra Dios y contra España;
y en denigrante cizaña
degollaron como a ovejas
a obreros de Casasviejas
envenenados por ellos
predicándoles aquéllos
disparates y consejas.
   Este grotesco malvado
que en material ambición
quiso erigirse en matón
por su tipo averrugado,
alzó su puño cerrado
con la furia de un Otelo,
mas percibió el desconsuelo
de ver a la nueva España
surgiendo en santa campaña
con la bendición del Cielo.
   Guerra, gritaron sin calma,
el andaluz y el pasiego,
guerra repitió el labriego,
poniendo en el grito el alma,
guerra, dijeron en Palma
y en Jerez y en toda España,
y entonces vió la patraña
que la honradez y el valor
son prendas que dá el honor
y esto no lo tiene Azaña.

La madre con santa fé
y en la Patria su amor fijo,
pone en las manos de su hijo
la boina del Requeté;
la novia marchar lo vé,
mas como no puede hablar,
ahoga en su pecho el pesar
y en su testa sin mancilla
tiende la negra mantilla
y marcha al templo a rezar.
   Y surgen los falangistas
y despierta el pueblo sano
y al bravo Ejército hispano
se incorporan los carlistas,
y hoy aprenden los marxistas,
por que se palpa y se advierte,
que el señorito es muy fuerte,
que aguanta el frío y el sol,
que el señorito español
sabe jugar con la muerte.
   Gloria al mártir del honor
que a nuestra España querida
está brindando la vida
rabioso de noble amor;
santa madre que el dolor
rasga tu amor y tu entraña,
odia las hordas de Azaña
y cuando maten a tu hijo
abrázate al Crucifijo
y di fuerte: Viva España.

Pedro Saralegui Ruiz

Laguardia (Alava), Septiembre 1936.

*En 1938 Fausto Albo Elorza, jefe del Puesto de la Guardia Civil, calificó
así a los carlistas más destacados en algaradas, palizas e intimidaciones*

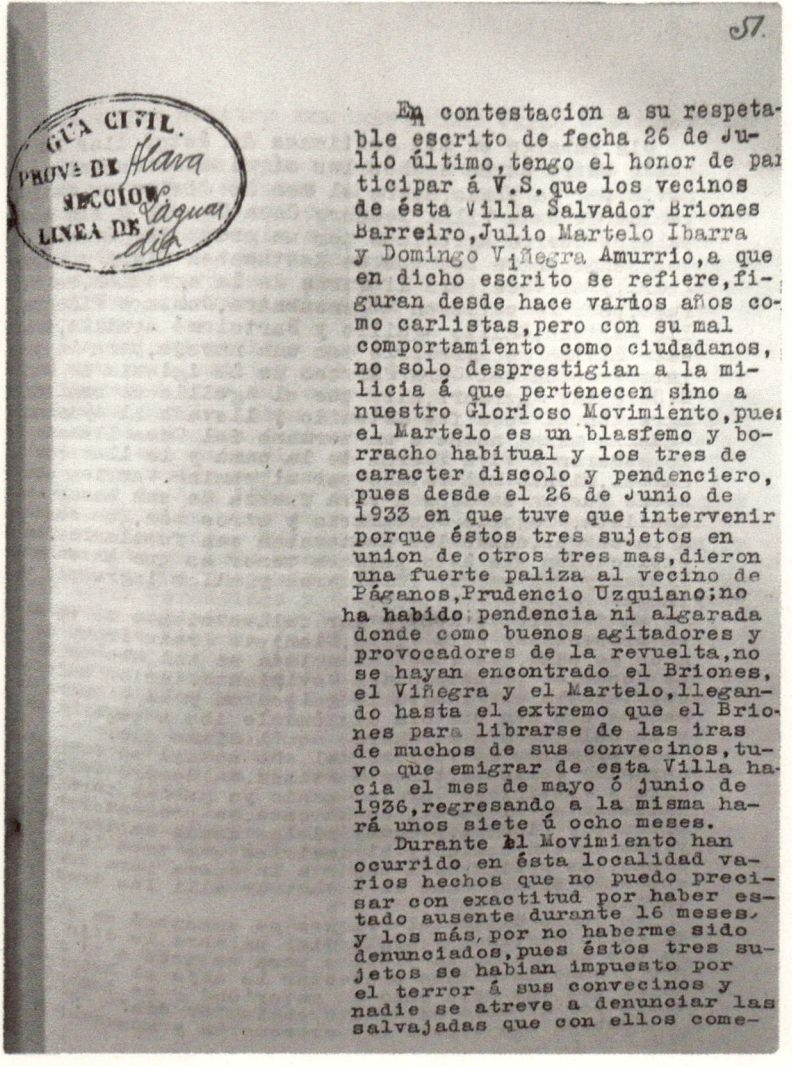

En contestacion a su respeta-
ble escrito de fecha 26 de Julio último, tengo el honor de participar á V.S. que los vecinos
de ésta Villa Salvador Briones
Barreiro, Julio Martelo Ibarra
y Domingo Viñegra Amurrio, a que
en dicho escrito se refiere, figuran desde hace varios años como carlistas, pero con su mal
comportamiento como ciudadanos,
no solo desprestigian a la milicia á que pertenecen sino a
nuestro Glorioso Movimiento, pues
el Martelo es un blasfemo y borracho habitual y los tres de
caracter discolo y pendenciero,
pues desde el 26 de Junio de
1933 en que tuve que intervenir
porque éstos tres sujetos en
union de otros tres mas, dieron
una fuerte paliza al vecino de
Páganos, Prudencio Uzquiano; no
ha habido pendencia ni algarada
donde como buenos agitadores y
provocadores de la revuelta, no
se hayan encontrado el Briones,
el Viñegra y el Martelo, llegando hasta el extremo que el Briones para librarse de las iras
de muchos de sus convecinos, tuvo que emigrar de ésta Villa hacia el mes de mayo ó junio de
1936, regresando a la misma ha-
rá unos siete ú ocho meses.
Durante el Movimiento han
ocurrido en ésta localidad varios hechos que no puedo preci-
sar con exactitud por haber estado ausente durante 16 meses,
y los más, por no haberme sido
denunciados, pues éstos tres sujetos se habian impuesto por
el terror á sus convecinos y
nadie se atreve a denunciar las
salvajadas que con ellos come-

FUENTE: AIMNO, Fondo Álava, Caja 33.

El número 47 de la revista Álava Republicana informó así de los sucesos del 29 de marzo de 1936

ALAVA REPUBLICANA

SE HA DERRAMADO SANGRE REPUBLICANA EN LAGUARDIA

Pero no saldrán con la suya los que quieren provocar el desorden para combatir a la República.

Monárquicos y falangistas hieren gravemente a dos jóvenes de izquierda.

Se han clausurado los Centros derechistas de Laguardia en donde se inducía a los asesinatos.

TRADICION

En la revancha sangrienta que ha inspirado a las derechas el despecho por el diáfano triunfo del Frente Popular, le ha tocado esta semana el turno a la provincia de Álava.

No ha sido una lucha franca y viril la que degeneraron en reyerta produjo víctimas. No pudo haber reyerta sino bestialidad arrolladora por un bando en un ataque imprevisto de requetés armados contra unos afiliados de izquierda Republicana.

La Laguardia era por lo visto subversivo gritar ¡viva la República! Es la República para ciertas gentes de este pueblo que tienen fanatizado a una gran parte del vecindario, un régimen demasiado progresivo. La tradición es en ellos, no la romántica leyenda que aureola con el prestigio de lo remoto memorables hechos de armas o desempolva de los archivos catedralicios documentos literarios escritos en bellaclente romance. La tradición para los tradicionalistas de hoy, está en el cuchillo fratricida de D. Pedro el Cruel, en el veneno desconocido que hizo morir de «melancolía» al Príncipe de Viana, en la calumnia que elevó al Trono a Isabel la Católica, en los autos de fe presididos por santos y por reyes.

La historia del partido tradicionalista es la de la eterna guerra civil de un siglo a esta parte. Clérigos como el cura Santa Cruz ejecutaba familias enteras de liberales; mujeres y niños no escapaban a la sentencia implacable de los asesinos jefes carlistas. Los requetés arrasaban los campos y violaban mujeres; precisamente lo que ahora profetizaban que iban a hacer las izquierdas y que no se ha cumplido.

Esto es la causa de su despecho. Ha triunfado el Frente Popular y no se hecho cargo del Gobierno.

Quieren desacreditar a la República provocando desórdenes constantes que hagan la vida imposible en los pueblos españoles. Y los inductores, que se ocultan tras la rejilla del confesionario o en las secretarías de los círculos de Hermandad Alavesa ponen el arma asesina en la mano de algún labriego fanatizado.

El domingo se fué en Laguardia a la caza del hombre. En la obscuridad de la noche la navaja se hundió certeramente en el costado de un joven republicano y una bala disparada a sangre fría, por la espalda y midiendo tranquilamente la distancia destrozó el pulmón y quizá la vida de un hombre joven que había cometido el grave delito de pensar en izquierda.

La justicia trabaja al parecer activamente. Existe la impresión de que los autores serán enérgicamente castigados. Pero no basta.

Es necesario desenmascarar a los inductores, desarmar a las bandas de eganestres de la política que se llaman «gentes de orden» y proceder con dureza más dureza aún que con los autores materiales de los hechos.

Por la salud del régimen es preciso obrar así.

RELATO DE LOS SUCESOS

Antecedentes

Hacia ya algún tiempo que los tradicionalistas dieron vivas y mueras subversivas que fueron contestados con vivas al régimen por los pocos elementos republicanos que transitaban por la plaza.

Hacia ya algún tiempo que los elementos reaccionarios de Laguardia debían trasiucir a diario que iban a tomar actitudes de violencia contra los elementos republicanos y obreristas del pueblo. Prueba de ello, es que hacia unos días el Frente Popular había elevado al señor Gobernador una denuncia relatando una serie de irregularidades perpetradas por los monárquicos y afines.

Así las cosas, el domingo por la tarde los tradicionalistas dieron

La tranquilidad de la Guardia Civil

Según nuestras noticias, se publicamo avisó al cuartel de la Guardia Civil de lo que pasaba y se le contestó con una disculpa. En una palabra: una disculpa más.

negaron a salir a la calle. Naturalmente los incidentes se fueron agravando y a las 11 de la noche aproximadamente la plaza era un hervidero de gente armada que lanzaba mueras al régimen y vivas diversos con la protesta de los izquierdistas que nuevamente requirieron a la fuerza armada.

Antes de que esta interviniera el herido a traición de una puñalada en el costado el republicano Ángel Villambiste. Los ánimos se exaltaron más aún, intervino la fuerza, se despejó la plaza y cuando regresaba a su domicilio fué herido a bocajarro — se suponer desde un portal — por un tiro de escopeta, el joven republicano José León Cadarso.

Restablecida la calma, fueron recogidos los heridos. El de arma blanca fué trasladado a su domicilio. La herida afortunadamente, aunque no leve, no era de gravedad.

En cambio el herido de arma de fuego, se le trasladó al Hospital Civil de Vitoria en estado gravísimo. A la hora de escribir esta información — miércoles a la tarde — el herido se encontraba en estado de suma gravedad.

El domingo «habrá hule».

Los que habían percibido nuestras lectores, toda la algarada y sus consecuencias sangrientas obedecían a un plan preconcebido. Las amenazas de que habían sido objeto los afiliados a izquierda Republicana concretadas gráficamente en la frase «el domingo habrá hule» demuestran palmariamente que los sucesos estaban previstos y preparado concienzudamente.

¿Su objetivo? Encontrar pretexto para poder combatir al régimen haciendo vivir al vecindario en un estado latente de intranquilidad a partir del triunfo de Febrero. ¿Que habían de perder la vida hombres en plena juventud y quizás personas ajenas totalmente a la lucha política? ¡Qué más dá! Aquí con esto sello el dedo lo de... ¡si fin justifica los medios.

Cuando el Alcalde de Laguardia fué interrogado por el Gobernador de la provincia, declaró que efectivamente «de un tiempo a esta parte, desde el triunfo de las izquierdas el orden público estaba alterado consistentemente. La intención como se ve, no pudo ser peor.

¿Pero... quién altera la tranquilidad de Laguardia?

Si hacemos caso al informe presentado por el Teniente de la Benemérita de aquel puesto que por sus amistades y actuación anterior de simpatía hacia los elementos carlistas ofrece suficientes garantías de imparcialidad en este asunto, hace tiempo que los tradicionalistas provocaban a los republicanos y buscaban pelea.

Cumplieron pues, con su amenaza. Hubo hule, pero no impunemente. El Frente Popular está decidido a que se haga justicia y facilitará todos los medios posibles a los tribunales para el esclarecimiento y castigo de asesinos e inductores.

Cómo actuaron las autoridades

Tan pronto como el Sr. Navarro Vives tuvo noticias de los sucesos actuó con gran energía y dió orden precisas a la Guardia civil y Alcalde de Laguardia. Comunicó lo ocurrido al Ministro de la Gobernación y a la Audiencia Territorial de Burgos para el nombramiento de un Juez especial. Fué designado el de Vitoria Sr. Oiza que con el teniente fiscal Sr. Calvillo y personal del Juzgado se trasladaron el lunes al lugar de los sucesos.

Ese día por la mañana el señor Navarro recibió la visita de una comisión de izquierda Republicana de Laguardia a la que acompañaban el Presidente y el Secretario del Frente Popular, que le expusieron lo ocurrido con todo detalle.

Por la tarde el Sr. Gobernador y el teniente coronel de la Guardia civil se trasladaron a Laguardia.

El Sr. Gobernador se entrevistó con los concejales y según tenemos entendido fueron tales las condiciones de inequivoci que observó en el Alcalde para la defensa del orden público, que se vió precisado a nombrar delegado gubernativo exclusivamente para estas cuestiones al maestro D. Julio Fernández de Bobadilla.

Visita a los heridos

Seguidamente el Sr. Gobernador acompañado del Gestor de la Diputación Sr. Etcheverri, del delegado gubernativo Sr. Bobadilla y del Director de ÁLAVA REPUBLICANA visitó al herido de arma blanca Ángel Villambiste al que animó con palabras serenas y elogió su acendrado amor a la República. Estos mismos señores se trasladaron después al domicilio de José León Cadarso hospitalizado en Vitoria, para expresar a los familiares el sentimiento producido por la desgracia y ofrecerles la seguridad

COLABORACION DE LOS PUEBLOS

Nanclares
Castigo de Dios

Existe en este pueblo gente de ambos sexos que se dedican a hacer todo el daño que puedan a aquel que siente un átomo de izquierdismo.

Como dato concreto citaremos el primero: A una familia que siempre fué socorrida por el Ayuntamiento como pobre de solemnidad, al día siguiente de votar el Frente Popular le fué negado todo lo que le corresponde como tal, a pesar de presentar el padre al secretario una receta para acudir a la Farmacia por tener una hija en grave estado.

En cambio una hija del que todos conocemos como embrollador de la política y chanchullo administrativo y cuya cultura deja bastante que desear, a pesar de comulgar casi todos los días, insulta a todos los republicanos con los mayores improperios. ¿Es esa la verdadera doctrina de Jesucristo?

Otra señora que le Rame Petra (a) Friega-platos, en compañía de una que fué verdulera y continúa siéndolo a pesar de no vender ya verdura, se entrevistaron con doña Rosa de la O y acordaron decir una misa al Todopoderoso para lograr el triunfo de las derechas. ¿Qué concepto tendrán formado de la religión estas damas eairopaciosas, cuando después de la misa mandaron a unos cuantos chiquillos dándoles caramelos para que fueran más contentos a romper los esquinas del Frente Popular y nacionalizas? ¿Para eso comulgan con los mandamientos de la Ley de Dios?

Un individuo que se dice independiente en la política aunque los republicanos de izquierda nunca se lo hemos creído he empleado las mayores coacciones cambiando candidaturas a todo el que le parecía y amenazando a una familiar suyo si votaba el Frente Popular.

Un señor demacrado, feo, moreno, expulsado de la Argentina por indeseable que vive con permiso del enterrador y que esperábamos le hubiera dignado la caída de la hoja, en compañía del especialista en le fiebre de malta y propagandista del fascio, hicieron una lista negra de los republicanos para meterse en la cárcel en caso de haber triunfado las derechas. ¿Son esas las máximas de Cristo de perdonar todas las ofensas?

Por último tras demás citados volvieron a reunirse al día siguiente de las elecciones y por su analfabetismo entendieron lo contrario de lo que decía la «Gaceta», creyeron habían ganado las derechas, por cuyo motivo escancharon habían que traer la gaita y obsequiar con vino abundante, para al festejar el triunfo, pero al venir el tío Paco con la rebaja y al enterarse a las pocas horas del triunfo del Frente Popular se quedaron desilusionados, y con la cabeza baja y según noticias, por su soberbia las pobres criadas están pagando el mal humor de las tres bichos indomables.

¡¡¡Castigo de Dios!!!
¡¡¡Viva el Frente Popular!!!

UN REPUBLICANO.

Nanclares-Abril-1936.

que el herido sería atendido y de que se aplicaría la justicia con todo su rigor.

El Sr. Navarro volvió el martes por la tarde de nuevo a Laguardia para informarse del estado del su mario.

ÍNDICE ONOMÁSTICO